U1007462

在旅途中

为学生讲解地理知识

与蒙古族诗人巴特尔（中）相聚

在讲座中

与马来西亚教育同人合影

为教师签字留念

多彩的业余生活

2018年8月20日，教育者大会期间接受采访

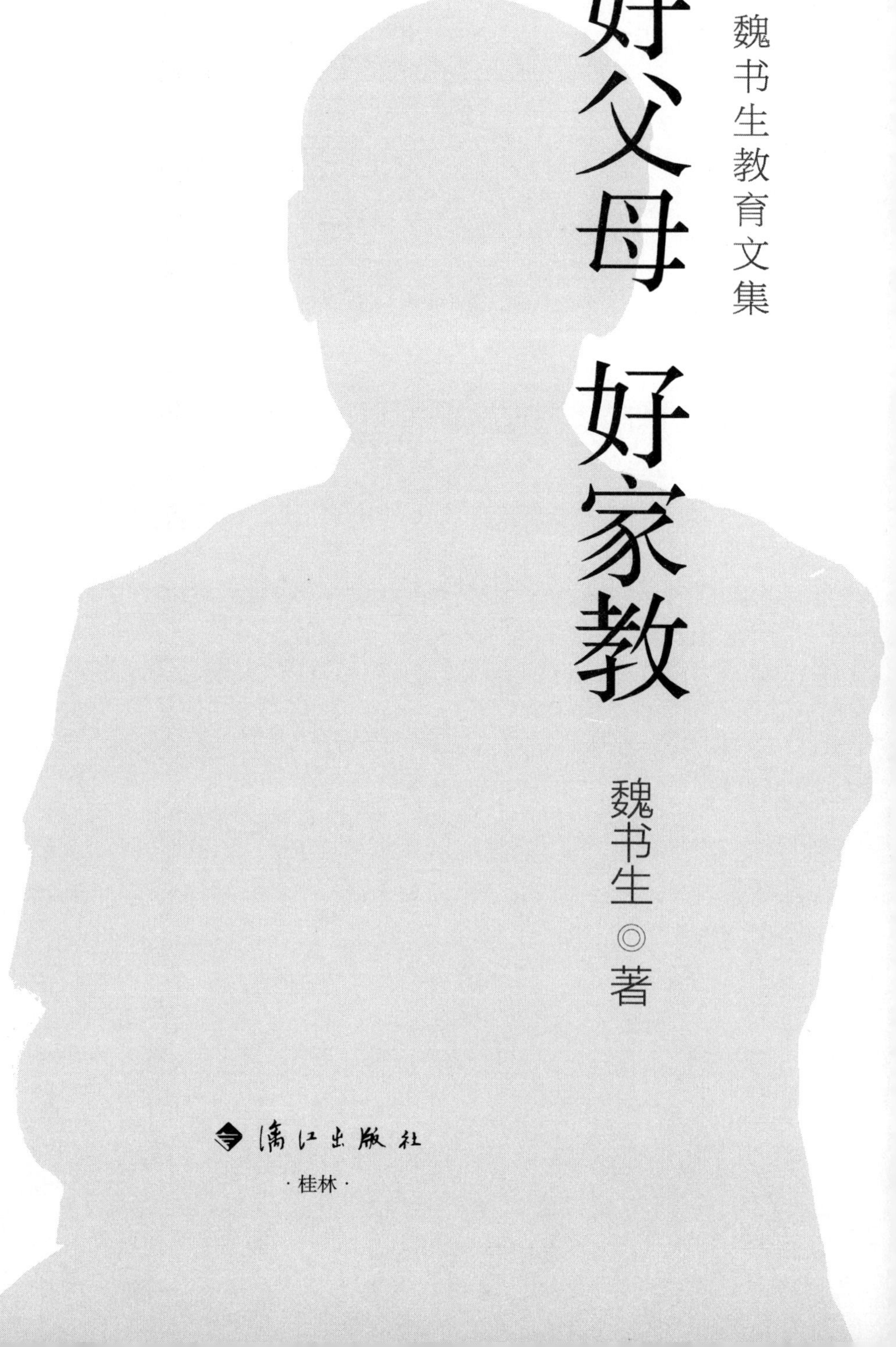

魏书生教育文集

好父母 好家教

魏书生◎著

漓江出版社
·桂林·

目 录／Contents

第三章 教育子女德为先

第四章 学习指导要科学

第五章 成才之路万千条

第六章 热点问题纵横谈

第七章　防止家教进误区

第八章　名人教子面面观

自 序

多年以前，漓江出版社的编辑让我写一本关于家庭教育的书。

当时我正在写学校管理工作方面的书，不知为何，我已出版的《班主任工作漫谈》一书写得很顺手，而学校管理工作这本书却因现行的政策法规、管理体制以及人的思想观念等方面的原因，写得极不顺利，正想歇一歇。

20 多年讲台寒暑，我接触过成千上万的学生，也接触过许许多多的家长，并同他们中的不少人长谈过家庭教育问题，感触颇深，近来正想把同家长们所谈的热门话题系统地写一写。所以，我几乎不假思索便采纳了编辑的建议，爽快地答应了编辑的要求。

5 月 1 日至 10 日，我应约到浙江台州椒江和临海、江西南昌、广东珠海等地讲学。回校后又到大连参加“辽宁省学习科学研究会”成立大会，然后到沈阳、鞍山讲课，接着又到锦州参加“辽宁省魏书生教育思想研究会”成立大会。这期间，辽宁省电教馆还到校拍了 12 集魏书生语文教学专题片，校内每天都有远道而来的各省市领导、老师听课，座谈……

7 月 1 日便起程去香港和澳门开会、讲学，顺路又再一次应邀到珠海讲学。本想 7 月 13 日返回盘锦后再写，便可完成本书的写作任务了。不料这次港澳和珠海之行，成了我有生以来感触最深的一次讲学，也使我这本书的写作构想发生了变化。

珠海市建设日新月异的变化使我惊喜，珠海及港澳人们思想的转变，更让我高兴。他们对教育，尤其是对家庭教育的重视，大大超出我的意料，使我的观念发生了深刻的变化。那里的文化教育气氛甚浓，并非一些人想当然地认为的“文化荒漠”。

9 年前，我曾在香港考察过半个月。当时的感觉是人们忙于生计，似乎来不及重视子女教育。这次去讲学，所见所闻所感却大不一样。短短几天内，我就见到了不少介绍家教，介绍育儿知识的广告、辅导站和展览会。我在澳门讲完课，老师们纷纷围着我，同我探讨教育学生、教育自己子女的方法。

人们关注的家教问题越来越多。我深感社会越发展，经济越繁荣，人们对家庭教育就越重视。

一路上，我拟定了提纲，算是我的第一本《家教漫谈》。2005 年，这本书经过重新整理修订出版，更名为《好父母　好家教》，成为 2005 年、2006 年的畅销书。我感谢广大读者的厚爱，我期待朋友们提出宝贵意见，共同研究和探讨其他的家教问题。

我常觉得，一个好人的身后，必有一位好长辈给过他终身受益的教诲。

我又觉得，一个坏人的背后，也往往有一位不称职的长辈给过他一辈子都难以摆脱的误导。

一个孩子成了好人，社会受益，人民受益，集体受益，邻里受益，但活得最充实，受益最大的，还是他的父母和他自己。

一个孩子成了坏人，社会受害，人民受害，集体受害，邻里受害，但受伤害最重的，还是坏人自身和他的父母。

为了祖国的繁荣昌盛，为了人民的幸福安宁，为了我们的下一代能活得更充实，为了我们自己能生活得更快乐，我们应该走进孩子广阔的心灵世界中，在他们心灵的田野上播下真善美的种子，然后辛勤地耕耘，浇水，施肥。

孩子是家长的希望，教育是人类的希望。

家长是过去的孩子，孩子是未来的家长。

家庭是孩子的第一所学校，家长是孩子的第一任教师。家教意义重大，为人父母者，责无旁贷。

明天的大地会更新，明天的世界会更好。

愿我们伟大的祖国和充满希望的下一代，如日之升，把未来照亮！

1996 年第一版

2005 年第二版修订

2012 年第三版修订

第一章

家教事小意义大

民风、世风皆起于家风。关键在于所有家庭都要正确地引导孩子，不但养，还要教，更要育。

宽容中成长的孩子学会忍让；鼓励中成长的孩子学会自信；称赞中成长的孩子学会欣赏；公平中成长的孩子学会正直；支持中成长的孩子学会信任；赞同中成长的孩子学会自爱……

家庭似第一道染缸

张苗是一个活泼的女孩，已经 4 岁了，妈妈准备教她识字看书。可有的同事劝她，说孩子受教育那是上学以后的事，上学之前主要就是把孩子养好，让孩子吃好，穿好，不得病，让孩子随随便便地玩，只用养，不用教。教不好，上学后反倒更难教育了。张苗妈妈拿不定主意，问我该不该教孩子识字看书。

其实，张苗妈妈及其同事对家庭教育的理解窄了一些，以为家教就是指识字看书。其实，识字看书只是家庭教育中智育里面的一个方面。

家庭教育的内容包括德育、智育、体育、美育、劳动教育五个方面。

实际上从张苗一生下来，父母不仅开始养她，同时也开始教育她了。

用花，用布娃娃逗她笑，那不就是美育吗？那是在引导她喜欢美，欣赏美。

让孩子问爷爷好、奶奶好，那不就是德育吗？

告诉孩子这是草，那是树，这是电灯，那是星星，这就是智育。

引导孩子练习自己翻身，自己爬行，鼓励她扶着墙，颤巍巍地站起来，又教她学迈步，学走路，这是体育。

教孩子学拿筷子自己吃饭，学自己洗脸、洗小手绢；教她给爷爷奶奶盛饭，教她学会洗碗，这是在进行劳动教育。

从孩子出生起，每个家庭就都已经在进行家庭教育了。区别在于，有的家庭教育是自觉的，有计划的，因此效果就好。有的家庭教育是不自觉的，盲目的，随随便便的，所以效果就差。

达尔文主张从婴儿诞生之日起就进行教育。许多家庭的父母都制订了家庭教育计划。同样工人家庭出身的孩子，父母文化水平差不多，大人们别的方面素质也不相上下，而孩子刚入学就立即显出较大差距。我所任班级的张杰的母亲从孩子一岁起就耐心地有计划地教育，所以女儿张杰成长得出众，性格活泼开朗，说话办事胆子都大，待人有礼貌，做事情持之以恒，识字量也更多。李小华说话吞吞吐吐，不愿与别的小朋友在一起，遇到困难爱哭。仔细一调查，原来小华的妈妈生怕委屈着女儿，对孩子百依百顺，只知娇惯，只重养，不重教，她总觉得教育是学校的事。

其实，到学校才开始接受的教育，已经是再教育或第二次教育了。

民国初年的广东省省长朱庆澜，在任职期间的 1916 年，亲自撰写了一部名为《家庭教育》的著作，并于 1917 年由他本人捐款公开出版，分发给广东省的家家户户。

朱庆澜认为学龄前阶段儿童的家庭教育，是人一生成长的基础，是“至要紧的事”。他把一个人从出生到 6 岁入学前、入学读书和离开学校走上社会这三个阶段，形象地比喻为“三道染缸”。

他说——

小孩子生下来，好似雪白的丝。在家里养活 6 年，好似第一道染缸。家里 6 年教得好，养得好，好似白丝染成红底子。到了进学堂，再得好先生，就将那红红底子好好加上一层，自然变成大红。到了世界（社会）上，哪怕遇着坏朋友、坏染缸，想把他变成黑色，他那大红的底子，一时总不得变的。如果再遇上好朋友、好染缸，不用说，自然变成真正的朱红，头等的好人了。万一在家里 6 年，教的法子、养的法子不好，比如白丝一下缸已经染成黑底子，进了学堂，就有好先生，想把他变成红色，那黑底子总是难褪得去。就是勉强替他加上一层红色，仍旧是个半红半黑的。如果学生再遇着不热心的先生，到了世界上，再遇着坏朋友、坏染缸，将黑底子一层一层加上黑色，自然变成永不褪色的黑青，永不回头的坏蛋了。

> 丝总是白的，只看第一道染法如何。个个人生下来都是好的，只看6岁以前家里的教法怎样。6年里肯费力，将来就受用不尽。

朱庆澜注重学习外国人早期家庭教育的做法。他说——

> 外国人教儿子，人人都肯拼这6年的工夫，所以儿子到了20岁，个个都企（站）得住（脚），不用父母去管他。而我们中国人不知道家庭教育的紧要，把小时候顶紧要的6年，随随便便放过去了。都说小孩不要紧，等到大来再教不迟。哪知道到了大来，小孩底子已经坏了，白花许多学费，白做许多牛马，一直做到父母进了棺材，闭了眼，儿子还是企不住，到底不成才。

他十分恳切地对父母们说——

> 儿女小时候，随你爱怎么教，就怎么教。教小孩子本是极要紧又是极容易的事，各人偏不在容易的时候去教，偏要等到大了不容易教的时候去教，又费力，又无益，岂不是怪事吗？

大家想想，朱庆澜所说的“家庭似第一道染缸”的比喻，是不是挺有道理。不管你意识到还是没意识到，从张苗生下来的那天起，家长已经开始教育她，已经开始往雪白的丝上染颜色了。既然这样，家长就不要等待孩子上学了。现在就抓紧时间，给孩子染上孩子喜欢、大人喜欢、社会需要的颜色吧！

学外国家庭教育的长处

李伟是一名初中女生，今天老师上语文课时，读了一篇文章《中国与西方国家家庭教育的若干比较》，还让同学们讨论哪种方式的家庭教育更容易培养出有作为的人才。李伟回家给父母讲了国外的家庭教育情况，李伟的妈妈对这些将信将疑：

西方国家的家长真让中学生打工挣钱吗？真的很少给孩子零用钱吗？真的让孩子做家务劳动吗？真的让孩子吃苦吗？

这是真的。

先说日本。

日本孩子的父母希望孩子成为什么样的人呢？

根据日本的调查统计，父母对子女未来的期望依次为：

①能够发挥自己的能力。占被调查人数的 41.8%。其中小学家长百分比高于初中，城市家长有此期望的比率高于农村。

②虽平凡，但能构筑家庭。占被调查人数的 30.6%。其中初中高于小学，城市高于农村。

③遵纪守法，有道德。占被调查人数的 12.4%，中学略高于小学，农村高于城市。

④经济上富有。占被调查人数的 6.7%。

⑤为国家、世界和平与发展做贡献。占被调查人数的 5.5%。

⑥有社会地位。占被调查人数的 0.3%。

⑦其他。占被调查人数的 2.7%。

同日本的家长相比较，中国的学生家长选择为国家、民族和平与发展做贡献的人数和百分比，以及选择希望子女有社会地位的人数和百分比，都高于日本学生家长。

日本学生家长选择希望子女工作平凡，但能够构筑家庭的人数和百分比，选择子女遵纪守法、有道德的人数和百分比，都高于中国学生家长。这说明日本学生家长更务实，更富有经济思想和法制观念。

日本学生家长家教内容的选择依次为：

①注重养成基本生活习惯。占被调查学生人数的 58.5%。

②注重正直果断教育。占被调查人数的 57.9%。

③注重培养子女的丰富感情和个性。占被调查人数的 15.2%。

④注重忍耐力、自制力的教育。占被调查人数的 15.2%。

⑤注重子女能自觉行动、有自己主张的教育。占被调查人数的 14.8%。

⑥注重子女能理智适应环境的教育。占被调查人数的 12.7%。

⑦注重发现自我生存价值的教育。占被调查人数的 12.4%。

⑧注重学生取得好成绩和获得学历的教育。仅占被调查人数的 2.7%。

统计结果表明，中国家长注重子女学业取得好成绩并获得学历的教育的人数比率达 43.9%，远远超过日本家长。这与中国长期以来重视学历教育，片面追求升学率息息相关。

另外，日本学生家长注重培养子女正直果断、丰富的感情和个性、忍耐力与自制力的人数和百分比都高于中国学生家长。

下面再介绍西方国家的家庭教育。

一、西方国家的育儿观。

西方国家育儿的着眼点是培养孩子成为具有适应各种环境和独立生存能力的社会之人。基于这种观念，西方国家的很多家庭都十分重视孩子从小的自身锻炼。他们普遍认为孩子的成长必须靠自身的力量。

独立能力来自从小的锻炼。所谓锻炼是多方面的，诸如劳动锻炼、坚强意志的锻炼、忍耐力和吃苦精神的锻炼等。

二、西方国家家庭教育的方式方法。

西方国家的家长从锻炼孩子的独立生活能力出发，对孩子的教养采取放手而不放任的方法。

所谓放手，即从孩子生下来，父母就设法给他们创造自我锻炼的机会和条件。普遍做法是根据不同年龄让孩子做自我服务性的劳动。如一个美国家庭中有三个孩子，他们在家中都有各自的角色，10 岁的男孩周末负责帮父亲割草、浇花、打扫庭院，12 岁的女孩能根据不同的食品配方烘烤出各种各样的美味点心，8 岁的小女孩会编织五颜六色的茶杯垫等等。

至于西方国家的中小学生兼报童的例子，更是不胜枚举。据英国报纸推销站联合会的一次统计，全英国约有 50 万送报童。稍大一些的中学生打工也是寻常现象，而且都得到家长支持。

一位英国人说："孩子打工挣钱，家长都不反对，甚至还鼓励。一则可节约一些开支，更重要的是可以从小培养孩子的自立意识。……让孩子知道钱必须用劳动去换取。"

所谓不放任，一般反映在三个方面。

①宁苦而不娇。欧美的少年儿童，从小就从事送报、剪草坪等劳动，这本身就是一种吃苦精神的磨炼。寒冷的冬天，当中国的同龄孩子可能还在热被窝里熟睡时，他们早已起来挨家挨户去送报了。这对娇惯子女的中国家长来说是难以接受的，甚至可能认为这是"残忍"的。

②家富而不奢。西方国家的家庭平均收入比中国多几十倍，但他们对孩子的零用钱都有严格的限制和要求。而且零用钱绝不作为奖励孩子的手段，目的是教育孩子懂得，他们努力学习完全是为了自己将来成为有用之才。对孩子的零用钱，美国家长更为苛刻。据调查发现，美国 54% 的青少年学生没有零用钱，而且年龄越大越不可能拿到零用钱。

更令人惊叹的是美国首富洛克菲勒，其子女的零用钱少得可怜。他家账本扉页上印着孩子零用钱的规定：7—8 岁每周 30 美分，11—12 岁每周 1 美元，12 岁以上每周 3 美元。零用钱每周发放一次，要求子女记清每一笔支出的用途，待下次领钱时交父亲检查。洛克菲勒认为"过多的财富会给自己的子孙带来灾难"。

③严教而不袒护。西方人对孩子的缺点错误绝不听之任之，更不袒护，

而是设法教孩子自己知错改错。法国人拉纳的儿子打碎了一位朋友的窗玻璃，拉纳夫妇并未道歉，而是让儿子自己抱一块玻璃去赔偿认错，还要求朋友对孩子不要有丝毫原谅的表示。

三、西方国家家庭教育的结果。

由于育儿观、育儿方法着眼于培养孩子独立生存的能力，西方国家的孩子从小就表现出：

①很强的自立能力。他们18岁开始就不依靠父母，即使很富裕的家庭，在读的孩子打工的也不少。如，美国一位教授正读大学的女儿每周末都在一家餐馆做服务生工作。

②适应市场经济的头脑。养成精打细算、勤俭度日的习惯。英国一对在约克郡的兄弟（12岁、14岁），在其父职业的影响下，独立成立了洗车公司。哥俩干活认真，收费低廉。宁可多走路也要去价格较低的商场买工具、车蜡、洗涤剂等，以降低成本，赢得顾客。

③适应社会环境的本事。由于从小的艰苦磨炼，西方国家的青少年不怕苦，有克服困难的毅力，遇事镇定沉着，能与周围人们和谐相处，有作为社会成员而独立存在的信心和勇气。相比之下，我们的孩子就有很多不如人家的地方。做父母的，不能不引起重视。这里有个典型的例子。

有一年，中日两国近百名11岁至16岁的少年，联合在内蒙古开展了一次草原探险野营活动。组织者要求，孩子们须负重步行，自己安排食宿。然而，不比不知道，一比吓一跳。整个活动表明，中国孩子的意志薄弱，生活能力差，保护环境意识也差：他们不懂做饭也不肯做饭，垃圾乱扔，借故解除“包袱”，稍有不适就坐车吃小灶。而日本的孩子，却能够很好地照顾自己和帮助别人，争着做饭，在草丛里发现鸟蛋就用树枝围起来以示保护，生病了也坚持负重步行，说是一定要经受住考验。两国少年的鲜明对比，使日方一位组织者骄傲地断言：“你们这一代人，不是我们的对手！”

日方此言，虽结论太早，但冷静想想，比比，确让人忧从中来。

在欧美一些国家中，流传着一首很有哲理的《育儿歌》。现将歌词抄录如下，供参考。

挑剔中成长的孩子学会苛刻；
敌意中成长的孩子学会争斗；
讥笑中成长的孩子学会羞怯；
羞辱中成长的孩子学会自疚；
宽容中成长的孩子学会忍让；
鼓励中成长的孩子学会自信；
称赞中成长的孩子学会欣赏；
公平中成长的孩子学会正直；
支持中成长的孩子学会信任；
赞同中成长的孩子学会自爱；
友爱中成长的孩子能感受到关怀。

我觉得国外家庭教育的育儿观和教育的方式方法，不一定都值得我们学习。但对照他们那些积极的，有利于孩子未来的育儿观、教育方式方法，就能够找出我们在家庭教育中的误区来。

李伟的父母对她就过于娇惯，母亲担心的不是她将来有没有顽强的生存能力，而是她今天生活是不是舒适，会不会受委屈。做母亲的老想着自己小时候，“大跃进”，挨饿，地震，“文化大革命”，天灾人祸都赶上了，吃尽了苦头，尝遍了辛酸，绝不能让李伟再吃当年自己吃过的苦。于是起早贪黑地为她服务，甚至还为她梳头，为她洗袜子。给她的零花钱比洛克菲勒给他的孩子的还多，这样孩子眼前确实是不吃苦，不受累，不缺钱花了，可是家长想没想过，孩子缺少与困难抗争的经验和能力，将来遇到困难怎么办？面对竞争激烈的现代社会，没有吃苦精神的人将来能在社会中站稳脚跟吗？

李伟回家之后，谈起西方国家家庭教育的方式方法，感到很新鲜，很激动，也许是出于好奇，她还建议妈妈也这样教育她。

妈妈又担心女儿会不会只是心血来潮，只是激动这么一阵子。

我劝李伟妈妈抓住这个契机，立即采纳她这个建议，并和她一起商量，怎样一点点地学习西方国家孩子自立自强、吃苦耐劳的品质。不妨也一块儿商量一下对付心血来潮之后冷下来的办法，一块儿制订保持向人家学习的热情的措施。

我想，家长能学习西方国家家教的长处，在更高层次上关心儿女的成长。儿女一定会因家教层次的提高，而在德智体几方面都取得使人惊喜的进步。

天下父母排座次，中国父母在后边

阮向华所在的学校搞了一次问卷调查，要求每个学生写出自己尊敬的人有多少位，依尊敬的程度排列顺序，要求每人至少写出10位。阮妈妈问向华，同学们写的第一尊敬的人都是谁，向华告诉妈妈，有的写梦露（美国演员）、琼瑶、小虎队，有的写张明敏、郭富城，有的写三毛，有的写金庸，有的写克林顿，也有的写周恩来、爱因斯坦……

阮妈妈很希望向华写的能是妈妈，并且能把妈妈排在前面。可是向华的回答使她很失望，女儿说了一串影星歌星的名字，也没说到她，她感到很悲哀。自己起早贪黑，为向华的衣食住行操劳，为她付出了全部的爱。向华有一点不高兴，她都想方设法哄着，劝着。结果在最尊敬的人中，竟然是那些一点都没理过她，没看过她的演戏的，写东西的，唱歌的……她大惑不解，问我这是什么原因。

回答这个问题之前，我先介绍一份调查。

一家青少年研究所进行了一项中学生心目中“最受尊敬的人是谁”的问卷调查，调查对象分别是日本、美国和中国内地的高中生。统计结果，日本学生答“最尊敬的人”中列前三位的是父亲、母亲、坂本龙马（日本著名历史人物）；105名美国学生答“最尊敬的人”中，列前三位的是父亲、迈克尔·乔丹（球星）、母亲；而12000名中国学生答“最尊敬的人”中，父亲列第十位，母亲列第十一位，甚至不如一位电影明星。

哀哉，中国为人父母者！中国自古提倡孝道，如今且不说孝

顺，连尊敬也不可得了。

为什么会有这样的结果？

是因为相当多的父母对子女只养不教。他们觉得父母的责任就是供孩子吃、喝、穿、住，把孩子养大就行，至于教育孩子，那是学校和社会的事。

中国父母在养孩子上花的心血、力气、脑筋，可以称得上是天下第一流的。特别是当代独生子女的父母们，更是拼命地在养孩子上搞攀比。你让孩子喝娃哈哈，我给孩子喝太阳神，有的甚至给十来岁的孩子吃什么鳖精！穿着方面，有的家长也一窝蜂地比着让孩子穿名牌鞋，穿上千元的名牌衬衣，几千元的名牌皮外套。有的孩子到了十五六岁，还把衬衣甚至脏袜子都扔给家长洗，不少家长还乐此不疲，觉得那是爱孩子。似乎给孩子吃穿用的全是名牌，就能培养出名牌孩子了。

高尔基说过："爱孩子，那是连母鸡也会做的事，而真正要教育他们则是一件大事了。"

他们的爱，只停留在养的阶段。这些自以为是的爱，用有的孩子的话来说就是："妈妈只关心我吃穿的那种爱，让我受不了，让我感觉发腻。好像我到世界上就是一种来吃穿的动物一样。"

孩子说的没错。只注重养，只注重孩子的衣食住行，那跟养一只小鸡小鸭小狗小猫真没什么区别。孩子做人的道理，生存的本领，高尚的人格，这些人生最必要的东西，他们还要向别人学。学到手的孩子，当然尊重那些教给他最必要的东西的人。没学到手的孩子呢，则往往在社会上吃尽苦头，难以自立。回过头来，自然要埋怨他们的父母。

向华忘记了需要尊敬妈妈的根源，在于妈妈忘记了在养向华的同时需要教育她。家长如果从她五六岁的时候开始，便把教看得重于养，教育她自立自强，让她认识到尊重人、理解人、帮助人，必须首先从尊重、孝敬父母和长辈做起，教育 10 年，绝不会是今天的局面。

孩子有时做得不对，客家人往往斥责为"少教"；北方有人骂别人的孩子很刻薄："没有爹娘教的。"这也从另一个方面说明了父母对孩子进行教育和孩子接受父母教育的重要。

民风、世风皆起于家风。关键在于所有家庭都要正确地引导孩子，不但养，还要教，更要育。

向华16岁了。16岁，正是人生最关键的年龄，是思想感情和心理素质最容易变化的年龄。向华并不是不尊敬母亲，她只是忽视了母亲还需要人尊敬。还有一个很重要的原因，是她有一种从众心理，看到别的孩子都把父母往后排，以不尊敬父母，以把父母称为"老爸""老妈"为潇洒，为时尚，向华怕自己若把父母亲排在前面，同学们会笑话自己太传统，太守旧，太不跟潮流。

对向华这样的孩子，稍加教育引导，多让她看一些伟人和杰出人物的传记，她很容易就能从浮躁浅薄的风气中解脱出来，学会深沉理智地思考问题，真诚地把尊敬父母当作人生的一种美德。

为何半数学生不喜欢家长

初二女生陈晓艳的母亲最近很伤心。她每天起早贪黑照顾晓艳，给孩子做饭，给孩子洗衣，可孩子却不喜欢听她的话，最近竟跟姥姥说：“我最不喜欢妈妈！”

起早贪黑地给孩子服务这么多年，孩子上了中学，长大了，懂事了，却换来这么一句话，刚一听，的确是挺让人伤心的。

我想，做家长的别把注意力放在伤心上，想办法把自己的注意力用在分析孩子不喜欢自己的原因上，心情就会好一些。

河南《教育时报》曾刊登一则消息，标题是《半数学生不喜欢家长》。文章写道：

> 日前，常州市妇联对家有读书郎的700户家庭进行了家庭教育现状抽样调查。调查的结果发人深省：有54.5%的学生在“最不喜欢的人”一栏中填的竟是家长。而80%以上的家长则表示“唯父母是从、听话的才是好孩子”。子女的家庭教育越来越成为千家万户共同关心的话题。面对“你所关心的家庭大事是什么”这个问题，近90%的家长毫不犹豫地选择了“子女教育”。然而在面对教育期望、最喜欢的人是谁以及对待学习与劳动的态度等问题时，家长和孩子的看法则往往不一致。

我觉得这些孩子绝不是全盘否定家长，而只是不喜欢家长的某些教育方法。

这些年来，经常有学生向我诉苦，说家长如何如何唠叨，如何如何埋怨。归纳起来，学生不喜欢家长采用的教育方法主要是以下几点。

1. 对孩子采取命令式。中国古代“君君臣臣，父父子子”“君为臣纲，父为子纲”这些思想深入人心。为人臣者、为人子者只有服从的义务，没有提出异议的权利的传统思想观念，一代一代就这么承袭下来了。回忆一下，我们这些当家长的，当年从父母那里接受的也大都是命令式的、指令性的教育。这些命令、指令有时是对的，但有相当多的并不符合下一代的实际。我们当年面对这些不符合实际的指令时，心里不也是不喜欢吗？尤其是孩子一天天长大，大了之后，他有一种自立意识，面对家长的命令，尤其不喜欢。

2. 唠叨。家长对孩子的教育不是对症下药，总是翻来覆去的那么几句话。孩子学习不勤奋，或者只是觉得他不勤奋了，就说：得努力学习呀！努力学习呀！努力学习呀！不学习将来没前途……这些话也许已经向孩子重复过几千遍了。看到孩子不爱吃饭，家长常常来一番忆苦思甜：我们上山下乡那时候，菜汤都喝不上；我们当年，野菜都吃不饱；我们当年，玉米面都吃不饱……而这些“我们当年”的故事，细细算来，也已经给孩子讲过上千遍了。设身处地地想，我们当年听上一代讲那些讲了上千遍的故事时，不是也不喜欢听吗？不少学生都跟我说：“我最怕爸爸妈妈忆苦思甜。”

3. 埋怨、指责。孩子犯错误了，孩子考试成绩不理想了，一些家长听到后，第一个反应就是气不打一处来，把孩子叫过来埋怨一通，指责一通，训斥一通。许多孩子犯了错误都很害怕，考试失误后都很内疚。他们渴望得到帮助他们战胜错误、走出误区的方法，可得到的偏偏不是想得到的，想得到的偏偏又得不到。回忆一下，咱们读书时考试失误，在学校本已不安，回到家又受到一顿指责、训斥，那时咱们不也是不喜欢吗？

4. 打骂、体罚。更有个别家长，用打骂来表达自己对子女的爱。一个女孩向我告状，考试成绩不好，回家就要跪搓衣板。从孩子 10 岁起父母就采用这种方式，到孩子 16 岁了，还想不出更好的方法，孩子考试成绩低，仍然要跪搓衣板。这个孩子的父亲还是一位处级干部呢。我问罚跪的根据，他回答道：“打是亲，骂是爱，不打不骂是祸害。”前不久，一个 16 岁的男生跟我说："我考试成绩不好，回家就要挨打。我爸打我，他也难受，一边打我，他还一边掉泪。"我问他的父亲："既然打孩子时你也掉泪，孩子也痛苦，那么不打不行吗？"他答得也很怪："不打不行，不打也没别的办法呀！"我说："打也不是个办法呀！"后来我同他们父子一起商量了不打的办法，父子关系不紧张了，孩子成绩也提高了。

5. 爱得过分，爱得过细。有的家长，面对自己已经十七八岁的孩子，还像两三岁时那样爱法。尽管付出的是实实在在的、真心实意的爱，还是不能使孩子满意，甚至反倒使孩子更不喜欢自己。一位已经参加工作的女青年给我来信说："真受不了母亲那腻乎乎的爱，每天穿什么衣服都给我规定出来。还要给我梳头，我不让，她就站在一边指导，唠叨着该怎么梳。吃饭了，她非要给我盛好，还要给我夹菜。天天这样，使我感觉很不自在。现在我毕业了，参加工作了，母亲还爱得这么细，这么具体，我一想起来，心里真替母亲难过。由于得到的爱太多，到现在参加工作了，我的自理能力还非常差。"

我觉得晓艳妈妈对她的爱就属于第二和第五种类型。唠叨得多，爱得过分，爱得过细，孩子当然不喜欢了。还是开头我说的那句话，她不是不喜欢家长这个人，而是不喜欢这些教育方法。一旦改变了教育方法，孩子会非常惊喜，非常高兴，会更深地爱父母，更全面地喜欢父母。父母不必为孩子说过不喜欢的话而伤心，父母应为发现了自己的不足，并及时想出更好的办法而高兴。怎样让孩子喜欢自己呢？我建议从以下五点入手。

1. 变命令式的教育为民主型的商量。家长想让孩子不看那些肤浅的言情小说，可以站在和孩子平等的朋友的地位，一起讨论，看这些小说利有几分，弊有几分：书不是不可以看，而是学业紧张的中学阶段，最好看一些激励人们艰苦奋斗、顽强拼搏的文学作品，谈情说爱的作品读大学或参加工作时再看也不迟。这样讨论的方式，很容易使母女达成共识，孩子也会在商量的气氛中感觉自己正在长大，觉得自己有了自主能力，觉得自己的认识能力正在提高，也一定会更喜欢民主型的父母。

2. 寻找新的话题。那些已经唠叨了上千次的话题，尽可能避开。非说不可的话，也尽可能换个说法，如"我们当年""妈妈小时候如何如何"，完全可以改成“李嘉诚当年”“华盛顿小时候”……这样说，孩子喜欢听，会觉得是在激励她，暗示她会成为大有作为的人。她还会为家长知识面宽而感到自豪。忆苦思甜也不是不可以，适当地忆苦会使学生更珍爱今天的生活，更加奋发努力。但绝不能把忆苦变成逼着孩子吃饭的工具，而是要把忆苦变成激励孩子创造更美好的生活的动力。

3. 孩子遇到挫折或考试失误时，要帮助她找到战胜困难的办法，定出提高成绩的措施，这是孩子最需要的。如果想不出办法措施呢？那就给孩子一些鼓励和安慰吧！引导孩子回忆一下她最辉煌的时刻、最成功的一天，回想效率最高之时也行，另外还可帮助孩子找到目前自己的长处和优点，学科优势，或学科中的单元优势。这样孩子会树立起信心，会觉得母亲理解自己，会觉得母亲给予自己精神上的支持比生活上的关心更可贵。绝不能在孩子失误时，再施加一顿埋怨、指责、训斥。火上浇油，只能浇得孩子更加心焦。

4. 勇于向孩子认错。人都有急躁、激动、愤怒、情绪不稳定的时候。孩子又确实犯了较大的错误，家长在气头上，控制不住自己，而骂了孩子，甚至打了孩子几巴掌，时过境迁之后，自己也很后悔。这时最好的办法，就是向孩子承认自己的错误。这样孩子会更喜欢家长，孩子也会学习家长这种勇于承认错误的品质，成为勇于承认错误、勇于改正错误的人。家长还可以和孩子商量今后预防打骂事件再重演的办法。这样做，使家长、孩子双方都变得更聪明，更理智，更高雅。

5. 去掉多余的爱。可以和孩子一同商量，哪些爱是她不愿意接受的。诸如给她盛饭、劝她吃菜这类事，五六岁的时候这样做可以，她都 16 岁了，还这样做，她当然不会喜欢。凡是她能做，时间又允许的事，就让她自己做，在做的过程中她还会增长能力。还可以引导她给家里做一些事情，承担一些责任。这能使她感觉自己坚强了，长大了，还会增强责任感，更深地体验到家长的辛劳，会在更深层次喜欢家长。

相信母亲一定能消除和孩子之间的隔阂，一定能去掉那些孩子不喜欢，对自己也有害处的言行。那时晓艳一定会跟姥姥说：“我最喜欢妈妈！”

孝敬父母是立身之首

郑冬上了初中后，叛逆情绪越来越明显了。他的父亲读了一些书，听了我的劝导——“要做孩子的良师益友”，并试着以良师益友的角色，去分析、理解郑冬，去和孩子谈心，收到了很好的效果，郑冬愿意听他的话了，也愿跟他说心里话了。但郑冬仍不知体贴长辈，对奶奶说话甚至很蛮横。父亲想要求孩子孝敬父母，尊敬老人，可又担心这样做是不是和“做孩子的良师益友”相矛盾，会不会使刚刚缓解的父子关系又紧张起来。

我觉得要求孩子孝敬父母和做孩子的良师益友，不仅不矛盾，而且是一致的。因为要求孩子孝敬父母，一方面是为了父母，更主要的方面，还是为了孩子活得更有尊严，为了孩子成为受朋友、受他人推崇的堂堂正正的人。

一个爱顶撞父母的人容易被人唾弃，被人瞧不起；好人不敢和他交朋友，长大了，人们也不敢和他共事。

在《现代家教》杂志上曾有文章写道：

某幼儿园一个6岁男童，因母亲把一辆玩具小汽车送给来客，就当着客人的面揪住妈妈的头发往墙上撞，嘴里说：“我要教训教训你！”

小学的孩子是另一番情景：今春，一位母亲因丈夫遭车祸住进医院，动用了她三年级的孩子230元的压岁钱，孩子发觉后，硬要妈妈偿还，说：“凭什么用我的钱？”

中学生孝敬父母状况如何？一位母亲把饭菜做好后到人工湖

洗衣，初二的儿子回家见菜香可口，竟毫无顾忌地吃光。妈妈回家问为什么不等父母，儿子竟说：“人不为己，天诛地灭。”几年前我市某初一学生用刀捅伤父亲，民警问他：“你捅伤生父心里不难过吗？”他理直气壮地回答：“这是他批评我的下场。”一女生在校早恋，因父母阻止，竟吃了近30片安眠药，并留下绝命书：“我的死是爹妈逼出来的。”

家长要想想，并让孩子也想想，这样的孩子还有人性吗？正常的人谁敢跟他们交往？谁都会说：“他对他的亲生父母都那么残忍，就更不把别人放在眼里了。”这样的孩子不仅失去了朋友，失去了做人的尊严，也失去了做人的幸福和快乐。

一个不孝敬父母，对抗父母正确引导的人，伤害得最重的，首先不是他的父母，而是他本人。

孝敬父母是一切良好品德形成的基础。

孔子把孝放在一切道德的首位，视为“立身之首”“自行之源”。当代不少伦理学家把孝敬父母看作是人生处理人际关系的第一台阶，是做人的基本要求，是关心他人、热爱祖国品德形成的基础。

如果有一个打爹骂娘的人，在那里大声吹嘘，他对同志如何有礼貌，如何尊重朋友，会有人相信吗？

一个连自己的母亲都不爱，动不动就对母亲牢骚满腹、怒气冲天的人，却在那里高呼自己热爱祖国，周围的人绝不会相信他，不管他说得多么冠冕堂皇。他喊得越响，讲得越振振有词，论证得越符合逻辑，那他骗人就骗得越厉害，他就是越想从高呼口号中捞取个人的私利。

我们教育孩子孝敬父母，绝不单是骨肉亲情小事，而是为孩子负责，为了使孩子在同学中有朋友，有知己，有自己人格的尊严，同时也是为社会、为国家负责。

我们不站在做父母的角度，而是站在孩子的良师益友的角度去分析这些道理，他也会很容易明白这是为了他好。

教育孩子孝敬父母从哪里入手呢？我觉得要从引导孩子做小事入手。

一些父母总觉得一些小事无所谓，认为只要在大事上孝敬父母就行了，因而忽略了教育。

据某市海滨浴场卖冰激凌的摊贩反映，夏天父母给孩子买冰激凌的队伍中，70% 的孩子不礼让父母，只顾自己吃。其实，这是大人们没引导孩子的结果。如果告诉孩子，有了好吃的东西，先让父母、长辈，每次都这样引导，家家如此，养成了习惯，习惯成了自然，孩子心中就有别人了。

某小学在四年级学生中调查发现，父母病了，50% 的孩子不端水，不递药，不过问。其实这也是父母平时忽视教育的结果。如果家长从小引导，父母长辈病了，小孩子要给找药，95% 的孩子都会喜欢这个表现自己的机会。

某高中班 98% 的学生要求父母给自己庆生，但 98.2% 的学生不知父母的生日。其实这也是家家户户的父母从小给孩子过生日，而从来不给自己过生日形成的思维定式。大家都这样做，就形成了社会风潮。如果所有的父母从小便要求孩子记住父母亲的生日，每个家庭最热烈的生日宴会是父母亲的生日宴会，孩子过生日都不搞宴会，那社会上就很容易形成一股父母亲生日宴会风。从小开始，年年如此，习惯成自然，再到高中班去调查，完全有可能倒过来，98% 的高中生要求给父母亲庆祝生日，98.2% 的学生不要求过自己的生日。

《现代家教》的文章还写道："某高三毕业班有 4 名学生让母亲给端洗脚水……"我觉得这件事的根源，绝不在孩子，而在母亲。如果母亲从小引导孩子自己照顾自己，孩子到了高三，绝不会产生让母亲给端洗脚水的念头。说不定这几位端洗脚水的母亲还为此而感觉快乐和自豪呢，不然的话，立即停止这样做，高三的孩子也不会哭叫着不满意的。

父母亲一定要教育孩子孝敬父母。要孝敬父母就要为父母分忧解愁，为父母做一些力所能及的事。学会在父母有病的时候端水找药或陪同就医；外出时和父母道别，回家后与父母打招呼；用餐时先请父母入座，替父母盛好饭菜；听从父母的规劝。孝敬，要孝就要敬；孝顺，要孝就要顺，而且孝不如顺，因为孝比较抽象，顺则比较具体。即使父母、长辈有时批评过严甚至委屈了孩子，也引导孩子不用顶嘴的方式对抗，学会先顺着父母和长辈的心，事后再平心静气地向父母及长辈解释。

父慈子孝，子孝父心宽，家庭才和谐安宁。孩子孝敬父母，才会去爱同学，爱老师，爱更多的人。有了千千万万个和谐安宁的家庭，我们也就有了一个和谐安宁的社会。

做孩子的良师益友和教育孩子孝敬父母一点都不矛盾，只有良师益友才会引导孩子孝敬父母。如果有哪一位教师教育学生对抗父亲，打骂母亲，那还算什么教师？那不是教唆犯吗？如果有谁告诉孩子逼迫母亲给他钱花的方法，教给孩子欺骗父母的招数，那还算什么朋友？那不是把孩子推进罪恶深渊的对头吗？

大多数孩子本性都比较纯朴善良，为人厚道，只是不懂该怎样孝敬父母。只要引导得法，他一定会成为体贴父母、对爷爷奶奶恭敬有礼的好孩子。

尊重身为普通人的父母

许多家长都同我谈过。一批评孩子学习不好，他就埋怨父母不能辅导；一说哪个孩子学习好，他就说：“那个同学的母亲是大学教师，爸爸是工程师，回家以后，爸爸妈妈轮流辅导。”又举出一个不是教师子女的例子来，孩子又说：“他爸爸是集团经理，家里有钱，给他买了计算机、录音笔，还有很多资料。再看我爸是普通工人，妈还是家庭妇女，要什么没什么，我学习中等就不错了。”

听孩子这么一说，一些家长哑口无言，甚至有些自卑，感到有些对不起孩子了。

家长千万不能这么想。中国 13 亿多人口，9 亿农民，城市里也是普普通通的工人、店员和自谋职业者占绝大多数。瞧不起普通人，将来当了普通人不就会自轻自贱吗？即使当了官，一个瞧不起普通人的官，是个什么东西呢？那还不是欺侮老百姓，被老百姓反对的官吗？

另外，也绝不能让他埋怨父母的情绪的幼芽再成长。父母亲生了他，养了他，疼他，爱他，他却埋怨父母，他还会爱谁呢？自习课没完成作业，他会埋怨同学干扰；上课没听懂，他会埋怨老师没讲明白；毕业工作不如意，他会埋怨社会。如果容忍他埋怨父母的幼芽继续成长，他就会成为一个一无所成的弱者。

家长千万不能在他的埋怨面前产生自卑的想法，更不能觉得没能像有权有钱的人那样让他挥霍而产生对不起孩子的想法。如果这样想，孩子脑子里埋怨的幼芽便会节节疯长，变成幼苗，长成大树，遮蔽了孩子自强不息的心灵世界，就毁掉了孩子。

家长应该果断地拔掉他心中埋怨别人的幼芽。怎样拔掉呢？

第一，可以向老师了解，他们班上前十名的孩子，有多少是普通人的子弟。一般情况下，各中学、各教学班的前十名学生中，普通人子女都要占一半以上。也可以不问老师，而问孩子：第一名到第十名，每位同学的家长都是做什么的。孩子心里也明白，普通人家的子弟占了大多数。即使不占大多数，而只有一两位同学的父母是工人或农民，可他的成绩的取得不也主要是靠自己努力的结果吗？

第二，可以给孩子讲许多出身贫寒，后来却做出一番大事业的人的事迹。

英国大科学家牛顿诞生在农村，父亲是一个粗野、古怪而又很窝囊的人，37 岁才和一个不很聪明的农家姑娘结婚，婚后几个月就死了。除此之外，就不知道牛顿父亲的其他详情了。牛顿是在父亲死后不久出生，在根本不知道父亲长相什么样的环境中长大的。

大发明家瓦特出生于英国苏格兰一个叫格里诺克的港湾小镇，父亲是一个专门制造航海用具的手艺人。小学毕业后，瓦特便在父亲的小作坊里干活儿。

法国思想家卢梭的父亲是钟表匠，生下没几天，母亲就撇下他死去了。

大画家达·芬奇的父亲是村子里的公证人。他生下来，就离开了亲生母亲由继母抚养，继母对他完全放任自流。

德国宗教改革家马丁·路德的自传中，有如下记述：“我是一个农民的儿子。我的父亲、祖父乃至祖先都是天生的农民。父亲后来移居曼斯菲尔德，在那里当了矿工。这样，我就是农民出身。父亲年轻时是一个贫穷的矿工。母亲每天都要背着沉重的柴火回家。父母就是在这样的条件下抚育了我们的。”

丹麦童话家安徒生的父亲是个贫穷的修鞋匠，家里连床都没钱买。娶妻的时候，才从旧家具铺买来某伯爵办丧事停棺木用的台子，把它改成了床。世界上最著名的童话家就是在这张床上诞生的。他的母亲也没有学问，但是个充满信心的正直的劳动者。

细菌学的奠基人，法国化学家巴斯德出生于德尔镇，是一个制革业者的儿子，家里十分贫穷。

毛泽东则是湖南一个普通农民的儿子。

这样的例子可以举出成千上万个，相信孩子听了以后，能激发向上的勇气和力量，能自觉地把心里那棵刚刚萌生的埋怨父母工作平凡的幼芽拔掉。

接下来，还可以帮助孩子分析埋怨父母的危害，最主要的不是给父母带来不愉快，而是使自己成为一无所成的弱者。用宝贵的时间、精力来埋怨父母，自然就放弃了个人的努力奋斗，心灵中勤奋的幼芽，自强不息的幼苗，苦干实干的幼苗成长所需要的水分、养料都用来支援那棵埋怨父母、埋怨环境的幼芽的成长了。结果好学上进的幼苗枯萎以致死亡，那棵怨天尤人的幼芽却发育成小树，直至长成覆盖心灵的大树。对别人动不动就埋怨指责一番，这也不行，那也不行，这也不对，那也不对，天也太昏，地也太暗，自己除了会埋怨，什么本事都没有，那不是活得太苦太累，太可怜，太没意义了吗？

如果这样分析，相信我们的孩子，不仅今天拔掉了埋怨的幼芽，今后他也不会让埋怨父母、埋怨别人的幼芽在心田复生。

再接下来，还可以帮助孩子分析班上那些工人农民家庭的孩子学习领先的原因，他们怎么预习，怎么听课，怎么写作业。引导孩子学习他们的经验，从一点一滴学起。

也可以和孩子一起总结那些穷苦家庭出身的杰出人物，有哪些共同的良好的品质和学习工作特点，以激励孩子在大的方面以杰出人物为榜样，形成更持久的前进动力。

不许孩子埋怨父母是工人农民，绝不是为了使家长心理轻松，最要紧的，是为了孩子的现在和将来。

引导孩子辩证地评价父母

秦志忠小时候是个乖孩子，觉得父亲是无所不能的伟人，对父亲自然言听计从。随着孩子年龄的增长，父亲在他心目中的伟人地位开始动摇。现在志忠 16 岁，上高中了，父亲的话，他不太愿意听了，他还觉得父亲落后于形势了，不了解青年人了。

这不奇怪。设身处地想想，咱们对自己的父亲不也有这样一个逐渐加深认识的过程吗？

咱们 4 岁的时候觉得：我爸无所不能。

5 岁的时候觉得：我爸什么都知道。

6 岁的时候好夸耀：我爸比你爸聪明。

到了我们上学后才发现，我爸并不是无所不知。

到了 10 岁会觉得，我爸小时候生活环境和我们差别很大。

12 岁时会觉得，我爸对这件事毫无所知。他太老了，所以不记得他的童年，也不理解我们。

14 岁时，我们会在心里说，别太在意我爸，他是个老古板。

21 岁时会觉得，我爸的落伍实在无药可救。

25 岁时会想，爸对我所知甚少，但他在我旁边这么久，他实在应该知道。

30 岁的人常常感到，也许我该问问老爸怎么想，毕竟他经验丰富。

35 岁的人，更深刻地感受到了父亲的力量，除非我和老爸谈过，否则我不做任何事。

40 岁，到了不惑之年，我们愈加感受到父亲的智慧，我不怀疑老爸能处理这么复杂的事情。他如此有智慧，有经验。

也有的 50 岁的人说，如果老爸还能在这儿让我跟他讨论事情，我愿意付出一切代价。我不能欣赏他的聪明是再糟不过的事。我本来是可以向他学到很多的。

以前是我们的父亲在衰老，我们在长大。

现在是我们在走向衰老，我们的孩子在长大。

人在长大的过程中，对人对事对物的认识，有时会片面，甚至偏激，都是正常的。孩子会随着年龄的增长，逐渐学会全面地辩证地认识人、事、物。我们没有必要苛求孩子在 16 岁的年龄便能全面、辩证地评价我们，就像我们的父母当年并没有苛求我们一样。

但是，我们有责任引导孩子尽可能少一点片面性，尽可能全面地辩证地评价我们。这并不是为了我们心里更好受一些，而是为了让孩子掌握辩证法，以便更好地生存与发展。

父母可以和孩子谈许多成年人对自己的父亲的认识过程。

父母可以和孩子谈自己的长处和短处，使孩子理解，小时候把父亲看得无所不能是片面的，现在 16 岁把父亲看得落后保守也是片面的。

辩证地看，我们这些做父母的都有讲求实际、目光远大的一面，也有脱离孩子实际、急功近利的一面。

父母可以和孩子平心静气地商量，您的见解，您的主张，哪些更符合孩子的心理需要，哪些可能脱离了孩子的实际，可能超出了孩子所应该或所能够达到的标准。

在这种平心静气的商量和交流中，孩子的头脑会更理智，更冷静，孩子能学会从正反、好坏、利弊、得失等方面分析父母的见解和主张，父母的威信也会由于气氛的融洽和方法的正确而越来越高。孩子会由于掌握了辩证法而更成熟，更聪明，更有能力。

第二章

家教有法无定法

用孩子心灵深处的能源去照亮孩子的精神世界，显然是节省能源的好方法。

轻声细语地批评、嘱咐的时候，更多地是把孩子的利益放在了受尊重的位置上，保护了孩子的自尊心。父亲的心与孩子的心处于一种平等交流的位置上，孩子当然容易从内心深处受到触动，随之而产生的，是对父亲由衷的爱。

孩子第一次成长促使父母第二次成长

人从摇篮到坟墓，一直在学习。你如果是主动地学习，循序渐进地学习，学的又是有益的东西，你当然就是一直在成长。孩子来到世上，从第一声啼哭开始，从不懂事开始，给咱们带来多少喜悦。他来到世上，首先给咱们带来了快乐，咱们就得对这份快乐负责任，得让这份快乐逐渐地可持续发展，为咱们等待了许久、盼望了很久的这个孩子的成长，找一条比较适合他的道路。这样，咱们就要开始学习育儿这个新课题。有的父母从很早，从孩子还没有来到世上，就开始读胎教、家教、育儿、音乐等方面的书，哪怕这都是咱们不懂的知识，但因为孩子要来或者是已经到来，咱们就要开始学，要拓展这方面的知识。

而孩子呢，来到世上，慢慢地长大，我发现他开始想事了。刚出生几十天，他就开始想事了，瞪着小眼睛关注周围的世界了。我就拿一个镜片，对着太阳，往天棚上折射出光圈，他就看，我慢慢晃，他慢慢跟，再晃再跟，带来很多快乐。也可以借此研究他的注意力。他看着那光影笑了，他很愿意看，目不转睛地看。看久了，如果你不动了他就不愿意看了，你一动他又看了。我就这样研究他的注意力，看他能持续多长时间。他愿意怎么看？晃的节奏快了他跟不上，他就不愿意看，我就研究以什么样的节奏吸引他的注意。你说孩子给咱们带来了多少乐趣，还促使咱们研究注意力，让咱们对注意力有了认识。咱们这不就成长了吗？

孩子再大点儿，刚一学会走路，我们就开始玩捉迷藏。我藏起来，让他找我藏哪里了。他就开始找，在立柜里找，在箱子后面找，在门后面找，找着了，他是那么高兴。我们就可以据此研究孩子的记忆力和发现能力，他是怎么能想到大人会猫在哪儿的呢。

再大一点了，孩子学着看书，纸质的书容易撕坏，我就给他买布质的。布质的书，他高兴的时候看，不高兴就撕，撕也撕不坏，下次他还可以看。这就是研究什么东西适合他。

然后给他买熊猫打鼓的玩具，当时也算挺贵的，孩子玩儿，开头挺高兴，很快就把它掰坏了，咱也觉得挺高兴，孩子乐过啦。

买了表，他看表怎么转，看得很认真。过阵子，不高兴把表摔碎了，咱也觉得挺高兴，毕竟他玩儿了一段时间，快乐了一段时间。

再大了，教孩子识字、背东西，研究他的记忆，研究他对什么东西比较感兴趣。再大了，带着他到大街上去看，这是什么车，那是什么车。孩子在注意着、在记忆着，咱们对儿童的观察、记忆、想象、思维的认识，也都提高了。真是给咱带来了快乐的同时，又让咱成长发展；教着孩子的同时，又加深着自己对人的认识，对过去童年的回忆，增加着将来跟其他家长讲的经验。所以孩子在成长，咱也真是在成长。

再大点儿，玩摔跤，小时候他没有力气，我一只手就能摔过他。再大点儿，我用一只手一条腿。他常常不服："爸，我再来。"常常被摁倒了，我问他："服不服？""还不服？"他还不服，就停下来，再来一遍。这样既锻炼了他的力气，也锻炼了咱的力气。一天天地，他再大一点，我就该使用两只手两条腿跟他摔了。

他在成长，我也真是在锻炼着自己，在愉悦着自己的身心，又同时研究这个阶段的儿童他喜欢怎么运动、怎样学习。

再大些，他就跟着我一块儿跑步。大年初四那天下了好大的雪，我都想不跑了，儿子不答应。那时候他已经在清华读研了，寒假回家，天天喊我："爸，跑步去。"这天又喊我，我说："这么大的雪，我可不去了。""那你不去我自己去了。"我说："儿子，不能让你自己去啊，爸陪你跑去吧。"于是我们父子两人，冒着漫天的纷纷扬扬的雪花，一步一个脚印地跑着，感受着雪中湿润的空气，感受雪花落在脸上的那个滋味，感受脚在那么厚的积雪里踏进去拔出来，感受超越自我的自豪和幸福。跟孩子一起跑步，不也是在更深层次地体验着人生的幸福和快乐吗？

现在孩子参加工作了，在研究所搞的是核科研、核电。他觉得研究核这个东西是很寂寞的，有时候难免感到没有成就感。我说：“儿子，你怎么还没有成就感呢？”他的妈妈想让他当官、当什么的。

我说：“儿子，不是所有人都能当官的。你说你考高中，考大学，考研究生，参加工作，在高科技单位上班。你家里没有帮你一丝一毫的忙，你全是凭自己的能力上来的，怎么还没有成就感？下狠心照着科研这个道，耐得住寂寞朝前走。如果又认识了一些科研上的工作人员，也有相同的这种心态，咱觉得还能帮上他的忙，就更有成就感啦。”

他觉得我说得对：“对啊，我什么都没有依靠家里。”而大部分科研人员，不都是这样寂寞的吗？搞原子弹的，搞航天的，实际上，中科院各研究所的科学家，不都是扎扎实实干一辈子，耐得住寂寞地进行科学研究。袁隆平那么伟大，那不也是在稻田埂上走来走去，一点点研究稻子的分蘖吗？钱学森不也是研究高科技的最小最小的一个问题，往深处去研究吗？都是这样的。谈谈心，说说话，孩子就释然啦。

孩子在成长着，咱也在成长着，在不断地认识着人生。一个孩子来到世界上，真是不光给家长带来增长了一个辈分的幸福，更带来了许许多多成长的快乐。家长们要感受那种为人父母的快乐。千万别有时候有点麻烦了、有点矛盾了就扩大烦恼的一面。一定要想到，那些小麻烦、小矛盾、小问题，都是给咱增长智慧、提高认识问题能力的机遇。这么想，你就快乐了，你就化麻烦、烦恼为成长的机遇和阶梯。如此，你觉得这个孩子越来越可爱，孩子也觉得咱家长是通情达理的，于是携手一块儿高高兴兴地朝前走。在人生的哪个阶段上都尽到咱的责任，对自己，对家庭，对集体，对社会，都问心无愧，这样活完这段人生。

为人父母，其实是在经历一段新的生命历程，可不只是看着、陪伴着我们的孩子成长，我们自己也会在这个过程中获得全新的生命感悟。

做孩子的良师益友

郑冬的父亲对郑冬从小要求非常严格，有时甚至是严厉，想让郑冬什么都听他的。父亲想说一不二，觉得当爸爸的就得让孩子怕。可郑冬小时候还怕，越大，越不怕了。上了中学，父亲对他提出一些要求，他当面听了，背后却不做。父亲听别人说，郑冬当着同学的面，还表示对父亲有意见，对父亲不满。父亲气急了，训斥了一顿，甚至打了他。孩子嘴上没说什么，但父亲看得出来，孩子心里的意见更大了，和父亲的心理距离更远了。父亲问我怎样扮演父亲这个角色才能既有利于孩子的成长，又能使父子感情融洽。

恰好我在《辽宁广播电视报》上看到这样的一篇短文，题目是《孩子喜欢父母像师长、朋友》。文中写道：

> 据调查，80% 以上的孩子（这里只包括中小学生），对父母有意见，50% 的孩子还对父母产生了抵触情绪。这究竟是为什么呢？我觉得物质上的满足并不等于是对孩子全部的爱，最重要的一点，那就是父母同孩子进行心灵上的沟通。孩子真正喜欢的父母，是那种既像师长，又像朋友一样可以倾心交谈的父母。
>
> 即便是对婴儿，也不能忽略他们内心的感受。何况，我们面对的是已经有着分辨是非能力的少年儿童。

父子关系不和谐的原因有两种：一种是过严，一种是过于溺爱。

郑冬的父亲属于过严的父亲。

教育家陈鹤琴，谈到他的父亲非常严厉，6 岁以前他未曾和父亲一同吃过饭。他特别怕父亲，一听说父亲要来了，“正如同听见轰雷一般，吓得魂飞九天之外……”他父亲死后几十年，那可怕情景还印在脑海里。他认为：“父子不做伴侣，则父子间容易发生隔膜。父不爱子，子也不爱父，名虽是父子，但实际上是陌路人。子女一见了他的父亲，就不敢出声，父亲问他一句，他就说一句，不问则不说；叫他立则立，叫他坐则坐；叫他进则进，叫他退则退。天真烂漫的一个小孩子，此时竟同木鸡一般了。”

这样的父子关系，显然孩子不会对父亲说心里话。父亲不了解孩子，教育自然难以适应孩子的实际。这样严厉的父亲，常常是怕孩子轻视自己，不尊重自己。结果呢？当然是事与愿违。回忆一下咱们小时候，那时父亲过分严厉，有时不问青红皂白就训斥一顿，咱们从内心是更尊重父亲，还是更疏远呢？咱们不也是觉得父亲在自己心目中的形象比原来低了些吗？相反的，父亲跟咱们谈心，关怀咱们的时候，咱们才发自内心地觉得父亲高大，父亲慈祥，才发自内心地尊重父亲，敬爱父亲。自己有了心里话才愿跟父亲说，拿不定主意的时候，最重要的就是听听父亲的意见。人同此心，心同此理。我们做了父亲，就该经常想一想小时候希望父亲怎样对待自己。

还有一种情况，就是对孩子过于溺爱。孩子想怎么办就怎么办，想要星星，不敢给月亮。孩子打碎了饭碗，父亲还在一边叫好；孩子谩骂小朋友，父亲明知不对，但怕孩子不高兴也不批评。后来孩子发展到对长辈也无礼，甚至对祖母说脏话，父亲还是舍不得管教，以为孩子长大了，懂事了就自然变得有礼貌了。孩子想骑马，父亲便趴在地上当马，两三岁的时候骑还可以，儿子都十三四岁了，还这么骑着父亲在地上跑，这就不是爱孩子，而是害孩子了。

溺爱孩子的父亲，也是怕孩子不尊重自己，怕孩子轻视自己。岂不知，真理多走了一小步就会成为谬误。爱，无疑能得到孩子的重视、尊重，但爱多走了一步就成了溺爱。该坚持的原则不坚持，明知孩子言行错误也不制止，那样孩子只会轻视自己的父亲，只会更不尊重自己的父亲。

我觉得，一个称职的父亲，就要善于扮演多种角色，可以是严父，可以是慈母，可以是良师，可以是益友，可以是生理保健医生，可以是心理诊疗医生，可以是图书管理员，可以是运动场上的教练员。在儿子需要的时候，您能够扮演的角色越多，您和儿子的感情越深，您在儿子心中的形象就越高大，您自己也生活得越快乐，对人生会感悟得越来越透彻。成功教育儿子的过程，也是自我提高的过程。

孩子犯了错误，母亲管不了，爷爷不愿管，这时，您便要进入严父的角色，不能迁就孩子的错误，要设法帮助孩子想出改正错误的办法。这样，孩子以后再面对歧路时，就会想道：爸爸不让我走错路。于是告诫自己不往错路上踏出第一步。

当孩子妈妈出差，半个月不在家的时候，孩子需要慈母的关照。这时，您进入慈母的角色，和孩子一起商量吃什么饭，怎样做饭，怎样换洗衣裳；您帮孩子收拾书包、书架，晚间催促他睡觉，早上召唤他起床。您会发现这半个月培养的父子感情要超过以前的半年，甚至几年。您会发现进入慈母的角色去关怀儿子，有一种特殊的幸福感。您会觉得自己适应能力更强了，自己更热爱生活了。

当孩子在学校遇到了麻烦，学习上遇到了难题，老师因为忙没有发现，孩子急需老师辅导的时候，您若让自己扮演良师的角色，那是再好不过了。孩子被老师误解，被批评错了，心里正烦，这时您以儿子班主任的角色，帮他分析老师批评的动机无非是为了孩子好，批评错了，不是对孩子有偏见，而是产生了误解，然后您再帮孩子想出消除误解的方法。您这样分析和处理问题，既增强了自己化解矛盾的能力，又使孩子由衷地佩服您。孩子上小学时，遇到难题您还能帮着解决；上了中学，许多难题您也不会了。这时您可以给孩子以激励，可以给他介绍名人的学习方法，可以引导他往前复习复习，再往后预习预习，答案可能就出来了。这样孩子会觉得您是了解学生心理的良师。

当孩子和朋友有了矛盾，一气之下暂时绝交的时候，当孩子感觉寂寞孤独的时候，您应该去扮演他的益友的角色，找孩子谈心。谈学习生活的喜怒哀乐，谈交朋友的苦辣酸甜。谈每个朋友有长处，也有短处。谈每个朋友，既需要关怀，也需要谅解。谈咱们自己，有为朋友尽责任的时候，也有对不起朋友的时候。您可以以另一位朋友的身份，引导儿子想一想，这位暂时绝交的朋友曾经给过自己的帮助，这位绝交朋友的优点……这样想一想，孩子孤独的心，会觉得不再孤独。您再引导孩子回忆校园中那些美好的日子，回忆同学们一起开联欢会，回忆和同学们一起爬高山，游大海，孩子会从寂寞烦恼中走出来。您再从大海谈起，海有风和日丽的时候，也有乌云翻滚的时候；海有安详平静的时候，也有波涛汹涌的时候。人生像天，也像海。月有阴晴圆缺，人有悲欢离合，海有潮涨潮落……这样引导，这样谈心，孩子当然容易把您看作最知心的朋友，愿意和您讨论交友，讨论为人，讨论处世，讨论人生……当孩子被孤独烦闷笼罩，用语言难以改变他的情绪时，您不妨抽空领孩子到公园打打拳，到田径场玩玩球，或到游泳池游泳，到旱冰场去溜冰。环境变了，一活动，出一身汗，孩子的心情会好起来。您可以在玩中引导孩子坚强地面对困难，理智地面对矛盾。您这样做，孩子能不觉得您是他最知心的朋友吗？您这样做了以后，自己的心情能不愉快吗？

当孩子跑步扭伤了脚时，您便进入保健医生的角色，给孩子讲什么时间吃什么药才有利于恢复，指导孩子自我按摩，提醒孩子以后跑步前注意做好准备运动就不至于扭伤了，孩子一定会佩服您的知识面宽。

当孩子考试成绩不佳，心里焦虑，甚至产生自卑情绪时，您若帮他分析焦虑产生的原因、害处和清除的方法，引导回忆自己最成功、最辉煌的时刻，用那时的必胜心态激励自己去战胜自卑，孩子一定会佩服您，说您善解人意。

孩子愿看书，您便扮演图书管理员的角色，讲图书的分类，讲世界上每天都要出几万种新书，世界上有十几万家报社杂志社。要想从书中得到益处，最重要的是善于选择，不然随随便便地看，看了不适合自己的书，即使书本身没有毛病，但对自己的生命却是一种浪费，是一种损失。您这样劝孩子，孩子能不愿听您的指导吗？

孩子愿打拳，您便扮演武术教练的角色，给孩子介绍太极拳、形意拳、八卦拳、六合拳、少林拳、通臂拳的相同点和不同点，讲外练筋骨皮，内练一口气。讲武术和气功的不同点，讲练拳贵在一个字——恒。您这样做，孩子能不为有这样支持自己的父亲感到骄傲吗？

甚至您还可以进入儿子的学生的角色。儿子使用电子计算机比我们熟练，儿子英语学得比我们好，在适当的时候向儿子学习学习，请教请教，儿子会觉得父亲更亲近，更平易。

当然一位父亲要把这些角色都塑造得很逼真、很成功，是不可能的，但您站在这些应该进入的角色的位置上，就比不顾儿子的需要，不管孩子心境、处境如何，一律板着一副严厉的面孔，只知道批评和训斥要强得多。

这些角色里面，我觉得最要紧的是良师与益友的角色。

愿父母成为孩子的良师益友，那样孩子一定会发自内心地爱父母，敬父母，父母一定会感觉到自己和孩子的心贴近了。自己在进入良师益友角色的过程中，不知不觉心胸开阔了，性格开朗了，知识水平提高了，也生活得更愉快、更幸福了。

书信——家长与孩子心灵的桥梁

莉杰知道妈妈看了自己的日记后，不高兴，说妈妈这是偷看她的日记。妈妈不愿听这个偷字，便批评她；莉杰不服气，妈妈一怒之下，把孩子的日记本给撕了。孩子十分伤心，只是哭，这几天也不愿说话，母女间感情上有了一道沟。妈妈也觉得自己做得过分，想跟女儿说自己错了，可又不好意思张口认错。她问我还有没有别的沟通方式，使母女的心离得近一些。

我觉得还有一种比较好的沟通方式是写信。

亲人之间，天天见面，语言交流，习以为常。偶然相互之间用笔交流，双方都会感到很新鲜，很激动。这等于在你们母女的心灵之间，除说话的桥之外，又架设了一座新桥——书信之桥。

国内外有不少文化素养较高的家庭，都经常用书信这种方式和子女沟通。即使天天见面，也会有些话是不方便说的，写封短信，写个纸条，也会一下子缩短父母和子女之间心的距离。

国外一位母亲，从女儿 4 岁开始，便给她写信。后来，她们母女在共同生活中，经常用书信交流。她们从写信、读信中获得了无穷的乐趣，获得了巨大的精神力量。母亲从女儿的信中汲取力量，汲取爱，度过了离婚之后艰难的日子，独自把 4 个孩子一个个养大。

女儿 18 岁生日之前几周，母亲问她希望得到什么礼物。女儿没有当面说，过了两天交给母亲一封信，下面是其中的主要内容：

> 不久，我就要到大学过独立生活了。这些年来，严格遵照您所制定的生活规则（除了极少几次例外），我终于进入了成熟期。

作为 18 岁生日的礼物，我盼着自己从此能作为一个成熟和负责的人而得到对待和尊重，我希望：

1. 晚上可以推迟回家，或者干脆去掉时间限制。

2. 允许在晚上 10 点后打电话或接电话。

3. 有自己做决定的自由。

4. 在家里被看成一个亲密朋友。

这一次，轮到母亲提供忠告了。那一天，母亲写回信一直到深夜。

亲爱的朱莉：

成年并不意味着突然获得随心所欲的自由，它不过意味着从此要更多地自负其责。如果你认为自己的行为已经能够像成年人那样，我愿意像对待一个成年人一样对待你……

随后母亲写了作为礼物的建议表，包括要女儿慎重考虑关于推迟回家和晚上打电话的要求，同意她对自己的事有最后决定权。并说，愿意在确实必要时才对她提供告诫。

母亲在信的结尾写道：

朱莉，我祝愿你一生快乐——充溢着爱，同时每个重大决定都能以可靠的价值观为基础。我还希望你进一步发展自己多方面的天赋才能。

祝生日快乐，我的朋友！

妈妈

朱莉后来离开家上了大学，母亲非常想念女儿，有幸的是，笔谈传统仍把母女的心连在一起。女儿从大学里写来的每一封信，都给母亲带来欢乐，带来安慰，带来美好的感受。

读了她们母女之间的信，您不觉得自己也该给儿女写点儿什么吗？

孩子正在逐渐长大，十六七岁的孩子内心世界越来越丰富多彩。他们对自己内心世界的变化，一部分愿意袒露，一部分则只想自己欣赏，自己知道。还有的是想等到时机成熟了再告诉别人，告诉父母，让别人大吃一惊，给别人一个惊喜。于是，他们把它写在日记里。这时，父母没经过孩子允许，便去看，等于把孩子珍惜的秘密一下都公布出来。孩子生气，说是偷看，都是有道理的。父母不该发怒，更不该把孩子的日记本撕掉。

知道自己错了，又不愿当面认错，那就写封信吧。只写两三句话也可以，早上夹在孩子常看的书里，或放在孩子的文具盒里。孩子在学校，看到这信，一定会非常激动，一定会为自己有这样豁达而又高雅的家长而自豪。

如果想看孩子的日记，就应当跟他们商量，征得他们同意后再看。家长可以把自己的想法写成信，也可以鼓励孩子经常给父母写信，互相交流看法，沟通感情。如果这样做了，您将会发现，你和孩子的思想和感情，在这座心灵的桥上，可以随便地走来走去了，家庭生活又多了许多乐趣，孩子的学习也一定会进步得更快。

让电话成为家教助手

大海是个贪玩的孩子，学习成绩中等。最近大海有事没事总背着父母给几个爱玩的孩子打电话，商量什么时候去玩，商量玩什么更有意思，甚至在电话里就猜谜语玩儿。父亲说，早知如此，就不安电话了。倒不是心疼电话费，而是心疼孩子的时间，电话助长了他玩的劲头，孩子花在玩上的时间太多了。孩子还有一年便考高中，这样玩下去怎么得了。父亲问我该不该把电话撤掉，等孩子长大了再安。

我觉得，没有必要撤掉电话。

孩子在安电话之前，不就已经很贪玩了吗？只是安了电话以后，玩得更厉害一点罢了。这样看来，孩子贪玩不贪玩，和安电话没有必然的联系。

电话只是一个工具。创业者用它去创业，坏人用它去作案。勤奋的人用它节省时间，懒惰的人用它消磨时间。孩子利用电话达到贪玩儿的目的，您为什么不可以利用电话达到教孩子不贪玩的目的呢？

利用得好，就会觉得电话是教育孩子的好助手。

大海打电话背着父亲，这说明他玩的时候内心还是矛盾的：玩吧，问心有愧，还怕父亲知道，怕父亲说；不玩吧，又控制不住自己。我建议父亲跟大海谈一次心，充分肯定他自己有上进心，有勤奋心，只是管不住自己而已。怎样管住自己呢？父子俩不妨商定，请电话做个帮大海上进治懒的助手。请这个助手做哪些事情呢？我想，它至少可以做这样五件事。

第一，劝说大海贪玩的伙伴，减少玩的次数。贪玩的同学找大海玩，大海不好意思推辞，父亲可以接过电话，同对方商量，今天先把英语、数学题做完，明天晚间再去玩好吗？还可以通过一位贪玩的同学，了解另外三位贪玩的同学的家庭电话号码，然后打电话给他们，同他们交朋友，同他们的家长交朋友，同他们一起商量治疗懒病的方法，这样大海的贪玩的心一定会收敛一些。

第二，通过大海，了解他们班上先进同学的家庭电话号码，然后，打电话给他们的家长，向他们请教教育孩子的方法，也可以询问他们的孩子有什么良好的自学方法。了解之后，挑适用于大海的，让大海也这样去做。这样既增长了家教经验，又多了几位家长朋友和学生朋友。

第三，可以从学习先进的同学中，找一位和大海最合得来的同学，征得他和大海双方的同意，使他们两个建立一个互助组。先进的同学帮助大海学会学习，大海则给先进的同学提供一个增长管理能力的机会。他们两个联系的方式之一，便是放学后打电话。家长也可以通过电话和这位先进的同学商量帮助大海的具体办法。

第四，可以通过电话和大海的班主任和任课教师取得联系。下班后，往老师家里打电话，征求老师对家长的意见，同老师一起商量教育大海的方法，老师们都会很高兴的。这样做比老师家访或家长到老师家去访问都要节省时间。还有更好的用途，就是当大海做家庭作业，实在想不出来的时候，给任课老师打个电话，既方便，又增进了师生感情。

第五，针对大海青春期心理上、生理上发生的一些变化，遇到的一些难题，家长还可以通过电话去咨询，去求教有关信息中心，或有关专家。

这样，电话就会变成帮助家长教育孩子的助手了。

轻声细语的批评效果好

李晓华同学的父亲是特别爱儿子的父亲，是重视儿子教育的父亲，也是对儿子要求非常严格的父亲。可是随着儿子一天天长大，父亲感到原来常用的训斥儿子的办法不灵了，孩子越来越不听话了。孩子越不听话，父亲便越提高训斥的音量。父亲也感到，训斥的音量越大，自己越累，孩子越不当一回事。

晓华升高中了，开学那天，父亲语重心长，轻声细语地嘱咐他："你已经 16 岁了，长大了。以后，爸爸要少管你，少给你出主意了，凡事自己要多想想，三思而后行。在学校住宿，注意别着凉，吃饭要跟大家一起吃学校食堂，初中经常一起去饭店的那几个同学，我看还是少来往好……"

父亲没想到，就是这么轻声细语的几句话，晓华听了，居然眼里有泪，用从来没有过的诚恳的语气说："爸爸，过去我错了，今后您放心。"

放声吼叫，大声训斥，为什么没轻声细语的嘱咐好？

我觉得，原因在于大声训斥的时候，父亲更多展示的是一种父亲的尊严、威严，有一种居高临下、君临天下的味道，没有顾及孩子的自尊心，更没有和孩子处于平等的地位，进行一种心的交流。

而轻声细语地批评、嘱咐的时候，更多地是把孩子的利益放在了受尊重的位置上，保护了孩子的自尊心。父亲的心与孩子的心处于一种平等交流的位置上，孩子当然容易从内心深处受到触动，随之而产生的，是对父亲由衷的爱。

在轻声细语批评孩子方面，美国的家长做得好一些。请看两个镜头。

洛杉矶的一个大型商场的玩具架前，小男孩顺手拿起一支卡宾枪，高高兴兴地举来举去，示意他的父母买下这支枪，一会儿又使劲喊道：“我要！我要！”这时他的母亲赶紧走过去，用左手食指放在嘴唇上嘘了一声，示意小男孩轻声点。然后她弯下腰轻轻地对小男孩耳语了几句。小男孩默默地放下枪，又向前跑去。

一个男孩抢了一个女孩的电动车玩，女孩向男孩要，男孩不给，女孩哭了起来。这时男孩的母亲微笑着走过来，轻轻地对男孩说：“你过来一下。”说完就起身走到一边。小男孩不太情愿地跟了过去，这位母亲脸上始终带着微笑轻声地跟男孩交谈。小男孩开始还反驳，一会儿母亲在小男孩耳边又讲了几句，小男孩就不作声了。过了一会儿，小男孩低着头，拿着小车走到小女孩面前，把车还给小女孩，并认真地讲了一声“对不起”，说完了，向小女孩欠欠身，然后挺胸抬头像个男子汉似的走回到他母亲的身边。

家长采用耳语，弯下身子讲话，甚至把孩子带到僻静处悄悄地说话，这都体现了对孩子的一种尊重，一种保护。

现代家庭教育应该特别重视保护孩子的自尊心。孩子的自尊心一旦受到伤害，就会出现破罐子破摔的消极心理。如在商店玩具柜台前孩子嚷着买玩具，父母越训斥，孩子越要买；父母声音越大，孩子哭得越厉害。其实这是孩子的一种消极的自我保护。孩子哭是对父母大声斥责的抗议。孩子坚持买玩具，其实也不一定是非买不可，而是一时下不来台。

采用轻声细语的批评的方式，体现出一种父母与孩子友好商量的姿态。这种姿态的结果是让孩子感到最终做出的决定是自己思考的结果，并不是父母强加于他的。

其实咱们都有这样的体会，每次大声训斥或批评孩子之后，孩子难受，咱们心里更难受，更后悔。总觉得发火，伤害的不仅是孩子，伤害更重的还是自己。因为那时，我们自己受到了双重伤害：一是被自己所爱的孩子不理解，二是助长了爱训人、爱发火的坏脾气。

俗话说：“伤树不伤皮，伤人不伤心。”孩子的自尊心是稚嫩的，如果由于我们批评方式不当伤了孩子的自尊心、自信心，那可是得不偿失的。

现代家庭教育最忌讳的，就是家长一厢情愿，本着良好的动机却收到消极的后果。

难得的是，很多家长改掉了大声训斥的习惯，采取了轻声细语的批评方法。其实这是一种既科学又艺术的批评方式，孩子当然容易被感动。这也体现出家长举止的高雅。

愿天下父母更科学地教育孩子，更艺术地批评孩子，使父母儿女关系更融洽，使孩子进步更快！

扶植孩子心中正面的自我

为教育孩子的事感到很苦恼。父亲说给儿子起名叫宋勤，是发自内心地盼望儿子成为勤劳的、勤奋的人。孩子升不升大学，做不做大官，发不发大财都无所谓，最重要的是人生在世要勤劳。“勤劳是做人的根本。”孩子只要勤劳，就能自食其力，就不会做不劳而获的事；当老百姓能踏踏实实，当官也不会做贪官污吏。

遗憾的是孩子偏偏不争气，做体力劳动还行，就是学习不勤奋。上小学的时候还能完成作业，成绩还属中上，到了中学，有两次没完成作业，老师找了父亲，父亲很气愤，回家狠狠地训了孩子一顿，气头上还打了他两巴掌。没想到从那以后，孩子不完成作业的次数逐渐增加，上了初三，英语作业干脆不写了。父亲天天批评他也不管用，真不知怎么办才好。

家长让我帮着想想办法，怎样教育这个懒儿子。

我建议家长要钻到孩子心里去，鼓励孩子自己斗争自己。到孩子心里去扶植起勤奋的一方去战胜懒惰的一方。

家长必须坚信，儿子的心中有两个自我。

家长必须坚信，宋勤心中有一个勤奋的宋勤。

我曾经教过一个转学来的学生叫张军，是全年级倒数第一名。刚到我班的第二天，张军没完成我留的作业。我想，我跟张军还不熟，绝不能轻易批评他，也不能像要求原班同学那样严格要求他。如果这样训斥：“你凭什么不写作业？”“别人都写了，你怎么敢不写？”“你是不是不把老师放在眼里？”说这些话，不仅我很累，没有效果，还容易把张军推到自己的对立面。

我发现张军没写作业，便找他谈话，到他脑子里去找另一个勤奋的张军。我说："张军哪，咱们刚刚认识，彼此还不了解，咱们聊聊吧！你到魏老师班来的那天，听说留了作业，当时你很想立即就写，可拖拉的思想说：在学校先轻松一会儿，回家再写吧！到了家想写作业，拖拉的思想又说：吃完饭再写吧！吃完饭拿出书和本子正想写，电视里放好节目了，拖拉的思想又说：看完电视再写吧！等看完电视，再想写时，又实在太困了，就想明天早晨再写吧！没想到早晨起来晚了……"

我还没说完，张军就说："老师，我真是这么想的，您怎么知道呢？"

我说："懒人的心理一般都这样。本来都想勤奋，就是没有办法管住自己拖拉的心理。结果拖拉的心理越长越粗，越长越壮，在心灵的田野上占了好大地盘，勤奋对它也没办法了。"

张军说："老师您说得太对了，我也想治治自己的拖拉病，就是想不出好办法。您能帮我想办法吗？"

"老师当然要帮你，但要紧的还是你自己去扶植自己心中那些勤奋的树苗。你有那么多想写作业的脑细胞，还战胜不了拖拉病？"

"怎么战胜呢？"张军问。

"要紧的是不给拖拉的大树浇水、施肥。什么是拖拉的水和肥呢？就是时间。拖拉刚一闪出念头，你及时对它说：你先休息一会儿，我先写点作业。心里不静，就先挑喜欢的学科写，先挑简单的题来做。写了一会儿，有点累了，拖拉又来捣乱，你仍不给它时间，而是想：我先练练字，我再写一点自选作业，明天再跟老师商量。这样一点一点，拖拉没有了时间，断了水，断了肥，过些日子就枯萎了。而勤奋的小苗呢？因为一秒一分，一点一滴地做实事，等于浇水施肥，逐渐就长高了，长大了。"

再有就是作业。我不让张军做和大家相同的作业，而是同他一起商量适合他的作业。因为从他的实际出发，引导他一点一点攀登知识阶梯，没过两个月，张军也和全班同学一样，每天写作业，每天写日记了。

引导孩子培植心中勤奋的树苗不能急，不能一下子希望它长很大。只要孩子一点一滴地做事，开始一点一点地写作业，就比不写强，就比把时间的水和肥浇灌在拖拉的树上强。不怕慢，就怕站。要让孩子做完一点简单的作业，再引导他做第二处简单作业。家长也可以跟孩子的老师商量，请他帮助留一些适合孩子实际的练习题。与其让孩子做更难的题，抄完以后还是不会，或是干脆不做，厌学恨学，还不如从孩子实际出发做一些力所能及的事情。这样，孩子的成绩也能有所提高。

我觉得教育孩子最省力的办法，就是看到孩子心灵深处的两个自我，然后用孩子的勤我战胜懒我，善我战胜恶我。孩子内心深处，勤懒两种思想发生冲突，斗争起来了，倘若好思想赢了，我们便坐收渔人之利。倘勤思想斗不过懒思想，我们则伸出手去帮一把，帮他想想办法，出出点子。这时孩子会觉得家长很亲切，能体贴他，理解他，是他的助手。

反过来，如果不这样分析和处理问题，看不到孩子心灵深处、懒惰旁边勤奋的幼苗，只觉得他的心中懒惰一片、漆黑一片，只有短处，没有优点，您气得浑身发抖，把孩子说得一无是处，结果便会迫使孩子也觉得自己漆黑一片，不可救药，干脆和家长对立，破罐子破摔。由于恨铁不成钢，最后导致孩子和家长对立的例子不是太多了吗？

堡垒是最容易从内部攻破的。两军对垒，倘到对方堡垒中去分化瓦解，找自己的助手，拉一派，打一派，就非常容易取胜。这些用于打仗的战略战术，也有一部分适用于对子女的教育。

不管孩子犯了什么错误，批评孩子时，都要到他内心深处找到他的另一个自我，一个不愿犯错误的自我。

1988 年 8 月下旬，刚开学，我新接了一届学生。我正忙着处理校内工作，有学生跑来报告："魏校长，你们班学生打架了。"

教书这么多年，开学第一天班级学生便打架，这种事还是头一回遇上。

我把两位打架的同学请到政教处。一位叫李世国的同学是出色的运动员，跑跳投成绩在全市是最突出的，在同学中威信高，在同年级男同学中说一不二。另一位叫梁强的同学则膀大腰圆，为人坦率直爽，学习成绩不好，为了进我班，设法跳级办了学籍。

我开头很生气，想狠狠批评他们一顿，但看他们站在我面前那憨厚、直率而又害怕的样子，我想，生气和过火的批评只能使他们头脑紧张地将身体各部位都凝聚成一个等待批评的整体，而这样的整体是不容易攻破，不容易改变的。

我暗自嘱咐自己要心平气和，要挑动他们内心深处产生矛盾冲突，引导他们自己斗自己。

我便先出乎他们意料地说："你们别紧张，听说你们打架了，重点打的哪个部位呀？现在还疼不疼呀？需不需要上医院呀？"

这么一说，他们原本紧张的整体松弛下来了，准备挨训、准备对抗的戒备心理解除了。听我问要不要上医院，立刻觉得不好意思了，连说"不用，不用""没事，没事"。

我放心地说："没大事就好了，大家就都轻松了。倘若打伤了，打残了，打胜的，打败的，是不是都有好多苦恼？"

"那当然了。"他们不好意思地对视了一下。

"老师知道你们本来不想打架。"我说。

一听我说这话，他们顿时来了精神，感觉老师理解他们，便争先恐后地说："老师，我们真不想打架。"

我问："为什么不想打架？"

他俩抢着你一句我一句地说："打架的时候提心吊胆，怕别人打伤了自己，又怕打别人打到要害处，把祸闯大了。"

"打得轻了，还怕吓唬不住对方。"

"打败了，被同年级的同学看不起，丢面子。"

"打赢了也害怕，怕对方再勾结别人报复袭击，走在窄胡同里都提心吊胆的。"

"打轻了不解决问题，打重了，伤了，残了，对人家对自己都不好。"

"打完架有时还不敢回家，怕爸爸打，在学校还怕老师批评，怕学校处分。"

他们说出了一系列不想打架的心里话，我给予充分的肯定："这确实是你们的心里话，但这只是你们自我的一个好的方面，如果脑子里是这个好我当家的话，这一架能打起来吗？"

"我们要总这么想就打不起来了。"

"这说明，在你们内心深处，还有一个坏的自我，想打架的自我，是吧？你们心中坏的自我是怎样想的呢？"

李世国说："外校的同学过去和梁强不和，他说梁强背后说我的坏话，还说我不敢打梁强，我想逞能，下午就找梁强的麻烦。"

梁强说："他找我的麻烦，我想自己也不是好惹的，绝不能让着他，头脑一热，什么纪律不纪律的，全不顾了。"

他们又谈了自己内心深处一些不好的想法。

我请他们写一份心理活动说明书，题目便是《两个自我》。

如李世国就写《两个李世国》，即心灵深处在打架这个问题上，好李世国与坏李世国各自怎样想，怎样辩论，今后采取什么具体措施，使好的李世国强大起来，压住坏的李世国。

从这以后，直至毕业，这两位同学相处得很好，再也没打过架，并且都为班级做了大量的好事。

回过头来想一想，我当时如果发一通火，训斥他们一顿，不是到他们的心里去寻找我的助手，可能也会制止住打架，可能也管得住他们，但没有这样平心静气地分析和处理问题省力气。

所以在批评宋勤懒时，必须先到他内心中找到那个勤奋的宋勤。批评宋勤不尊重别人时，必须先到宋勤心中找到那个过去尊重别人的宋勤。想帮宋勤改正马虎的毛病，必须利用宋勤心中那些曾经仔细认真做事和对某些事情仔细认真的脑细胞。

找到了这些好的积极上进的脑细胞，孩子才觉得家长亲近，家长看问题全面，家长理解自己的心。

然后跟孩子一起商量，用心中的勤奋战胜懒惰的办法；用尊重别人的脑细胞，管住对人没礼貌的脑细胞的办法；用仔细认真的自我，去捆住马虎大意的自我的办法。

这样用孩子心灵深处的能源去照亮孩子的精神世界，显然是节省能源的好方法。

同老师互助教育孩子

何山回家说，今天他和同学打架了，是同学先打他的，可是老师却偏向那位同学，批评了何山一顿，何山感到委屈。何山刚说完，他的班主任就来电话了，讲了何山最近在学校的表现，并说了何山今天打架的事，但情况和何山讲的相反，是何山欺侮那位小个子同学，才激起了人家自卫、还手。班主任还请家长有时间到学校谈一谈，共同商量一下对孩子怎样教育才有效。

何山妈妈听了何山的叙述，感到儿子受了委屈，想去找老师评评理。接到老师电话之后，又觉得老师说得也有道理。她拿不定主意，不知要不要见老师，见了老师说什么。

我觉得这位家长处事很冷静，没有听何山的一面之词，没有找老师去评理，这很好。

世界上最希望一个人有作为的，最真心愿让一个人超过自己的，除他的亲生父母之外，就是他的老师了。

当老师的，即使是水平不高的老师，也都真心诚意地盼望自己的学生德智体全面发展，做梦都想着自己的学生进步了，成绩提高了，比赛得胜了，个个成才了。老师盼望每个孩子都好的心情是一点都不用怀疑的。

那么老师有没有偏爱的时候呢？也有，那些学习好的，勤奋乐观、积极进取的孩子，老师当然更爱一些。不只老师，社会上的正常人谁会不爱这样的孩子呢？对于淘气的孩子，不爱学习的孩子，打架骂人的孩子，老师当然不喜欢，但也只是不喜欢他们的缺点。当看到这些孩子有了转变，有了进步，做了好事的时候，老师常常比看到好同学做好事还要高兴、快乐不知多少倍。

有的家长责备老师有偏向，偏袒好学生，这对 99% 的老师来说都是不公正的。一般说来，老师在班级里要保护、照顾的都是弱者，都是很老实、很内向的学生。

只有极个别的老师，由于缺少工作能力，想要保护弱者，袒护弱者，而又管不住蛮横的学生，形成了一种袒护蛮横学生的假象。

几乎所有的校长总结学校工作时都发现，指责老师有偏向，指责老师不公平的多是蛮横的学生的家长。而这样指责的结果，会使孩子更加有恃无恐，沿着错误道路越走越远，最终受害的，还是学生自己和家长本人。

山东莱阳有个孩子叫刘成器，深受母亲溺爱，养成唯我独尊的性格。与同学相处，谁要不服从，就暗地里给他颜色看，要不就在别人背后扔石头、摔东西。一次，刘成器让一个男同学帮他抄写作业，这位同学不听，结果两人厮打在一起。为此，班主任狠狠批评了刘成器一顿。刘成器的母亲知道后，不问青红皂白地到学校把班主任辱骂了一顿，非要老师向她儿子道歉。幸亏校领导与刘成器的爸爸及时赶到，才制止了她的刁蛮耍赖和无理取闹。

由于她的庇护，刘成器不良行为越来越严重，越来越不成器。到初二时便因打架和偷东西被学校开除了。之后，他更加为所欲为，经常和社会上不三不四的人搅在一起，偷鸡摸狗，行骗抢劫。

此时的刘母才发觉不妙，但她说的话已经不管用了。有时说多了，刘成器不但不听，反而嫌母亲唠叨，指着她的鼻子说："老子的事，你少管。"

一次，刘成器领着一个社会女青年回家留宿，做父亲的实在看不下去，把他绑在屋里狠狠地教训了一顿。

夜深了，刘成器的父母做梦也没想到丧失理智的儿子会用屠刀朝他们的头上砍去……

一个家庭就这样解体了。刘父抢救无效于第二天死亡，刘母虽保住了性命，却伤了脑神经，整天时哭时笑。刘成器自知罪孽深重，自杀未遂，经抢救恢复后送上了刑场。

许多曾经到学校为儿子叫屈，指责老师有偏向的家长，过了几年、十几年之后却面对着一个蛮横的儿子，都后悔当年不该指责老师，都想如果那时能和老师合作，共同商量教育儿子的办法，儿子绝不至于发展到自己想管也管不了的地步。

像何山这种情况，家长应先跟何山谈，跟同学打架，一个巴掌拍不响，先想想自己的责任。告诉孩子，别说老师不会偏向，就是偏向对方，对自己批评严厉点，要求比别人更严格些，也只有好处，没有坏处。要让何山感觉到，家长是坚决站在老师一边的。

家长到学校见老师的时候，最好自己去，先单独跟老师谈。如果孩子在身旁，那么即使老师批评孩子过火一些，也不要当着孩子的面挑剔，甚至指责老师。那样做，孩子的错误行为便得到了鼓励。这时您可以找个理由让孩子离开一会儿。不当着孩子的面，双方容易心平气和地分析孩子打架的原因，共同想出制止矛盾发展，解决同学之间矛盾的办法。这时，如果老师的教育方法不正确，您再提出来，老师也愿意接受。

总之，家长一定要坚信，世界上的老师做梦都盼望自己的学生人人进步，个个成才。老师都是在发现孩子有了错误时才进行批评，即使批评过火点，也是为了孩子好。有了这样的出发点，就一定能和老师形成互助的关系，一定能共同把孩子教育成一个守纪律、爱学习的好学生。

朋友多了路好走，孩子应交好朋友

刘志上小学的时候，家离学校很近，从家属楼门口，到学校大门口，才 200 多米，孩子放学，不到 5 分钟就到家了。那时孩子到家就自己看书，自己玩，也不到同学家去。赶上节假日，孩子总嚷着要跟爸爸妈妈去游公园，去少年宫。那时父母带着刘志爬山啦，划船啦，觉得玩得很开心。

上了中学，刘志慢慢发生着变化。过去离家 200 多米，现在离家 5000 多米，将近 12 里。家远了，在路上的时间就长了。放学晚了，不放心，他就找了两名同路人做伴，三个人一起走，一起乘公共汽车，胆子大，家长也放心，觉得这是好事。孩子和同伴交往多了，话多了，觉得挺开心。上了初二，又有了两位不是同路人的朋友。星期天，节假日，还领朋友到家里来。到了初三，他的朋友又多了，最要好的又增加了薛伟和周明。他们来往比较密切，经常早晚互通电话，研究作业题。上学时，有两个朋友故意绕远路，跑到家来找他一起走。节假日，刘志不再嚷着和家长去游公园，而是千方百计说服家长同意他跟朋友们去游公园，去少年宫。看着孩子们兴高采烈地玩去了，父母有一种失落感，有一种被抛弃的感觉。想让孩子不交朋友，又觉得刘志的这些朋友都挺积极上进，学习都挺好的。支持他们交往吧，又怕浪费孩子的时间，耽误学习。

我觉得孩子交朋友是好事，其好处是多方面的。

第一，这反映了一个孩子心理发育正在走向成熟，心理需要很健康。孩子在幼儿园的时候，对朋友的需要是一般水平的，小朋友们都是朋友，今天跟你玩，明天跟他玩，上午两个小朋友打架打哭了，下午两个人又在一起笑眯眯地玩了。随着年龄的增长，孩子们需要知心朋友，需要交往比较深的朋友，更需要能共患难的朋友了。我们当年上小学高年级，上中学，上大学，不也是随着年龄的增长，心理上对知心朋友的需要越来越强烈吗?

反过来，孩子大了，却一个知心朋友都没有，也不想交朋友，那倒值得担忧，说明孩子性格孤僻，这样不合群的孩子容易患心理疾病。

第二，随着社会的进步，人与人之间交往越来越频繁，结交朋友的能力显得越来越重要。有的学校甚至把培养学生交朋友的能力确立为一项重要的教育目标。现代社会信息量大，节奏快，工作分工细，选择多元化，尤其需要朋友间的互助合作，才能适应。如果一百年以前，一个人独门独户，独往独来，孤芳自赏，个人奋斗，还可能取得一点成就的话，到今天，不要说取得成就，连生存都显得有些困难了。这样看来，孩子交朋友是适应了社会发展的需要。正如歌中所唱的:“千里难寻是朋友，朋友多了路好走……”

第三，孩子有了朋友，朋友之间可以互相学习，取长补短。同学之间的相互影响力，有时会大于家长或教师教育的力量，一位十分勤奋的同学常常能带动起十来位原来只有六分、七分勤奋的同学。一位同学提前自学下学期的课程，常常使他的朋友也开始预习、自学。哪位同学学习上有困难，有解不开的难题，朋友们便会帮助他分析，找到捷径，找到答案。

第四，激励孩子的竞争意识。几位不相上下的朋友，最容易展开你追我赶的竞赛。我教过的十几个毕业班级的优秀学生，总结自己学习成绩优异的原因时，几乎都谈到朋友之间的学习竞赛激发了他们的学习热情。锻炼身体的时候，我们也常看到这样的景象，五六位好朋友一起做引体向上，一个人做了 11 个，得了 100 分，那几位便加紧锻炼，争取追上他。我们大人也有这种体会，与朋友之间竞争产生的向上的力量，常常要超过听领导的政治报告。

孩子交朋友的好处当然不止以上四点，仔细想起来，还有许多特殊的好处，如开发潜能、治疗疾病、增长爱心、发展智力等。

那么孩子交朋友这件事有没有弊端呢?世间万事万物，有一利必有一弊，有一得必有一失，交朋友也不例外。

第一，孩子们还不成熟，朋友之间关系处理得不可能那么恰到好处。两个人好，长时间心心相印，偶然一次误会，或对方的过失，都容易使孩子的心灵受到伤害，感到痛苦。

第二，朋友之间，五六个人，不可能疏密相同，距离相等。有时你远了，他近了，过几天你近了，他又远了。朋友之间也难免有争执，有矛盾，当然也会痛苦。

第三，最伤脑筋的是交友不当。若交了学习之友，锻炼之友，知心朋友，患难朋友，当然是人生一大幸事。若交了酒肉朋友，懒惰朋友，玩乐朋友，口蜜腹剑的朋友，则是人生的一大悲哀。我见过一些中学生就是因为交上了懒惰朋友，吃喝玩乐朋友，而使自己由尖子学生一步步变成了荒废学业、有书不读的人。因为心理上的病也跟生理上的病一样，有的具有传染性。一个勤奋俭朴的学生如果常年跟几个懒惰、讲吃讲穿的学生在一起，也很容易变得懒惰、讲吃讲穿。

因为交朋友有利又有弊，所以古今中外许多哲学家、思想家都劝人们要交朋友，又劝人们要慎交朋友。

劝人善交朋友的哲人说：

“无论什么地方，只要援助之手握着求援之手，那地方便存在一座真正的教堂，这样的教堂才是唯一的圣洁的教堂。”

“在令人厌倦的旅途上，一个性格明快的伙伴胜过一乘轿子。”

劝人慎交朋友的哲人说：

“选择朋友一定要谨慎！地道的自私自利，会戴上友谊的假面具，却又设好陷阱来坑你。”

“切忌与坏人为伍，因为这将受害无穷。比方……你将一滴美酒注入一满杯米醋之中，它会马上变化为米醋。”

“跟小人一起，只能成小事。”

刘志的朋友大多数都积极向上，学习勤奋，只有两个人懒一点。家长想劝孩子逐渐疏远这两位懒散的朋友。

我觉得孩子如果有五个勤奋的朋友，只有两个懒一点的朋友的话，也可以先不疏远懒人，而是给孩子定出目标，六个勤奋的朋友有责任帮助那两个朋友医治懒病，把他们俩也改变成为勤奋的人。这样刘志会变得更有责任感，生活得更加愉快、充实。朋友之间会更知心。

如果这两个朋友在他们之间形成核心，懒的力量超过了勤奋的同学的力量，这样就得劝孩子逐渐疏远懒朋友了。一般来说，这种情况比较少。像刘志这样勤奋的孩子，交的朋友也是勤奋的，即使有点懒病，也不占主导地位。

俗语说："要想了解一个人的品行，只要看一看他周围朋友的品行，就清楚了。"这是很有道理的。

孩子交朋友要注意哪几点呢？上面已经说了。首要的一点便是选择朋友要谨慎，要交好朋友。万一交上了不良的朋友，能帮助则帮助，不能帮助则想方设法逐渐疏远。

其二，交朋友数量要适当。有人说，人生得一知己足矣。只一个知己，那是少了点。但交往密切的朋友，一般以四五个为宜；再多，则是一般意义上的朋友。因为倘密友过多，朋友之间的相互往来就容易由动力变为阻力，由愉快变为烦恼。

第三，就是对朋友要少索取，多付出。越是这样，朋友之间友谊越深，自己的能力越强。朋友之间有了误会，要责己严，责人宽，这样双方才会变得胸怀开阔。还要告诉孩子，不管是谁，有优点必有缺点，不能苛求朋友十全十美。"水至清则无鱼，人至察则无徒。"看到朋友优点的同时，就要想到容忍朋友的某几处缺点，这样友谊才能越来越牢固。

奉劝家长不必为孩子不愿跟自己去公园了而有失落感，而应该为孩子长大了、成熟了感到高兴。设身处地想一想，我们不也是这样成长起来的吗？我们七八岁的时候愿意跟着父母去游公园，十七八岁的时候不是也不愿意跟着父母去游公园了吗？

愿每个孩子都能和朋友共同驾驶一条大船，在现代社会的波涛汹涌的海洋中，互助合作，共同到达理想的彼岸。

第三章

教育子女德为先

培养孩子具有比天空更广阔的胸怀，能容难容之事，孩子就能站在数百万年人类悠长的历史与数亿光年太空星系的空间角度来看地球，看人类，看社会，看人生，就能看清自己所处的位置，就能既顺其自然，又积极进取。

心灵的摄像机对准真善美

志平越大越爱发牢骚，总是觉得这也看不惯，那也不顺眼。过去还只是对同学关系、师生关系不融洽有怨言，现在年龄大了，对社会问题关注了，牢骚就更多了。什么贫富不均不公，贪污腐败，假冒伪劣，这方面的事他特别关注，知道得特别多。知道得越多，牢骚就越多，心情就越不好，弄得学习也没有心思了。问他不学习，升不了学怎么办？他说升了大学又有什么用，毕业了还不知道会怎样，进不了好的单位，能有什么作为？

面对他这些坏脾气，面对他的悲观情绪，家长很着急，又想不出办法，来信让我想想办法。

我觉得志平这种悲观的心态产生的主要原因之一，是对社会，对他人的阴暗面看得过多。看多了，自然觉得天昏地暗，心情不好。

事实上，我们的社会、城市、朋友、同学都是由两个方面组成的，有好的一面，也有坏的一面，有使人满意的一面，也有使人不满意的一面。

我们班也有爱看阴暗面、好发牢骚的同学。为了使这些同学生活得快乐一些，我组织同学们讨论一个非常简单的问题：盘锦的市容怎么样？

有的说好："市里有湖滨公园、带状公园。""有60米宽的市府大街。""有新修的火车站。""有商业大厦。""盘锦市政府大楼比营口，比锦州，甚至比沈阳市政府办公楼都漂亮！"

有的说不好："盘锦市内街道窄，车辆多。""市内交通混乱。""市区内有好几个大脏水坑。""市内平房区垃圾遍地。"

"这么说来盘锦市容也好也不好，和五年前比呢？""那当然好多了。""现在是好的方面多，还是坏的方面多呢？"连说盘锦市容不好的同学也都承认，还是好的方面多。

即使在那垃圾遍地的平房区域内，穿过很脏的小巷进入每家的院落，里面还是整齐洁净的。进到屋子里，许多家庭装修得非常漂亮，可见不好的地方也有好的一面，脏的环境中也有不脏的屋子。

反过来，大家都说湖滨公园好，湖滨公园里的垃圾箱脏不脏？湖滨公园的痰盂里不也是鼻涕黏痰吗？湖滨公园的厕所里不也有苍蝇蚊子吗？那么你到公园里去看什么呢？很明显是去看鲜花，看亭台楼阁，看小桥流水，看飞禽走兽。谁也不会利用星期天休息时间，买张票到公园去看垃圾，看苍蝇。看完那些东西不是享受而是遭罪。

即使在垃圾遍地的平房区的居民，每天也不是把精力都用在看垃圾、苍蝇蚊子上，而是看自己家里的书，看墙上的字画、挂历，看报纸，看电视……

我们的心灵像摄像机，眼睛便是摄像机的镜头。面对社会，面对生活，我们拍下什么录像片在自己心灵的录像带上，全由自己说了算。

社会中肯定存在不好的东西，因为社会还不尽善尽美，所以我们才追求更美好的社会来替代它。说它好，是因为它比过去好。说它好，是因为在这社会中好人占多数，好事物占多数。

我们不能因为湖滨公园有垃圾箱，就说湖滨公园的荷花不好，就说湖滨公园不好。同样的道理，也不能因为社会上有不正之风，就说所有干部不好，就说整个社会不好。

社会再向前发展一万年，也还会有垃圾，也还会有坏人。问题在于，我们应该让自己心灵的摄像机对准啥。这常常决定着自己的心灵世界是阴沉昏暗，还是天朗气清。

一个学生，从早到晚瞪着两只眼睛，总看阴暗面，总看垃圾、脏水、苍蝇臭虫、打架斗殴、懒惰懈怠、违法乱纪、假冒伪劣，久而久之，他心灵的录像带上，左一盘右一盘全是这些假恶丑脏的东西，他当然会变得偏激，发牢骚，愤懑，觉得天昏地暗，自己的内心也没有光明。

反过来，从小多看光明呢？阳光、鲜花、清泉、蜜蜂、老黄牛、矿泉水、健力宝、周总理、雷锋、团结、友爱、勤奋、进取、廉洁、奉公，时间长了，他心灵深处，充满了这些催人奋进的因素。于是他昂扬，他奋发，他乐观，他豁达，他觉得天高地阔，自己的内心一片光明。

阴暗的东西不是不可以看，对青少年来说，是要把它放在应有的位置上看，别看多了，别总看。

看的目的不是发牢骚，不是埋怨，更不是跟着学，而是想到如何改变它，改造它，消灭它。想到这些不好的东西存在，自己也有一分责任，自己也该为抑制它、消灭它力所能及地尽一分力量。

生活中的阴暗面，当我们没有能力消灭时，还是不看为好，何必让那苍蝇臭虫一样的人弄得自己恶心呢？

只要引导孩子将心灵的摄像机对准真善美，随时都能摄下一组组感人的镜头。

严冬，野外，钻井工人冒着严寒在钻台上紧张地作业，井内喷出的泥浆浇在棉袄上，棉裤上，都冻成冰了，他们还坚守在轰隆隆的钻机旁。

盛夏，田间，农民在晒得发热的水田里，弯着腰，薅秧拔草。

初春，工程兵在运河两侧修带状公园，挥大镐，刨冻土。市民还穿着棉大衣，而有的战士光着膀子还干得满头大汗。抗洪救灾中，有的战士为了盘锦人民的利益，献出了自己年轻的生命。

稍加注意，孩子们就能发现，在我们的身边，许多知识分子、科技人员、普通干部，待遇不高，工资不多，却认认真真、勤勤恳恳地在自己平凡的岗位上尽职尽责。

稍加分析，孩子们就会发现，这个世界，这个社会，是由好人在支撑着，维持着的。如果世界上的人都像打砸抢分子、贪污腐败分子那样心狠手辣，那么这个社会连一天也维持不下去，人们早就都被咬得鼻青脸肿，早就互相残杀得血流成河了。

家长要经常引导把心灵的摄像机对准真善美，包括对准缺点明显的人的真善美一面，孩子的心情会变得开朗起来，会在许多好人的鼓舞下，扶植自己心灵深处真善美的一面，成为一个积极进取、乐观有为的人。

勤劳是做人的根本

一向勤奋的赵军，最近交上了两个爱玩的朋友。这两位同学在班上成绩处于中等。他们课余时间拉着赵军玩，并且劝赵军说："聪明型的学生都不用太用功，像你这样年级前十名的男同学，全校才三名。你若像女同学那样勤奋，那就没有什么后劲了。初二就这样勤奋，初三怎么办，高三怎么办？"

勤奋的赵军听了这话，觉得也有一点道理，堂堂男子汉，是不能像女同学那样勤奋。于是赵军变得比过去贪玩了。赵军的爸爸急了。他听别人说，初中二年级，正是分化阶段，应该勤奋，那位贪玩的学生说得不对，可他又不知道怎样说服孩子。

初二如果太勤奋了，孩子到升学时是不是就没潜力了？

家长们千万别信那两位学生的话。您告诉孩子，勤劳是做人的根本。

人世间，思想家、科学家、艺术家、作家，大凡有成就的人都是勤劳的人。您可以任意找一个古今中外对人类有贡献的人，然后研究他的一生，就会发现，他们全都认为勤劳是做人的根本。

另一类人，监狱里的犯人，绝大部分都是妄想不劳而获的人，绝大部分是懒惰的人。追寻他们犯罪的思想根源，大都是不承认勤劳是做人根本，而要靠别的方式去获取名利地位，以致走上犯罪道路。

劳动创造了人，劳动能使人更接近完美的层次，不劳动，则使人朝相反的方向退化。

学生也是这样。聪明而勤奋的学生，会变得更聪明，更爱学习，更爱劳动，更正直。

聪明而不勤奋或过去勤奋后来懒惰的学生，会变得自私、贪婪、作弊，会产生许多不劳而获的愚蠢的想法，以后还可能走上犯罪道路。

不太聪明但勤奋的学生，读书时持之以恒，都能修完学业。将来参加工作，凭着自己的勤奋也能站稳脚跟，甚至办大企业，成就大事业。

不聪明而又懒惰的学生，必然成为家庭的负担，将来到社会上便是社会的负担。

华罗庚说："勤能补拙是良训，一分辛苦一分才。"成人不自在，自在不成人。一个人想要自由自在，轻轻松松，不勤奋，不付出艰苦的努力，是永远成不了才的。有的孩子老长不大，有的孩子长大了也未成人，主要原因就在于此。

这些年来，有些文章，过多地宣传了有作为的人聪明的一面，机遇好的一面，把他们搞得十分神奇，似乎一提勤奋就没有了新意，就缺少了新闻价值，这的确是一种误导。

个别记者，写文章的人，在报道少年大学生的事迹，报道某省状元时，也常把着眼点放在宣传他们的聪明上，把他们搞得神乎其神，有的甚至还把"少读书，少学习，多唱，多跳，多玩"鼓吹成学习经验。这很容易让人失之偏颇。

科大少年班的学生够聪明了吧！但个别的还荒废了学业，原因不是别的，正是原来勤奋后来不勤奋了。

绝大部分科大少年班的学生取得了出色的成绩，他们自己和他们的老师总结成功经验时都觉得，最重要的一条，是因为他们付出了比一般少年更多的努力和心血。

第七期科大少年班学生陈冰青，因为特别土气，在校时有个绰号，叫老饼。进校时，老饼的入学成绩就像他土气的绰号一样不起眼。然而，老饼在少年班三年的主科平均成绩高达 94 分。

他获得科大最高荣誉奖——郭沫若奖学金，并提前两年参加中美联合招收赴美物理学研究生考试，以全国第二名的佳绩被美国第一流的普林斯顿大学录取。

老饼的诀窍是勤奋。他每天背着一个鼓鼓囊囊的书包，在校园的三点一线上大步流星。一次，他因英语摸底考试不理想，就自制许多词汇卡，挂在床前床后。每晚他都抱着收音机到校园的草坪上收听英语教学节目，即使是阴冷难耐的冬日也一如既往。后来，老饼终于成了少年班里公认的英语活字典。

科技大学教授冯珑珑，是第三期少年班毕业生，大学 3 年就学完 5 年的课程，并以优异成绩考取天体物理学博士生。他说起自己的成长历程，一再强调刻苦的重要性，脑子灵也得要勤奋。

宋代王安石写过《伤仲永》，那是一个典型的不进则退的故事。天赋、天资、素质上超过常人，只是具备了比较好的接受知识、增长才干的基础和条件，如果从此不再勤奋努力，智力也会衰退，神童也会变愚蠢。

您再引导赵军分析一下，他们班级里那些学习尖子，不都是勤奋努力的结果吗？再看那些“后进同学”，其实智力并不比尖子差多少，有的“后进学生”还非常聪明。为什么成绩低？就是不肯勤劳地耕耘的结果。

我的学生上大学后来看我，说：“老师，我现在感觉到中学是人生最好的阶段。”我问：“为什么？”回答是：“中学阶段是最公平的阶段，只要勤奋，就有成绩；有了成绩就更公平了，北京大学、清华大学都不会歧视任何一个成绩突出但家庭贫寒的人。参加工作后，到了社会，就更复杂了，人与人机遇就不均等，不公平的事就多了。”

真是这样，中学阶段是人生机会最公平、最均等的阶段。不管家境多么贫寒的孩子，只要他春天辛勤耕耘，秋天就能成为学问上的富翁。反过来，任你是总统、首相、亿万富翁的儿子，春天不耕耘，不劳作，秋天照样做学问上的穷人，学问上的乞丐，学问上的小偷。

这些年来，个别人急功近利，宣传一些浮躁的东西，哗众取宠；宣传一种醉生梦死的人生观，说什么人活着，就是吃穿二字，以致一些不懂事的青少年也傻乎乎地跟着去喊吃喝玩乐的口号，也傻乎乎地跟着这帮子人去指责勤劳，去讽刺刻苦，去批判努力，去挖苦辛勤劳动的人们。这实在是用懒猪懒鸭的眼光和思维方式去观察辛勤劳作的人们。在他们看来，猪狗鸡鸭的懒惰似乎要比人的勤劳更值得赞扬。

我们要让自己的孩子做人，我们绝不能让他们上只会吃喝玩乐的当。我们要向自己的孩子大声疾呼：勤劳是做人的根本。

科学家们说：

天才出于勤奋，聪明在于积累。

成功等于 99 分汗水加 1 分灵感。

可以找一些名人论勤奋的名句告诉孩子们。

我是真诚地盼望咱们中国的年轻一代相信，勤劳是做人的根本，吃喝玩乐只是做人的树叶。我向我的学生大声疾呼要勤劳。家长也要告诫孩子们，别信什么吃喝玩乐最有趣。那是骗人，勤劳才是做人的根本。

莫忽视孩子的心理健康

面临毕业的班级该不该进行品德教育，该不该重视学生的心理健康。

有的家长觉得，孩子还有不到一年时间就要参加高考了，学习时间这么紧，学校不该再搞英雄模范报告会、班会、团会、青年志愿者活动日、心理咨询日等活动，这些活动占用了学习时间，而活动内容，升大学又不考。

另一部分家长认为，越是毕业班，越应该抓紧品德教育，越应该注重学生的心理健康。他们觉得健康的心理，对人是至关重要的。孩子心理健康，即使升不上大学，也能同人和谐相处，能承受工作中的挫折，为人民为国家做出较大贡献。反过来，心理不健康，即使考上了大学也会活得心力交瘁，与人不和谐，经受不起挫折，做不成什么像样的事情。

我觉得后者的认识更有道理。

《教育时报》曾载文写道：

据调查，上海高校的大学生中 30% 以上有不同程度的心理疾病，包括焦虑症、恐惧症、强迫症、抑郁性神经症、神经衰弱症，等等。

这些病症不及时治疗，发展下去，将会导致病态性格，甚至使大学生沦为罪犯。

家长想一想，如果您的孩子心理不健康，整天紧张焦虑，自我意识极强，感情脆弱，只顾自己不顾别人，这样的孩子考上了大学，远离了你们，你们不是更为他担忧吗？

一个人心理不健康，甚至有严重的心理疾病，即使考上了北京大学，即使当上了北大教授，也不一定有什么大的作为。

《中国青年》杂志所载的《北大魂兮归来》一文写道：

1991年，美国爱荷华大学中国留学生卢刚，因奖学金之事，持枪在校园内杀害了来自科大的同学及师长后自裁。杀人者卢刚来自北大。少年得志的这位北大才子，被选入李政道项目赴美深造。说到卢的学问，无人摇头；而说到他的为人，却已远非“飞扬跋扈”可以形容。

爱荷华的枪声震动了学界，也震动了北大。人们不得不反思，这些年北大是否成功讲得太多了，而宽容、民主和以平常心待人问学的传统，又讲得太少了呢?

在北大，不能以门户之见抵排异端，这是最基本的学术原则。然而，这个良好的传统正在消失。……在职称评审中，“以见闻所及，持一孔之见”的文人相轻的恶习也逐渐死灰复燃。1994年，历史系一位教员在一张发行量不小的报纸上公开指责其他系的另一位学者“不够教授资格”；在那位学者报批博士生导师时，这篇文章竟被恶意地复印散发给各个评委……

1992年10月12日是个不平凡的日子，党的十四大在这一天召开。

晚上11点，北大的第三教学楼熄灯，曾被这巨大教学楼的灯光照耀得如同白昼的五四操场隐入暮色，校园内一片沉静。关灯锁门的校工忽略了，有一个人独自隐身于五楼一间教室之中，此时正在做出危险而致命的抉择。这便是经济学院的副教授K。

K教了一辈子计划经济，近几年，他越来越感到搞市场理论的同行们的压力，只是这种压力没有使他正视现实，反而使他更加固执、抑郁。当夜，当他在教室里通过收音机收听完十四大关于建设社会主义市场经济的报告后，便从这个五层楼的教室一跃而下，自杀身亡。

这发生在中国著名学府北京大学。

那么在别的学校呢？《教育时报》发表的文章《悲剧究竟发生在哪里》中写道：

刘勇是从陕西某县一个厂办子弟中学考入北京航空学院的。在中学期间，他学习成绩优秀，深受老师赏识，是校三好学生、优秀团干、校团委委员。一进大学他就担任了团总支委员。在北航，他的才气令许多同学羡慕，有“北航第一才子”之称……就是这样一名大学生，在个人利益不能满足时，病态心理达到难以自控的程度，他以极其残忍的手段杀害一名女生而后自杀。

重庆建筑大学学生张大林，仅因在理发顺序上与一名同学发生争执，认为那个同学扫了他的面子，遂起报复恶念。一个周末，他在舞厅碰上那位同学，散场后便紧随其后，拔出随身携带的刀子朝其背部刺去，顿时鲜血四溅。

毕业离校仅3个月的河南大学物理系学生周文斌因恋爱受挫，在通许县制造了一起恶性凶杀案，将其女友及女友之妹活活烧死，并用手术刀将女友之母及其8岁的弟弟杀死，然后自杀于作案现场。

概括起来看，人们对这类悲剧发生的原因有以下几种认识：一是认为社会大环境中的种种不良因素的影响；二是认为长期封闭的学校教育所致；三是认为忽视德育，德育脱离学生思想实际，学生缺乏正确的世界观、人生观、价值观所致；四是认为大学生心理压力过大，心理疾病和个性缺陷所致。

尤其是对于第四种原因，近年来有不少专家相当重视，认为这类悲剧的发生，在很大程度上是因为大学生心理素质太差，挫折承受力太低。有专家在一份调查资料中指出，全国约有30%的大学生存在着程度不同的心理障碍和心理疾病。而严重的心理障碍和心理疾病极易导致人的精神崩溃，酿成悲剧。

近年的研究生因抑郁症自杀事件、大学生马加爵杀人事件，令人触目惊心。

这样的例子，还有很多。

由这些例子，咱们不难认识到，孩子们升上大学并不就万事大吉了，他们还要继续学习、生活、奋斗、创造。而要继续学习、奋斗，显然只有知识还不够，还必须有良好的心理素质和健康的身体素质。

反面的例子证明，没有良好的心理素质，学生升了大学，当了教授，也不一定能成为对人民、对国家有用的人，甚至还可能有害于人民和国家。

我们再来看一看那些做出杰出贡献的教授们，看一看那些奋发向上，朝气蓬勃，为人民为国家争光的大学生们，他们共同的特点，都是有良好的心理素质。在他们的人生道路上绝不是没有挫折，他们遇到的挫折比个别动不动就寻死觅活的人要多得多，但他们有抗挫折的能力，以至越挫越勇。有作为的大学生也绝不是没有遇到过风浪，但他们心理特别健康，才能够任凭风浪起，稳坐科研船。他们也不是没有遇到过狭隘人的误解，低层次人的诽谤，但他们有着宽阔的胸怀，把这些诽谤像蛛丝一样轻轻抹去，笑对人生，所以能静下心来做学问，搞科研。

我们看一看钱学森、华罗庚、李四光、陈景润、罗健夫、蒋筑英等千千万万优秀知识分子的奋斗过程，为人民事业鞠躬尽瘁的经历，就会发现，他们每个人的奋斗道路上都充满了艰难险阻、坎坷曲折。他们都是凭着自己极其强健的心理素质才战胜了一个又一个的挫折。

升大学，当教授，需要健康的心理素质。不升大学，做平凡的工作，同样需要健康的心理素质。

心理健康和身体健康同样重要。咱们当家长的不光要关心孩子的身体，饿了给孩子吃饭，冷了让孩子穿衣，病了给孩子打针吃药，也要关心孩子的心理健康。

怎样使孩子心理健康呢？这其实跟保持孩子的身体健康差不多，也需要饿了吃饭，冷了穿衣，病了吃药，平时加强锻炼。

1. 饿了吃饭。人的心理上会有饥饿感，需要榜样，需要目标，需要模仿，需要学习。这时若没有优秀的榜样，没有使人心理更健康的精神食粮，学生自然就会吃一些不利于健康的东西，如乱七八糟的歌曲，稀里糊涂的文学作品。他们还会学习社会上某些低层次的人，学习无所事事、及时行乐的人，学习有针尖大的权力就挥舞得像个金箍棒一样的人，学习用非法手段致富之后摆阔炫耀的人。他们吃了这些低层次的精神食品，当然心理难以健康。您要使自己的孩子有健康的心理，先要向他提供健康的精神食品。选择好的歌曲、录像带，选择杰出人物的传记给孩子听，给孩子看。

2. 冷了穿衣。人的心理上也有寒冷的感觉。有人说让孩子接触一些阴暗面，有利于增强孩子对不良现象的抵抗能力。这如同让体质较强的孩子到冰天雪地中一样。去可以，但要穿上防寒的衣服，不然的话，孩子容易冻坏。孩子最好不进游戏厅、歌舞厅等娱乐场所。如果因教育的需要或学习的需要非进不可的话，家长要提前告诉孩子要在哪几点上增强抵抗力，要防止哪几种病毒的侵袭。孩子若和后进的、懒惰的、极自私的人长期交往，家长也该给他们穿上“防寒衣服”，以使孩子和后进的学生都进步，不致使孩子心理也患病。

3. 病了吃药。孩子若已患了心理疾病，那就要对症下药治疗，及时找心理医生给予诊断。是焦虑症，是恐惧症，是强迫症，还是抑郁性神经症、神经衰弱症……然后按照心理医生的指导服药，一步步走出误区。

4. 坚持锻炼。孩子要有健康的身体，除注意饮食、穿戴，有病及时治疗外，最重要的是坚持体育锻炼，跑步，打拳，打球。持之以恒地练，一定会有健康的身体。心理健康同样也需要持之以恒地锻炼。倘能持之以恒地写日记，或持之以恒地看伟人传记，或持之以恒地照顾一个弱者，或持之以恒地吃苦耐劳，都会使人的心理变得越来越健康。

愿家长支持、配合学校为增强学生心理健康而开展的活动。

愿家长重视孩子的心理健康。

愿我们的孩子都成为身心健康的大学生。

培养孩子积极健康的心态

当代社会，各种心理疾病层出不穷。世界卫生组织（WHO）断言，世界上有四分之一的人会在自己的一生中遭受精神问题的折磨。因心理不健康影响到工作、学习、生活，甚至产生身心疾病的，比比皆是。所以，培养健康的心态是教育界的一项大工程。从家庭教育来讲，培养孩子健康的心态是所有家长需要特别注重的。

积极的心态，实际上也就是求真，凡事尊重规律。事物的发展过程，必然有上下进退、起伏兴衰、荣辱得失。把这些提前都看透了，想明白了，就知道人生有顺利的时候，也有不顺利的时候；有承受挫折打击的时候，也有来自四面八方过多赞扬的时候。觉得这些都是很正常的，就都能坦然接受了。而正因此，不能够在顺的时候、大家都赞扬的时候，飘飘然而忘乎所以了。这时候要想到自己得到的太多了，要想到这些都离不开别人的帮助，自己就应该更加谦虚谨慎、戒骄戒躁，并努力在原来的基础上做得再好一点儿。所以，积极的心态是提前把发展的规律想通了的结果。

相对来说，对挫折的认识能力强了，对于顺境也可泰然处之的时候，就可以把一切都看作生活的常态。不是不正常，而是很正常。所有的人都有顺和不顺的时候，月有阴晴圆缺，人有悲欢离合，人生有上下起伏。于是就明白，咱们遇到一点儿困难，遇到一点儿打击，遇到一点儿磨难，很正常。这样就容易把困难当成机遇，把压力当成上进的阶梯。这么去看问题，就行了，就积极了。

就像塞翁失马的故事，塞翁失马，焉知非福啊！古代塞北一老翁家的马跑到长城外面胡人那边去了，乡亲们安慰他，他说这不一定是坏事，几天后走失的马带领着胡人的一群骏马回来了。人们都去祝贺他，老翁却认为这不一定是好事。他家里有很多好马，他儿子喜欢骑着玩，有一天，他的儿子因骑胡马摔断了腿，人们都来安慰他，他却认为不是坏事，后来老翁的儿子因腿伤而躲过战祸。福祸互相转化，互为依托。这才是正常的。

很多家长给孩子讲过这个故事，让他们知道这个故事以及故事所要传达的精神，目的就是让孩子学会用正确的心态去面对生活中的各种际遇。遇到不幸，想它不一定是一件不幸的事吧，当然带回来马的可能性很小，不过就算带不回来，你这么去想，至少心态能够积极一点儿。带回马来占了便宜，你别想占了多大的便宜，想着也许会有别的不幸吧，儿子骑着这个好马跌伤了脚，幸运又带来了不幸。这时，要是埋怨、指责、生气、发牢骚，只会是加重不幸的程度，所以只能是研究这个事，接受这个事。至于免予参加征兵，如果是不义之战不被征兵，躲开也就好了；如果是保卫祖国的战斗，躲开那就不是一件好事了。

咱毕竟没有更大的不幸啊，你跌得再重一点儿，不也得承受吗？在人世间，就是要以一种积极的心态，面对眼前这个伤痛。有很多这样的孩子，你看《感动中国》节目中，那个“断臂王子”刘伟，多少重不幸都降临在他的身上了，他的妈妈一直给他鼓劲：“正常孩子能做到的，你也都能做到”——这句话没有加重他的不幸。一直跟孩子说咱还有希望，没有了胳膊，咱可以游泳；游泳不合适了，咱可以弹琴。虽然生活那么苦那么难，但她一直给孩子以力量。母子两人就是这样乐观地面对人生中难以预料、突如其来的不幸。然后，他用双脚去弹钢琴，真奏出了感动那么多人的美好的乐曲。大家想咱们的孩子，哪个有人家刘伟那么大的不幸？人家还活得那么阳光，那么快乐，那么积极呢。所以刘伟的母亲是了不起的母亲，刘伟更是一个了不起的孩子。他创造的这些奇迹，不正证明看似的不幸、磨难反而是祝福，是礼物吗？

反过来，很多人的不幸不到人家的一半，甚至不到人家的十分之一，家长就发牢骚、埋怨、指责孩子，让孩子觉得手足无措。于是孩子就更不能正视这个不幸，面对很小的一点儿挫折，就觉得整个人生都要倾覆了。

这样，他的抗挫折能力自然就越来越弱。本来还有很多路，但因为心态不积极，把自己的路给堵死了。

我们班有个孩子，他的成绩经常是班里倒数第一倒数第二，但他的父母能够正确面对，认为孩子的这种情况是正常的，只要他努力了，就是好孩子。这个孩子毕业了，自谋职业，干得非常好，后来办了个小公司，弄了一个小的建筑队、维修队，生存得非常好。这都是因为家长不断地鼓励孩子。

我也见过那样的家长，孩子本来学习很好，是能考清华北大的那种学生。因为孩子一两次考试考得不好，他们就说很多，总替孩子担心，孩子这样可怎么办啊？本来孩子就焦虑，家长还替他焦虑，孩子就更焦躁了。你要告诉孩子这很正常，失败很正常，包括高考前一个月两个月成绩上下有波动都很正常，孩子你没有问题，咱考不上清华北大，咱考复旦、浙大，再考不上，咱上一般大学。这样，孩子的心里坦然了，心态积极了，反倒发挥得更好。我见过好几个孩子，完全可以考上清华北大，就是家长先紧张先焦虑，不给孩子打气，反给孩子增加紧张焦虑的情绪。“怎么办？”“怎么办？”好像天塌下来了似的，于是孩子就乱了阵脚。所以总给孩子打气，孩子才会积极、乐观，这样他在哪种情况下都是进取的，只要生命一息尚存，就可以乐观进取。就算从高山顶上一下子掉入山沟里，也可以继续进取，一点一点朝前走。多少平凡的人都是在经受挫折后奋起的。司马迁就是在受了很多打击后，仍然自强不息，越挫越勇，再接再厉，挫折反倒磨炼出他的意志来。所以有了良好的心态，一辈子都能活得幸福。

还是那句话，为了家长自己的幸福，也为了孩子的幸福，在什么时候都要告诉孩子凡事都有两面，手心反过来必然是手背，有一失必有一得，有一苦必有一甜，阴影的另一面必然是阳光，这是铁一般的法则。要让孩子一方面看到事物的两个方面，另一方面更多地以积极的、进取的眼光看事物，这样就能幸福了。找不痛快，快乐的事儿也能变得不快乐、没有意思。

我领着我的学生去旅游，到沈阳故宫。沈阳就是我的老家，有什么可去的啊？我是为了让孩子们高兴啊。起个大早，乘着两辆大客车去了，大家伙儿玩得非常高兴。有一个学生看了，说："故宫没意思。"

我说："没意思，咱上北陵。那是最漂亮的，除了十三陵，那么好的皇家陵园很少了，古木参天，非常漂亮。"

看完他还说："北陵没意思。"

我说："没意思，咱上动物园。沈阳动物园，全东北最大的动物园，多好啊！"

其他同学玩儿得可高兴了，这个学生看完一圈说："动物园没意思。"

哎呀，我就想，你说他说没意思，我要是再生气，这不就更没意思了吗？起个大早，大家伙儿受这么多累，他说没意思。我就想，怎么能让这个事有意思点呢？

第二天上课，我说："同学们，昨天玩儿得怎么样？"同学们答："高兴啊！"我问："有意思吗？"同学们答："有意思！"

我说："但是有一个同学啊，他说故宫没意思，北陵没意思，动物园没意思。请大家讨论这么一个话题，题目是《没意思的意思》，没意思的意思是什么意思？"

于是大家七嘴八舌，抢着发言："老师，他是带着一个没意思的心态，去看待万世万物，就好像眼镜片上写着三个字'没意思'，看天天没意思，看地地没意思，看人人没意思。"学生的结论是，不是说这么多好的景物、人物真的没意思，而是因为他自己有一个消极的心态。

后来我知道，那孩子是那天早上在家里不痛快了，他不愿意他妈妈非让他多穿点，所以带着这种消极的心态，当然，他强化了这个不痛快的念头。带着这个心态，他就觉得什么都没有意思。我就跟他聊，他说："老师啊，其实我也觉得，我很想去玩儿的，就是那天早晨不高兴闹的。"

我说："这种心态是不是害人啊？"

他说："老师啊，我也挺苦恼的。"

我说："以后能不能信老师的话，遇到不痛快的事咱一定想一想，不痛快后面能有多少点儿痛快呢？妈妈不就唠叨一点儿吗？咱干什么跟妈妈生气而一整天都不痛快啊？以后可不许这么小心眼，要调动咱的积极心态。妈妈唠叨咱也是关心咱，让别穿太少了，凉着了，这都是好心啊！一切用积极的心态想，你会发现，妈妈这些唠叨都是出于好心，回去一定跟妈妈说清，感谢她的好心。再就是，以后咱千万不能以这种消极的心态看待妈妈的唠叨和他人了。”

当然我跟家长也聊了。我说：“你别唠叨他啊，他说少穿，是他觉得自己不冷。如果你有不积极的心态，老觉得‘你病了怎么办，回来不管你’，这下弄得他也不高兴了。你关心他，本来是好事，现在却让两个人都不高兴。你怎么不从积极的角度，用快乐的心态想，怕他冷你让孩子多带点儿衣服，觉得冷了他自己会穿上。就是这么点儿小事啊。”她也觉得是这么回事。

日常生活中很多小事，很多不痛快，都是因为心态不对头，导致小事就越来越大，产生很多不痛快。我说：“老师们，家长们，咱们一定要强化痛快，利用好痛快，把好环境、好条件利用好，让孩子学得更好，锻炼得更好，发展得更好。天冷了，天阴了，下雨了，天不好，咱仍然想法儿用积极的心态去应对：这些天气都不能影响我、干扰我，你就痛快了。遇到挫折了，就想想咱们怎么利用这个挫折，怎样增强我们的意志，开阔我们的心胸，这样你就又痛快了。”

我说：“家长们，老师们，同学们，为了自己生存得更好，咱们都研究咱们的心态。生活的大浪冲上高峰，你积极进取，卷入低谷还是积极进取，于是你就立于不败之地了。以不变应万变，无论环境怎么变化，你的心态都不变化。一切都是有意思的，看天天有意思，看地地有意思，故宫有意思，北陵有意思，动物园有意思，看草草有意思，甚至看泥、泥沟都有意思——那里可以种多少东西啊！你用这种心态，你这辈子多了多少快乐，多了多少增长知识、增加能力的机遇啊！”大家觉得我说得对，心态要积极。

引导孩子笑对人生

杨慧同学的父亲是个乐天派，总喜欢高高兴兴地面对生活，面对工作，面对人生。可是他的女儿却不像他，倒有点像林黛玉，多愁善感。有点什么难事，就愁眉紧锁。秋天树枯了，花落了，也伤感一阵子。考试成绩不理想，就难过得睡不着觉。同学中有了点矛盾，就忧虑得流泪。

父亲怀疑孩子这性格是遗传，因为她的妈妈性格就不开朗，但没到她这种程度。父亲不喜欢孩子这种性格，想让孩子也变成个乐天派，但又想不出具体办法，写信问我有没有好办法。

家长一定要先打消这个想法：杨慧的悲观来自遗传。那样想容易使自己失去信心。退一万步讲，若真的来自遗传，也应当尽自己的力量，尽可能使她活得快乐些。

杨慧和一般的孩子比是爱发愁，但我发现，她脸上多云转晴的时候也相当多。考试成绩好了，她开心地笑了。当老师讲课和她产生共鸣时，她会微微地笑。和同学一起爬山到山顶了，她还笑出声来。甚至她自己看人物传记时，也常常面露笑容。她听同学们争论问题，自己很少参与，但听到和自己一致的见解时，脸上便露出会心的微笑。家长要坚定信心，经过努力，一定能使杨慧脸上的笑容越来越多。

笑是一种性格，一种胸怀；笑也是一种能力，一种技术。经过培养训练，经过刻苦钻研，这种笑对人生的能力与技术就会越来越高。

杨慧经过训练培养，相信也能成为跟父亲差不多的乐天派。

怎样才能提高不开朗的孩子笑对人生的能力呢？可以试一试下面的十种方法，看哪种方法对孩子最有效。

1. 多做实事。

忧虑常常缘于无事可做。每次期末考试前，杨慧很少忧虑，因为她忙着备考，而考完之后，她忧虑的时间就明显增多。这时您可引导她做简单的事，如背一个单词，背一首短诗，算一道简单的题……人在不断做实事的过程中，心里会产生自豪感、快乐感。至少在忙着做实事的时候，没有时间烦恼、忧虑。另外，对别人，对集体，对国家有益的，实实在在的事做得多了，无愧于人生，无愧于他人，无愧于集体，无愧于国家，才能笑得起来。

2. 对别人要一片好心，与人为善。

杨慧的心地很善良，她忧虑的是有的人心地不善良。其实世界这么大，怎么可能大家都善良？我们只要自己有一颗善良的心，宁可人负我，不可我负人，这样便活得堂堂正正，问心无愧，自然容易笑起来。

3. 看到自己的长处，少想一些自己无法改变的弱点。

杨慧的长处非常多：学习好，聪明，爱帮助人，唱歌好……可她也有明显的短处：个子虽高，但长得瘦弱，体育不及格，跑不快，投不远。杨慧常常忘了自己的长处，专门静下心来想自己这点体育方面的短处，想多了，似乎短处很多似的。其实她若常想自己 90% 的长处，淡化那 10% 的短处，然后满怀信心，高高兴兴地练跑步，推铅球，不出半年，体育就能达标。人必须发展自己的长处。个子高就想个子高的长处，个子矮就想个子矮的优点。实在有难以改变的弱点，如先天耳聋，则努力发现自己视觉、触觉方面的长处。或取长补短，或扬长避短。眼前事业受挫时，就想想过去自己取得成绩时的心态。这样就有可能由悲观转为乐观，进而激发新的开拓进取精神。

4. 要看到自身的渺小。

人若把自己看得太重，便会产生过分的自我保护心理，名誉啦，地位啦，财产啦，别人的议论啦，就容易产生各种苦恼。这时不妨采取一点虚无主义的态度，想一想银河系有一千亿颗恒星，宇宙中有一千亿个银河系。我们夜间仰望星空，看到很小的牛郎织女星，就会想到我们生存的地球，只不过是一颗比牛郎织女星还小得多的星星，那么生存在这颗小星星上的50多亿人，不就更像尘埃了吗？从漫长的人类历史长河的角度来看，一个人活一辈子，八九十岁，也仅是整个人类历史的几万分之一，不是短暂得很吗？人生这么渺小，这么短暂，才更应该善待自己，善待别人，淡化个人的兴衰荣辱。为了实现更高的人生价值，不要去跟别人比样貌、比头衔、比财富、比虚荣，而应当把那些时间节省下来，高高兴兴地多做于己于民有利的实事。

5. 对待人生的不幸要用笑来使它减半，学会在不幸中占到便宜，得到学问。

杨慧到目前为止还没遇到过什么不幸，可引导她这样思考：许许多多不幸的人还能高高兴兴地面对生活呢，我们这么幸运还有什么不高兴的？许多革命先烈为了人民的解放事业抛弃高官，背叛富有的家庭，投身革命，不幸被捕之后，在敌人的监狱里照常学习、锻炼、唱歌、办报……列宁为俄国人民的解放英勇奋斗，不幸被捕，可他在监狱里还乐观地学习、写作，一天吃掉过6个“墨水瓶”。

有人说：戴着镣铐跳舞是阿Q精神。我认为阿Q精神胜利法的本质是用自我安慰来为自己的软弱与无能辩解。如果我们为了使自己坚强起来，为了使自己减少忧虑，多做实事，而对眼前的不幸采取幽默和无所谓的态度，那有什么不好呢？戴着镣铐跳舞显然比戴着镣铐哭泣更有利于自己的健康。若遇到不幸，还可以反过来思考，万事万物有一弊必有一利，有一失必有一得，自己在不幸中能得到点什么益处呢？亡羊补牢，可增长人生经验，磨炼自己的意志，开阔自己的胸怀。这样想来，不幸减半，还可能变不幸为幸事。

6. 做感兴趣的事。

学习中，工作中，生活中常有一些猝不及防的烦恼事，好友偶然产生矛盾啦，考试失误啦，别人误会啦……明知烦恼不对，可又笑不起来，心被烦乱缠绕，怎么解脱？有效的办法是挑一件自己平时感兴趣的事做。爱美术，此刻就画画；爱书法，此刻就练字；爱看书，就挑一本最感兴趣的书看；爱打拳，就去打拳；爱下棋，就去下棋。这样，一件或几件感兴趣的事做过之后，负责烦恼的脑细胞失去了工作机会，不知不觉处于抑制状态，快乐的心境重又恢复，重又笑对人生。

7. 唱几支歌。

看到孩子愁眉不展的时候，便鼓励她听听音乐，唱唱卡拉 OK，可以先唱凄苦的歌。几支抒发愁闷情绪的歌，全心全意地唱过之后，胸中愁闷往往也随之排遣出去。接着，再唱几支欢乐的歌，唱的时候要努力做到全身心都沉浸在歌词描绘的境界里，大脑荧光屏上放映歌词中的丛林、鲜花、奔马、海浪、阳光、山谷等，这样很容易使人重新快乐起来。

8. 拖拉法。

世人用拖拉法，贻误了不少该做的事。我们也应该用这个办法把愁闷拖少拖无。遇到杨慧生气的时候，不妨这样告诉她："这些闲气一小时以后再生吧！"烦闷向孩子袭来时，这样引导她："上午先做几件事，等下午再抽时间烦闷吧！"拖到下午，能拖则再往后拖。再比如杨慧想发脾气，当看到她脸色不对，气满胸膛时，家长可以用双手向她做一个暂停的手势，然后提一条建议："数 15 个数再发火好吗？"15 个数数完了，倘若还能抑制住，则 5 分钟、半小时以后再发火。这样一拖，杨慧就容易想出比发火更高明的处理问题的方法，也变得富有幽默感。

9. 冥想。

遇到杨慧忧虑的时候，可以引导她进行冥想：微闭双目，内视鼻尖，以鼻对口，以口问心，气沉丹田，浑身放松，大脑入静，能静则万念皆空；不能空则开始冥想，以一念压万念。可以想她以前到过的印象最深的、曾经流连忘返的风景区，如桂林阳朔的大榕树、月亮山、漓江水、九马画山……再细一些，置身于桂花丛中，桂花的叶，花瓣的色彩，花蕊的形状味道……还可以冥想自己骑着黄鹤，悠然自得地云游于蓝天白云之间，这时再低头看沙盘一般的江河大地，于是顿感宇宙之浩茫，人生之须臾，便容易心自安详气自宁。这样想来，常常能使烦恼愁闷一扫而光。当然这方法也不是每一个人第一次用就百分之百地灵验。第一次可能只管一两分钟，练的次数多了，就会随时做随时灵了。

10. 善于寻找欢乐。

生活中不是缺少欢乐，而是我们缺少发现欢乐的能力。就说杨慧体育达标测试不及格，回家流眼泪这件事吧，要找欢乐不是很多吗？家长都为她排忧解愁，她不该欢乐吗？家庭这么富裕，她要的钢琴、电脑、影碟机都放在她书房里，她不该欢乐吗？她的学习成绩在全年级是最突出的，她不该欢乐吗？她心地善良，乐于助人，体育不达标，那么多朋友鼓励她，安慰她，她不该欢乐吗？尽管体育不达标，但她长得亭亭玉立，一副端庄秀美的容貌，她不也应该高兴吗？天这么蓝，草这么绿，花这么艳，都是该高兴的，为什么偏要找那一点不痛快呢？越不痛快不是越不能达标吗？快快寻找欢乐，恢复快乐的心境，笑对体育不达标这点憾事。心境好了，会有一种压倒困难的信心和意志。她那修长的身材就是缺少锻炼，练上半年，达标是没问题的。

提高笑对人生的能力，方法当然绝不止以上 10 种，孩子还可以和伙伴们一起讨论一些更有效的方法。人生苦短，人好不容易才获得一次在地球上生活七八十年的机会，人生值得高兴的事情又这么多，如果不学会笑对人生，那真是人生最大的遗憾！笑能使心情轻松，思维敏捷，强身祛病，延年益寿。笑能增进团结，吓跑困难，促进学习，提高工效。

经过训练，孩子一定会乐观开朗！

培养孩子的家国情怀

卫平在美国攻读博士学位成绩突出，导师很器重他，劝他毕业以后留在美国，以便更有利于发展，一切手续由导师来办。卫平的父亲觉得这样做不好。他从小便教育卫平爱祖国，爱家乡，是家乡的水土哺育卫平长大，是祖国培养孩子公费留学。孩子学有所成了，却不回来了，这不是背叛自己的祖国吗?

父亲劝卫平回来，卫平又劝父亲允许他留在美国，他说，这不是不爱国。他只是觉得美国的科研条件更好，自己在学术上能长进更快。孩子说，待以后自己做出了一番大贡献，再回来报效祖国不是更好吗?

父亲觉得卫平说得似乎也有一点道理。他来信让我出主意，看怎样才能劝卫平回来。

我了解卫平是一名对祖国、对家乡有着深厚感情的好学生，这首先归功于父亲对他一以贯之的爱祖国、爱家乡的教育。在这方面，他是一位称职的家长。

每位父亲都应该像他那样教育孩子爱祖国、爱家乡。为什么?

第一，祖国、家乡如同母亲一样，每个人只有一个。为了报效养育之恩，为了人性中最基本的成分，懂得知恩图报，而不至于丧失，每个人也该爱祖国、爱家乡。

第二，祖国、家乡需要有更多的儿女爱她，她才能更繁荣，更富强。

第三，为了自己的成长、学习、工作，我们也需要爱祖国、爱家乡。唯有爱，我们才能在祖国、家乡的土地上汲取乳汁、营养；唯有爱，我们才能在这土地上找到发展自我的道路和途径；唯有爱，我们才会把祖国、家乡的土地当成自己施展才能的舞台和战场。如果谁生在这片土地上，却不爱祖国，而是厌烦家乡，一百个牢骚，八十个愤懑，恨得要死，烦得要命，那么被毁掉的，首先便是他自己，而绝不是祖国和家乡。这么大的国家，出了几个卖国贼，伟大祖国照样前进。这些卖国贼呢，却百分之百地毁掉了自己。

第四，爱国是塑造完美人格的需要。科学无国界，但科学家有祖国。世界上伟大的思想家、政治家、科学家、文学家，同时都是伟大的爱国者，即使孙中山、周恩来他们暂离故乡，远涉重洋，也都是为了寻求救国救民的真理。有的在国外开创了极大的一番事业，也还是心系祖国，心系故土，把大量资产奉献给祖国、故土。只有爱国的人，灵魂才有归宿，人格才高尚，才会受到人们的尊重。而个别嫌弃母亲贫穷，换了一个富婆当后妈，回过头来不认亲妈的人，周围的人谁会拿他当个人看？那些崇洋媚外，损害祖国利益的人，其实已经丧失了人格，不仅中国人瞧不起，外国人也没有谁瞧得起这类没人格的人。人要在社会上受到尊重，就要有人格，就要爱祖国，爱家乡。

一方面，我们必须教育孩子爱祖国、爱家乡，这是没有异议的。另一方面，也应该注意到让真理向应有的范畴之外多迈几步。

比如，我们爱祖国、爱家乡，就要歌颂祖国，歌颂家乡，歌颂祖国家乡的山水风光、丰富资源、人文历史、优良传统，但这绝不意味着要无中生有地吹牛。吹牛式的“爱国主义”，不能使祖国自豪，只能使祖国蒙羞。就像一个贫穷人家的儿子，他可以歌颂母亲的勤劳、勇敢、善良、正直、宽厚……这样别人也会敬重他和他的母亲。如果他非要吹嘘母亲比谁都有钱，别人谁会瞧得起他呢？

再一点，就是爱国与在国的问题。我认为爱国与在国不能画等号，就像爱母亲与在母亲身边不能画等号一样。

古人说：“父母在，不远游。”在那个时代这话有道理，现在地球变小了，人施展才能的天地变广阔了，许多孩子有远离父母去闯世界的条件了。

在外地，在外国，他们仍惦念着父母，用努力奋斗的成绩报效父母，谁能说我们这些离开父母近 30 年的知识青年是不孝的子女呢？也有极个别的子女倒是不离开父母，但对老人百般虐待，非打即骂，甚至对簿公堂，谁又能说在身边的子女便一定孝顺呢？

爱祖国、爱家乡也是这样，首先我们鼓励人们留在祖国，留在家乡，报效祖国，建设家乡，这是没有异议的。但对有特殊情况的人，他们到外省、市、自治区更有利于发展，他们到国外去，会有更合适的机遇，也应该支持他们去，就像母亲既愿意让儿子留在身边，但发现好的机遇，便也支持他们到外地工作一样。他们到了外地、外国，事业有成，或荣归故里，或捐助祖国、家乡的建设，他们同样是杰出的爱国者。

爱国最好在国，但爱国和在国不能画等号。那些杀人放火，危害祖国利益的犯人倒是从来没有出过国，但谁能说他们是爱国者呢？成千上万的海外侨胞，在国外弘扬民族文化，歌颂伟大祖国，关注希望工程，捐助家乡建设，尽管他们没在国内，谁又能说他们不是爱国者呢？

还是回到卫平归国的问题上来。

我建议家长将卫平留学的成绩、目前状况向和他对口的科研单位反映一下，尽可能给孩子找到更适合其专业发展的单位，劝孩子回来。

如果找不到合适的单位，孩子实在不回来，也别用不爱国的大帽子压他，而应该鼓励他更严格要求自己，自强不息，做出更大的成绩，为祖国、为家乡增光。

爱不爱国，爱不爱家乡，重要的在于对祖国、对家乡有深厚的感情，在于怀着报效祖国、报效家乡的愿望去奋发学习工作，在于事业有成之后，把报效祖国、家乡的愿望落到实处。

我相信卫平会成为对祖国、对家乡有较大贡献的人。

培养孩子的宽容之心

郑华跟邻居家的孩子玩时发生了争吵，越吵越厉害，越骂情绪越激动，邻居孩子先动手，双方打了起来。郑华打不过对方，吃了亏，头被打伤了，虽然不太重，郑华却咽不下这口气，总想着报复。

父亲想劝孩子宽容对方，但又怕这样显得太软弱了，今后孩子性格会变得懦弱，长大了参加工作会吃亏。让报复嘛，也不好。不知该怎么办。我想起了韩信受胯下之辱的故事。这个故事，我给一届又一届的学生讲了无数遍。

汉代大军事家韩信，年轻的时候背着剑在街上走，遇到一个有权势的无赖无端挑衅："你有本事就跟我打一次，一比高低，没本事就从我的胯下钻过去。"韩信不愿和低层次的人纠缠，耽误了自己的事业。想了想，竟然当着许多围观者的面，趴在地上，从无赖的胯下钻了过去。这显然需要有极强的忍耐力，有极宽阔的胸怀和气度。后来，韩信成了统率千军万马的元帅，他找到那个无赖，不但没有报复，反而提拔他做了一个管治安的小官，还赏给他一些银两。韩信赏赐无赖的理由是，胯下之辱激发了他的奋斗精神，开拓了他的胸怀，扩展了他的眼界。

韩信的宽容和大度成为千古美谈，成为中国历史上流传最广的故事之一。

我们想想，韩信当时如果真和无赖一般见识，如果非要和无赖打得不可开交，斗得头破血流，甚至你死我活，结果会如何呢？只能是毁了一位杰出的军事家。

韩信没去争斗，而是宽容，他失去了什么呢？在围观的低层次的人看来，他似乎失去了面子，似乎缺少点男子汉气魄，其实这只是少数好斗的低层次的鼠目寸光的人的看法。在高层次的人看来，在有修养、有远见的人看来，韩信不仅没失去什么有价值的东西，反而得到了宽容的能力，能成就大事业的胸怀。失去了一点虚荣心，得到了人生超凡脱俗的大境界。

我讲了这个故事，家长一定知道我的意见了吧！对了，是不能再去报复。不要说邻居家的孩子不是无赖，还曾经是郑华的朋友，打架之前郑华不是还和人家一起玩吗？即使是无赖，也没有跟他争斗，非要再找他报复的必要。那样做太浪费时间，还容易两败俱伤。

规律是，谁越是和无赖、低层次的人一般见识，斤斤计较，谁就越容易降低自己的层次，容易把自己变得狭隘低级。

比如一位大学教授遇到了一个刁钻、野蛮、粗俗的目不识丁的泼妇，被对方无礼地骂了一通，如果以韩信的胸怀和气度，淡然置之，自然符合他的身份。如果不依不饶，非要和粗俗的悍妇辩论争吵，非要比个高下，教授如果说些文雅的词汇，讲些高深的道理，对方能听得懂吗？为了取胜，教授一般要激动忘形，把自己降到和粗俗的妇人基本对等的层次，脸红脖子粗地选一些粗俗的语言，才可能有取胜的希望。教授为了取胜而降低自己人格的层次，用这么大的代价换来的一点胜利还有什么意义呢？

法国作家雨果说：“世界上最广阔的是海洋，比海洋更广阔的是天空，比天空更广阔的是人的胸怀。”

古代有作为的人需要有广阔的胸怀，能容难容之事。现代社会信息量大，接触的人多，差别大，要想有所作为，就更要有广阔的胸怀，能容难容之事。

一个人的胸怀，可以像天空，像大海，也可以像湖泊，像游泳池，像脸盆，甚至还可以像小马蹄坑。您想想，生活中我们见过个别愚昧狭隘的人为了针尖大的小事，争得面红耳赤，打得不可开交，那样活着，不是很苦、很累、很可悲吗？

我们应该教育孩子，从小树立一个观念，决不能让自己的胸怀像小马蹄坑一样狭小，而要千方百计把自己的胸怀开拓成游泳池，开拓成湖泊，开拓成大海，甚至使胸怀比天空更广阔，这样我们才能明确人生的意义，才能把精力用在于国于民于己都有利的大事上，才能活得开朗乐观有意义。

一个人可以考不上大学，可以不具备高深的科学知识，但不可以不具备宽广的胸怀。没有宽广的胸怀，难有大的作为。即使侥幸当上了部长、省长、科学家，也会为个人的蝇头小利斤斤计较，争名于朝，争利于市，难于和同事和谐相处，活得紧张而劳累，还耽误了国家与人民的事业。有了宽广的胸怀，就能把世间万事万物放在应有的位置上，即使种田做工，也会成为优秀的农民、工人，能在平凡的岗位上做出不平凡的业绩。

我常想，古往今来，日月星辰，江河山川，太空长天，是这样开阔广大，可生活在其间的人能有多少脑细胞来领略这无限风光呢？那狭隘的人与人之间不正常的关系禁锢了个别人的聪明才智，强占了他们的脑细胞，使太阳的光辉，大自然的胜状，照不进，映不进，使有的人带着昏沉的头脑，一天又一天，一年又一年，一辈又一辈地为了鸡毛蒜皮的权和利而争得青筋绽起，咬得头破血流，斗得如同乌眼鸡，呜呼哀哉！

培养孩子具有比天空更广阔的胸怀，能容难容之事，孩子就能站在数百万年人类悠长的历史与数亿光年太空星系的空间角度来看地球，看人类，看社会，看人生，就能看清自己所处的位置，就能既顺其自然，又积极进取。

古今中外，凡有大作为、有大成就的伟人，都是胸怀宽广，能宽容别人的人。真正的强者，都能宽容别人，以把宽容节省下来的时间再用于学习、工作、自强不息。

“大肚能容，容天下难容之事；开口含笑，笑世间颠倒之人。”这副写在大肚佛像两旁的对联，确实有意思，很值得人们去仔细品味。

相信郑华能从宽容中品尝到人生的快乐。

不怕误会的孩子才是强者

大伟的父亲认为大伟爱多管闲事。大伟怕同学进游戏厅耽误学习，每当看到别人进游戏厅，他就去劝人家，有的同学感谢他，不懂事的孩子就嫌他多管闲事。前几天班级最淘气的陈军同学进电子游戏厅，大伟发现了，便劝说他出来。陈军不仅不出来，还责怪大伟："我进游戏厅，老师怎么会知道，是不是你告的密，害得我挨批评。""我劝你别进，你不听，不告诉老师怎么办？你今天不出去我还要告诉老师，这不是为了你吗？"他们越吵声音越大，引起了周围人的注意。在那个场合，玩的人、游戏厅的老板当然都站在陈军一边，便你一句我一句地嘲笑大伟："想玩是不是？没钱不要紧，免费让你玩两盘。""出卖朋友，假积极。"正说着，陈军的母亲也找来了，她是听别人说陈军进游戏厅了，才左一家右一家地好不容易找来的。陈军的母亲怒容满面，周围那帮子人为了保护陈军，竟然诬陷大伟，说："都是这小子领着陈军来的。"陈军的母亲在气头上不辨真假，把大伟训斥了一通。大伟受了一顿嘲笑讽刺，又被陈军的母亲误会，在那个场合有口难辩，回家以后感到非常难过。大伟父亲也替孩子感到委屈，问我该怎么办。

这使我想起了一件事。以前，我们班学生经过讨论，制定了一个规矩，每个星期天上午都到社会上去做好事。有去火车站的，有去外宾招待所的，有去电业局的，有去客运站的。

去客运站那个小组工作最稳定，连续去了半年多，和一些司乘人员建立了感情，受到人家热烈欢迎和表扬。

但有一次例外了。

那一天，他们见到停车场停着一辆满是灰尘污垢的车，他们还像往常一样找司乘人员联系，但没见到。就想像以前一样，没见到司乘人员就干活，等人家回来，给他们一个惊喜，司乘人员会更高兴。这回咱们也先干吧！

学生们端着盆，拎着桶，一趟一趟地打清水冲。冲了几遍后，开始擦车身，擦完外壳，擦车内部。学生们累得满头大汗，有的脏水溅了一身，有的脸上抹得东一道，西一道，成了花脸。

正进入扫尾阶段时，一个浑身酒气的人趔趔趄趄地走来，一看学生在车里，就火了："哪来的小孩伢子，到车里捣什么乱？快滚开！"又过来一个穿着乘务员服装的人帮腔说："前几天，我们车里丢了钱，快说，是不是你们偷的？"学生们一听，像兜头浇了一盆冷水，刚才的满腔热情顿时降至零点，跟他们吵了一通。

他们带着沮丧的神情回到学校，讲给我听，诉说委屈，并七嘴八舌地吵着："我们去找他们的领导！""干脆给他们写意见书！"学生们问我怎么办。

怎么办呢？我跟学生们说，那位司机和乘务员也许误以为我们是淘气的孩子。但不管怎么说，他们显然没有道理，使大家受了委屈。对待别人的误会与诬蔑，可以有三种态度。

第一种态度是你不对，我也不对，针尖对麦芒，和他对着干。你说我的坏话，我也说你的坏话；你不讲理，我也不讲理；你给我造谣，我也给你造谣。这样做，会使自己心灵的天空多云转阴，甚至下起雨来。为什么，气哭了嘛！

第二种态度是置之不理，走你的路，让他们去说吧！我只要做得对，就坚持做下去。人的嗓子总有个疲劳承受系数，说累了，他也就不说了。再说，声音还有个传播限度，你沿着正确的路朝前走得远了，就听不到了，这叫作"两岸猿声啼不住，轻舟已过万重山"。这样做不耽误自己的路程。

第三种态度是用宽阔的胸怀去包容他，用善意的态度去感化他。能做到这一点很不容易，但真的这样做了，会使人有天高地阔之感，会使人心灵的天空多云转晴。

“老师说完了，愿采用哪种态度，同学们自己选择吧！”我说。

下一个星期一，同学们告诉我：“老师，我们又去客运站了！”“干什么去了？找人家吵架去啦？”我故意问。

同学们眉开眼笑地说：“哪能去吵架呢？我们又去做好事啦。”“这回人家对你们怎么样？”“这回没看到那个挺横的司机。”“客运站的领导还给咱们端茶送水。”“人家可热情啦，怕我们累着，干一会就叫休息。”

我问：“心灵的天空呢？”同学们说：“早就多云转晴啦！”

我说：“其实，误会、非难、委屈几乎要伴随人的一生。上至国家主席，下至平民百姓，每个人一生中都要背一大口袋误会、委屈、冷言冷语，伟人和庸人的区别不在于经没经受过误会、委屈，而在于如何对待误会和委屈。如果不能正确对待，比如你们到客运站去吵闹一通，就会白白耗费许多脑细胞，惹回一肚子烦恼，强化了大脑吵架的功能，增长了坏毛病，还耽误了学业，真是一举两失。你们若用宽阔的胸怀去包容委屈，用善意的态度去感化个别狭隘的人，时间久了，就会觉得周围的人对你充满善意。你爱别人，别人就会更爱你。一个人的幸福感，就是在这种不怕别人误会，不计较别人说什么，埋头做好事的胸怀之中产生的。能承受误会、委屈的人，才是生活中的强者。”

大伟在班级当副班长，学习努力，成绩排在前五名，好帮助同学，也就是他父亲说的好管闲事。我让他当游戏厅监督员，刚入学时，班级有 10 多名同学进游戏厅，他一个个地劝说帮助，现在只剩下陈军和赵文两个同学趁老师和同学不注意时偷偷地进了。

希望家长给大伟讲一讲以上的故事，相信大伟一定能承受得住委屈，一定能使陈军悔悟，陈军母亲的误会一定能解除。而大伟一定会变得更成熟，更坚强。

引导孩子学会感恩

马洪同学的父亲是个厚道人，觉得一个人学会感激别人，学会感恩，才可能有良心，才可能是个好人，所以他经常教育马洪要记住古人的一句话：“滴水之恩，当涌泉相报。”最近，他的一位老同学劝他别那么傻了，那都是陈旧的观念了，该改一改，涌泉相报，报得起吗？他给劝糊涂了，便来信问我，不知教孩子感恩算不算陈旧的观念。

我觉得马洪父亲做得对。“滴水之恩，当涌泉相报”是古老的观念，但不是腐朽的旧观念。这是中华民族的传统美德，不仅不能改变，还要发扬光大。人类越往高层次发展，有感恩思想的人就越多。感恩思想越深入人心，人就活得离动物界越远，活得越像个人样。

诚然，有了感恩思想，才会是个好人。不知道感恩的人，活着也不像个人样。

《教育时报》曾刊登的一篇文章报道：

> 河南省某乡的农民闪四孩驾驶拖拉机连人带车一起落水，素昧平生的张礼环见义勇为，毅然下水抢救。闪四孩得救了，张礼环却牺牲了。在群众自发组织起来为张礼环送葬那天，闪四孩却不闻不问，绕道去打捞拖拉机。面对记者采访，闪四孩心安理得，似乎什么事都没发生过，其家属甚至说出“不曾要求救人”的话来……

前些天，报纸披露“‘雷锋’在武汉受困”，讲的是武汉一普通女工杨晓宁，出于好心搭救了一个贫病交加的残疾人，不料此人非但不感激，反而赖在她家无理纠缠，最后杨晓宁只好诉诸法律。

闪四孩和这个“贫病交加的残疾人”虽然都还活着，但所有有良心的人都觉得他们活得可怜，活得没有了人格，谁都会瞧不起他们。

世界上的伟人，对人类有大贡献的人，都是有感恩思想的人，他们觉得自己受了父母的恩，亲人的恩，友人的恩，老师的恩，人民的恩，他们想报答，便自强不息，努力奋斗。感恩成为他们工作学习的动力，报恩成为他们的人生目的之一。

即使在目前经济转轨时期，尽管有道德沦丧、人欲横流的阴暗面，但绝大部分中国人还保持着感恩的美德。即使那些背井离乡到外打工的人，每年还是把辛苦挣来的钱寄回自己的家乡，给父母，给亲人，给朋友。出国富了的人更不待言，美国、加拿大等地的华侨捐资建设家乡的消息几乎每天都有。身居港澳台的实业家们更是关心家乡建设，李嘉诚、霍英东、曾宪梓、包玉刚……许多人都把自己几百万，甚至上亿元资产无偿捐献给祖国、捐献给家乡。

国外更重视感恩教育，美国有个节日就叫感恩节。英国人则大都是“带着感激之心生活”。

作家柏杨先生曾说：“中国人，您要笑一笑，笑就是感激，就是美！”感恩是一种美好的情怀，是一种温暖的回报。经历过一次感激，灵魂就会得到一次升华。感恩是一杯清醇的酒，使人生酣醉；感恩是一首浪漫的诗，使人生丰富；感恩是动人的乐曲，使人生快乐！

把孩子培养成一个知道感恩的人吧！只有这样，孩子才会是个好人，才会是个感情丰富，道德高尚，自己快乐，对别人有益的人。

培养孩子抗挫折的能力

孙峰是个老实本分的孩子，只是性格内向懦弱一点，害怕失败。结果越怕越失败，中考那天，第一科语文题本来较浅，可写作文时跑了题。出了考场发现了，中午大哭了一场，情绪不好。下午的物理本来会做的题，又因马虎丢了十几分。本来他就是可上可下的学生，发挥得好，能进重点高中。这下看来没希望了。他父亲也曾是我的学生，很难过，托人送信给我，让我想想办法。

有什么办法呢？最好是没有挫折，直入高中、大学，又找到好工作。老百姓管这叫一帆风顺。但这可能吗？行船的人都知道，一年平均下来，有多少顺风，就有多少逆风。人生不也是这样吗？总体平均下来，有多少成功，就有多少挫折。你想成功吗？那么就别怕挫折。你怕挫折吗？那就不要期待成功。

比较起来，孙峰比他父亲小时候所受的委屈少得多，经受的挫折也少得多，可他流的泪却比他父亲多得多。原因是什么？就是孩子的抗挫折能力太差了。

让我想办法，只有一个，要培养孩子的抗挫折能力。人生道路上既然挫折没办法避免，那就只有增强抗挫折能力了。

增强抗挫折能力，是一个古老的话题。两千多年前孟夫子就写过：“天将降大任于是人也，必先苦其心志，劳其筋骨，饿其体肤，空乏其身，行拂乱其所为，所以动心忍性，曾益其所不能……”孟老夫子的这一名句之所以千古传诵，就是因为它揭示了人才成长的规律，经受过大的挫折、磨难的人才会有大的作为。

随着历史的进展，到了当今，人们愈加认识到抗挫折能力的重要，以至许多有识之士纷纷提出，一定要下大力气培养下一代的抗挫折能力。要让他们经受磨难，让他们承受压力，让他们经受误会。外国有的学校，甚至把学生送入孤岛，老师们离去，让学生学会死里逃生。许多理论家发表了成千上万篇论文，论证“抗挫折能力”“磨难教育”“压力教育”“死里逃生教育”等的必要性。现代社会，信息广，变化大，多元化，多项选择，机遇多，节奏快。生活的海洋越广阔，风浪就越大；成功的机遇越多，受挫折的次数也越多。

显然，培养孩子的抗挫折能力是十分必要的。怎么培养呢？

第一，我们要引导孩子认识到，抗挫折能力的强弱，决定人一生成就的大小。所有为人类做出大贡献的伟人，都经历过无数次挫折，都有很强的抗挫折能力。初中语文课本中《生于忧患，死于安乐》这篇文章，不能只停留在读书的时候会翻译，会默写，最要紧的是从心里接受这样的观念。

第二，把中考失利这一挫折当成机遇。当成什么机遇呢？当成磨炼自己意志的机遇，当成增强自己能力的机遇。挫折能锻炼一个人，也能断送一个人。

有这样两个面对挫折的故事。

一家公司招聘职工，一位高才生去考试，发榜后，见没有自己的名字，便跳河自杀。后来发现他考的分数是第一名，抄分的时候抄漏了。高才生跳河被人救起，闻知自己是第一名便去报到，老板却无论如何也不肯要，理由是：“这么一点挫折便要跳河，到公司遇到更大的挫折怎么办？”

另有一位希腊人到一家公司去应聘清洁工，职员问他：“你会写字吗？”答：“只会写自己的名字。”于是他没被录用。后来，他发愤图强，成了一位大富翁，在自己豪华的会议室举行记者招待会。记者说：“您的经历太动人了，您该写一本自传。”他说：“那是不可能的。如果我会写字，我只能是个清洁工。”

这两则故事曾登在我们班王森同学办的班级日报上。我看了以后，很受感动。同样面对不被录取的挫折，结局却截然不同。这说明人具备抗挫折能力是何等重要。于是我请我们班学生每人写一篇作文，题目便是《把挫折当成机遇》。

第三，在挫折面前，要满怀必胜的信心。情绪不好时，不妨放开喉咙呼几声："我能成功！我能成功！我能成功！"面对挫折，决不退缩，决不半途而废，而应该千方百计去寻求新的解决问题的途径。孙峰没有考上重点高中，那就在普通高中奋发努力。全国各省市每年都有许多这样的事例，重点高中的一些学生没有考上大专，而一般高中的学生却考上了本科，有的还考上了国家重点大学。有了好环境固然是好事，没有好环境，只要自己自强不息，不屈不挠地努力，也能取得优异的成绩。

特别是在高中这个阶段，一名勉强考上重点学校，排在最后的学生，常常不如到普通高中去、排在最前面效果好，因为那样更受老师们的重视。

第四，在今后的生活中，学习中，都要发挥孙峰的积极性、主动性。别再像以前那样，事无巨细，都帮他做。凡是孩子自己能做的事，大人就别替他做。只有这样，孩子才会在克服困难中增强能力。

第五，早上或晚间，培养孙峰锻炼身体的习惯。孙峰体质较弱，又不愿参加体育活动。这也使他难于经受挫折。今后要有意识地多磨炼他，每天早晨起来，督促他坚持跑步，几百米，几千米，不要心疼他。星期天，节假日，同他一起去远足，去爬山，在奔跑攀登中锻炼他抗挫折的能力。还可以和他下棋，特别是下残局，不要轻易认输，这才有利于增强孩子抗挫折的能力。

第六，日常生活中，还可以故意制造点难题，创设些困境，启发孙峰面对难题、困境，想出解题和走出困境的办法。

第七，引导孙峰用跳读、细读相结合的方法，多读一些伟人传记。读得多了，就感觉到人生的过程就是不断战胜困难、战胜挫折的过程。和伟人比起来，我们遇到的困难和挫折实在算不了啥。伟人是在大海洋里与大风大浪搏斗，而我们的挫折，真的像在公园里划船时遇到一点小浪。读伟人传记还可以向伟人们学到战胜挫折的方法和技巧。

培养孩子的抗挫折能力，当然是趁孩子年龄小时，效果更好，但现在培养总比不培养强得多。措施得力，也还来得及，孙峰毕竟是个听话好学的好孩子。

只要孩子不断增强抗挫折能力，念普通高中保证也能考上大学。

磨炼孩子的意志

别人都夸孙平聪明活泼、兴趣广泛，孙平父亲听了很高兴，孙平也高兴。小学时，孙平学习也挺好，反正一共才语文、数学两科，临考试一努力，准能考个前七八名。自从上了初中，孙平聪明的头脑就显得没多少优势了，初一第一学期，还进过前 15 名。后来越来越差，到了初二上学期，排到 30 名以后。现在初二快结束了，孩子在班级中考了个 56 名。各科老师都承认，孙平的脑子很聪明，可成绩就是上不去。家长问我这是什么原因，问还有没有办法追上去。

根据具体情况分析，孙平学习不好的原因，显然不是智力有问题，而是非智力因素有问题。非智力因素中，我觉得对孙平来说还是意志比较薄弱。

正如家长说的，英语他起先还能听明白，就是背的时候感到太苦，原谅了自己，账越欠越多。

数学，初一时也都懂，但不愿做练习题，让他做，他怕累，还说什么现在报上在宣传“快乐教育”呢！

其实，咱们国家许多中学生成绩差，主要不是差在智力上，而是差在毅力上。以英语为例，初一教材，有的智力很一般的学生成绩非常好，单词也写得漂亮，为什么？他肯花苦功夫去学，去记。有的特聪明的男孩子，猜谜啦，游戏啦，演唱啦，口技啦都十分出色，但英语学得一塌糊涂。究其原因，非不能也，是不为也。总觉得背英语单词太苦，太累，总躲着，拖着，结果“不为，则易者亦难矣”。

还有没有办法追上去呢？那就得从磨炼孙平的意志入手了。如果孩子本人和家长以及学校老师的看法一致，愿意下苦功磨炼意志，并且持之以恒地落实到行动上，那还是能取得出人意料的成绩的。

怎样磨炼孩子的意志呢？

第一，家长和孩子必须认识到，古往今来凡对人类有贡献的人，凡做出了突出成就的人都是有毅力的人。至于阿斗之流靠着好的机遇，捞到一个皇帝的座位，那也只是出名而已，谈不上对社会有什么贡献。没有顽强的意志，而做出大贡献的人是极少极少的，所有大科学家、思想家、艺术家、文学家之所以取得非凡的成就，都是在顽强意志的支配下，拼搏奋斗的结果。

第二，认识到意志可以弥补智力乃至身体上的缺陷。达尔文、爱迪生、爱因斯坦小时候都曾被认为是智力不好的儿童，但他们有远远超过别的儿童的意志力，做事持之以恒，钻研某一问题通宵达旦，进入学习状态时，不管多苦都不觉得苦。美国盲聋女作家海伦·凯勒，自幼双目失明，两耳失聪，面对着的是黑暗而又寂静的世界。但她凭着顽强的毅力学习，奋斗，学会了写作，成为美国历史上最受人尊敬的作家之一。埃及教育部原部长塔哈·侯赛因四岁双目失明，但他凭着顽强的毅力学习盲文，获得埃及大学第一个博士学位。我国的张海迪自幼高位截瘫，凭着顽强的毅力自学，出版了包括长篇小说在内的多部著作和译著，还获得了硕士学位。后来她又雄心勃勃地继续攻读博士学位。看一看残疾人运动会上那些顽强拼搏的人，我们不能不惊叹意志力量的神奇与伟大。

第三，家长和孩子务必不要相信那些片面的宣传：中学时候就该过得轻松、快乐、潇洒，少吃苦，多玩乐。这种宣传如果不是别有用心的话，至少是片面的。谁信了，谁就受骗、吃亏。

第四，磨炼意志，最要紧的是引导孩子吃必要的苦。所谓必要的苦，是吃苦之后有利于孩子增长知识，开阔视野，增强体力。比如，背英语单词，做数理化基础训练题比较苦，但这是必要的。做偏怪异的题，一个生字被罚写 50 遍，也苦，这就是不必要的苦。我一直觉得，一个人不吃足够的苦，他的人格中就总缺少必要的因素而显得软弱。我 20 多年来反复向一届又一届学生强调，人要全面发展，成为有成就的人，就必须学会吃苦。

俄国作家屠格涅夫说:“你想成为幸福的人吗?那你首先要学会吃苦。”

第五，训练顽强的意志要树立远大的志向。孩子如果终日和不学无术的人比，觉得那些游手好闲，吃喝玩乐，把父母的权势财产当作靠山活着的人，不仅不可耻，而且还挺值得效法，那就谈不上磨炼意志。要磨炼意志必须让孩子树立做一个真正的人的志向，做一个不仅自食其力，还能为父母、为别人做出贡献的人。志向远大的人才会藐视眼前的苦难。“30 年前，一位美国少年立下 150 多项志向，包括跨越大沙漠，征服 8000 米以上高峰，漂流亚马孙河，登中国长城，登月球等许多在常人看来能完成其中一二项已属不易的志向，30 年来，他竟完成了一大半。如果没有少年时候的立志，那是不可想象的。”

第六，制订学习、锻炼、生活的计划。意志薄弱的人一般缺少计划性，每天得过且过，遇到什么事做什么事，有时遇到了也不做，想法绕过去。意志坚强的人都习惯于给自己制订计划，如每年做哪些事、每个月的具体目标、每一天的作息时间表等。

第七，说了算，定了干，一不做，二不休，力求养成习惯。定了计划，贵在执行，贵在坚持。“无志之人常立志，有志之人立长志。”为了防止常立志，开头的计划要留有余地，不要过高。力求从小事做起，不停地做诸如每天 3 个单词，每天跑步 1000 米，每天预习 15 分钟数学等小事，每天做，不停地做，日久天长，习惯在其中，意志也在其中磨炼出来了。

第八，坚持体育锻炼。体育锻炼在很大程度上又是意志品质的锻炼。据说，马拉松赛跑，前半段路程靠体力，后半段路程主要靠毅力。比较简单易行，且明显有助于磨炼意志的办法便是长跑。我从 1979 年起，便每天领着学生用一节课的时间长跑 5 公里，然后再做点别的体育活动。我自己感觉从中受益无穷，绝不仅是身体跑得健康了，更要紧的是跑的过程中我和学生都磨炼了意志。还有一种更简单易行的锻炼方法，在家里就可以进行，即在床上做仰卧起坐、俯卧撑。坚持的时间长了，也会磨炼出顽强的意志。

现在磨炼孩子的意志还来得及，即使不为了孩子升学，仅仅为了他将来谋职业，过生活，要干得出色，也是非有顽强的意志不可。

培养孩子的竞争意识

张志海是个争强好胜的孩子，身体素质好，运动会短跑在全校总能进入前六名；智力很好，在班级里，进入初三以来，总成绩没出过第五名。志海还爱唱歌，校内搞歌手大奖赛，他也抢着参加。没能获奖，回家后每天练十几分钟，非要下次获胜不可。他父亲觉得他太争强好胜了，锋芒毕露了不好，别人会说他骄傲，便劝说他退一退，让一让，这样显得谦和，能获得同学们的好感。志海则认为父亲的见解有些过时，认为现代社会就得有竞争意识。家长来信问我，怎样说服志海，别让他这么争强好胜，以免别人说他骄傲，也免遭别人的嫉妒。

读了信，我想得很多。我不想帮家长去劝志海，我觉得志海做得很对。在咱们中国，竞争意识强的大人和孩子不是多了，而是少了。而现代社会，特别需要的就是竞争意识。

首先，竞争能促进个人的发展。你跑百米 14 秒，我要跑 13 秒 5。你不服气，练了一段跑了 13 秒，又超过了我。我服气了，不练了，就不能进步了。不服气，继续练，就可能达到 12 秒 9，12 秒 1，甚至达到 11 秒 5。他再不服气，在先天素质较好的前提下继续苦练，成绩就能进一步提高。学习知识也是一样。例如两个入学成绩相同的班级，甲班同学竞争意识很强，每个人都你追我赶地学习，谁都想超过比自己强的前一名同学。考完试以后，认真研究自己和新的竞争对手的差距，鼓足力气，奋力赶超。这班学生每个人的平均成绩都明显提高，特别是“后进同学”平均提高了 20 多分。乙班则是另外一种景象。大家把学习争先视作好显示自己，枪打出头鸟，讽刺挖苦勤奋的同学，同学们喜欢想：反正还有不如我的同学呢。结果一年以后，全班平均分比甲班低了 24 分，原来排在全年级前 50 名的有 8 名同学，现在只剩下了 1 名。缺少竞争意识，使每位同学都受到了伤害。

其次，竞争促进了社会的进步。每个人都不甘人后，促进了集体的进步。一个个充满活力的学校、工厂、商店、机关争先恐后的竞争，促进了国家的进步。近 30 年来，还是中国这块地，还是中国这些人，却创造出了以前几个世纪中国人创造的财富的总和！国家变得如此繁荣富强，什么原因？一方面是党的十一届三中全会以后路线的正确，另一方面就是亿万人民竞争做实事了。学生你追我赶地比学习，运动员比拿冠军，农民比种地、比搞多种经营，企业家绞尽脑汁地想让自己的产品超过同行，推销员争先恐后地增加产品的销量。解放牌大卡车 30 年一贯制，不用竞争也能存活的局面一去不复返了。

再次，现代社会把竞争机制逐渐推进到了每一个领域，越来越使人感到无法逃避。谁感到国家田径队竞争太激烈，退到省队，省队就不竞争吗？还是要竞争。退到市队，退到县队，就是退到校田径队，不是还要竞争吗？除非不练田径了，去学习文化知识。然而，学文化知识，也只是躲开了田径场上的竞争，而又加入了学知识的竞争。考清华、北大觉得竞争激烈，那么考辽宁大学、沈阳大学就不竞争了吗？也还是要竞争。如果说，升学竞争太激烈，干脆不升学了，那也行。但不升学怎么办？当工人吧，那么参加招工考试还要竞争。招工考试竞争失利，怎么办？当推销员吧，竞争更激烈。去卖菜吧，进了市场，才知道，卖菜要起早贪黑，要精心进货，科学保管，热心推销，竞争激烈程度并不比读书考大学差多少。

卖菜也要竞争，干脆不干了，只去纯出卖劳动力，该省点事了吧？！当站在体力劳动市场的人群中时，才感到，一个雇主来的时候，几十个劳动力围着求活干，其被选中的概率常常比考大学的录取率还要低。

听说擦皮鞋的工作挺轻松，便去擦皮鞋。当往擦皮鞋的小凳子上一坐，才发现同行都在钻研各种式样的皮鞋怎样擦才又快又好的技术，常常是一个人想擦鞋，四五个擦鞋的围上去。擦皮鞋也有竞争，也不轻松。

既然竞争有利于个人的发展，既然竞争促进了社会的进步，既然竞争已渗入社会的每一个领域，人们无法躲避，我们就只能鼓励孩子勇往直前，争先恐后，争夺第一，争创一流。

至于您怕孩子骄傲，怕孩子不合群，怕孩子孤立，这跟孩子竞争意识强是两回事。

孩子倘若不尊重人，不理解人，甚至整人害人，就是倒数第一，就是当了乞丐，也还是不能合群，也还是要孤立，甚至更孤立。

孩子如果尊重人，理解人，信任人，帮助人，那他得了第一，威信就会更高。长大成人，功成名就，人民会更加佩服他，衷心地拥护他。

当然，在培养孩子竞争意识的同时，要告诉孩子把竞争与斗争区分开来。竞争是双方按照规则，主要用发展自我的方式，超越对方；斗争是双方各施阴谋诡计，主要用伤害对方的方式去战胜对方。竞争能使双方、社会都得到发展，斗争则常常是两败俱伤。

今天的社会是个充满竞争的社会。国家与国家、省市与省市的竞争，地区之间、行业之间的竞争，军事方面、经济方面、人才方面的竞争……无时不有，无处不在。就连我们教育孩子，孩子的成长也充满竞争。谁努力，谁成才；谁升起，谁是太阳。

21 世纪将是竞争更激烈的世纪。我们应当勇敢地参与竞争，勇敢地迎接新世纪的挑战！

让神话里夸父追日的壮举，现实中亿万家长托起太阳的宏愿，化为中华崛起、祖国腾飞的力量！

鼓励孩子在尊重人、理解人、帮助人的前提下，奋力争先吧！

第四章

学习指导要科学

把学习当成人生的第一享受吧！一个人经常这样思考，这样对待学习，他会学得轻松、愉快、效率高，也会成为把做工作、把干事业当成第一享受的人，自己也能经常生活在享受的心态之中。

想象自己是一个勇往直前、百折不挠的成功者，后来就真的取得了大成就。

引导孩子把学习当成享受

刘志山同学过去学习不用功，成绩较差。刚升初二几个月，他们学校搞了一系列“我为祖国做些什么”的教育活动，通过影视书籍，孩子了解了一些仁人志士、革命先烈为祖国为人民英勇奋斗的可歌可泣的事迹，灵魂受到了震动。他决心将来干一番大事业，活得像个男子汉的样子，至少要能自食其力，不能成为国家的包袱。于是开始发奋学习，常常用功到半夜。看到孩子学得又苦又累，面对难题愁眉紧锁的样子，家长感到心疼，问有没有什么办法使孩子学得轻松一点，快乐一点。

脑力劳动跟体力劳动一样，要吃一定量的苦。背一篇 500 字的课文要比背 250 字的课文苦一些，就像挑 200 斤的担子要比挑 100 斤的担子苦一些一样。就这一点而言，是没有办法改变的。

但对学习和劳动的态度却可以改变。有的人写文章，研究科学彻夜不眠，却甘之如饴，高高兴兴。有的人写一份简单的工作总结却愁得三天睡不好觉。有的人挑着 200 斤的担子，高高兴兴地一路小跑，甚至边走边唱歌，边走边喊号子。有的人挑不到 100 斤的担子就愁眉苦脸，苦不堪言，觉得自己是天下第一苦、第一累的人。这里面，除人的能力差距之外，最主要的还在于对学习、对劳动的态度不同。

世界上一切有作为的伟人，都是把学习，把劳动，把干事业当作生活的第一需要，当成乐趣，当成享受的人。他们有了高层次的人生苦乐观，便总能享受到高层次的人生乐趣。

许多罪犯之所以沦为罪犯，就是因为他们觉得醉生梦死、吃喝玩乐是人生第一享受，学习、劳动是受罪。于是他们厌恶学习，厌恶劳动，又拼命地追求低级的过分的吃喝玩乐，而他们靠的是坑蒙拐骗，偷和抢。让这些人去学习，去劳动，他们当然会觉得苦不堪言。

反过来，谁想让勤劳的工人、农民、科学家、作家、画家、艺术家放弃劳动，放弃学习，放弃事业，他们反倒会觉得很空虚，很苦，甚至觉得活着没有意义。

我跟家长谈心时，都反复建议，谁想让自己的孩子成为对人民、对祖国有较大贡献的人，谁想让自己的孩子成为活得有意义、活得快乐的人，最要紧的一件事，就是转变孩子的苦乐观，逐步树立起把学习当成享受的苦乐观。

学习苦不苦？苦。正因为苦，学习的另一面才必定有甜，有乐。世间万事万物都是有一苦必有一甜，有一失必有一得，有一难必有一易，有一舍必有一取。

我引导学生写《谈学习是享受》这篇作文，要求变换 100 个不同的角度去考虑，每位学生都可以写 100 篇不同的《谈学习是享受》。

背课文苦不苦？苦。但同学们偏写《谈背课文是享受》，真的是享受吗？真的。背课文前，抵制了电视的诱惑，拒绝了玩游戏机的邀请，为找到勤奋的自我而产生享受感；背课文时，全神贯注，目不旁视，有一种超脱于低层次玩乐的庄严感，享受感；背熟了课文，记忆力增强了，知识丰富了，考试成绩提高了，家长高兴，老师满意了，当然更有享受感。

依此类推，预习是享受、听课是享受、写作业是享受、演算数学题是享受、写日记是享受、写作文是享受、演讲是享受、读世界名著是享受、读伟人传记是享受、归纳知识结构是享受……每一个学科，每一项学习任务都可以从享受的角度去思考，去品味。

学生最不愿做的事，也许就是考试了。我偏引导同学们写《谈考试是享受》这篇作文，写之前，大家首先不回避考试的苦，然后从另一面去思考考试的乐。

有的人说，考试前复习紧张，没有时间忧虑，没有时间烦恼，没有时间发牢骚，痛苦减少了，享受当然增多了。考前的学习效率往往是平常的两倍，乃至三倍，学习效率一高，当然有一种享受感、充实感。

由于准备充分，考试时，一看试卷，觉得 90% 的题都很容易，当然越答越高兴，这时就有一种享受感。

考试完了，成绩公布，考得好，父母亲朋、领导老师都高兴，都赞扬，都祝贺，当然更有一种享受感。考不好呢？及时发现漏洞及时补救，以便下次争取好成绩，比起没发现漏洞，隐患越来越大，最终不可收拾来，也还是要好得多，及时有效地补救缺漏，对人生也是一种享受。

这样思考，这样分析，学习生活中最苦的差事——考试，真的也会乐在其中，真的也能成为一种高层次的享受。

我觉得要教育一个人，最要紧的是教育他树立高层次的享乐观，把学习，把劳动，把干事业当成人生的第一享受。

人的享乐观不同，于是便成长为不同类型的人。

有的人把吸毒当成第一享受，于是他们成了吸毒贩毒分子。

有的人把赌博当成第一享受，于是他们成了倾家荡产也要赌下去的赌徒。

有的人把捞取权力和私利，欺侮老百姓当作享受，于是出现了贪污腐败的坏官员。

有的人把为老百姓服务当成人生第一享受，于是出现了周总理、焦裕禄、孔繁森这样的人民公仆。

有的人把喝酒当成人生的第一享受，于是有了不顾廉耻的酒徒。

有的人把创造发明当成第一享受，于是有了爱因斯坦、爱迪生等发明家。

有的人把劳动、事业当作第一享受，于是有了雷锋、铁人王进喜……

引导孩子把学习当成人生的第一享受吧！一个人经常这样思考，这样对待学习，他会学得轻松、愉快、效率高，会成为把做工作，把干事业当成第一享受的人，自己也能经常生活在享受的心态之中。

培养孩子良好的习惯

周先生的独生儿子周磊是一个人见人爱的孩子，老师、同学、邻居、朋友都说他头脑聪明，可就是学习成绩忽高忽低。努力一阵子，成绩就很突出；成绩一高，他便又贪玩；成绩下来了，重新又努力。总这样，反反复复的。现在将升初三了，快考高中了，还这样忽冷忽热地学，很让人担忧。周先生来信问我，孩子智力这么好，成绩为什么不稳定，提高孩子的成绩，该从哪些方面入手?

很明显，周磊同学成绩不稳定，主要原因是没有良好的学习习惯。

从我自己 20 年的教学实践中，对我教过的近千名学生来分析，对 90% 的学生来说，学习好坏，智力因素只占 20%，非智力因素占 80%。而在信心、意志、习惯、兴趣、性格这些非智力因素中，习惯又占有重要位置。

我教过的学习尖子，都有良好的学习习惯。

许多教师都有同感。

甚至对智力超群的科技大学少年班的学生来说，他们在总结自己成绩优异的原因时，都谈到自己有良好的学习习惯。

13 岁的科技大学学生周峰，成功的秘诀就是从小养成良好的学习习惯。

量化的学习习惯。周峰认识汉字，记英语单词，都是每天 10 个，即使是走亲戚串门也从不间断。一年下来，3000 多个汉字记住了，3000 多个英语单词也记住了。

定时学习的习惯。周峰该学习的时候学习，该玩的时候玩，自觉性极强，不需要别人提醒。比如听英语广播，他会准时打开收音机。

专心致志的学习习惯。周峰学习起来全神贯注，思想不开小差。

我常觉得，牛顿的第一运动定律也适用于人的心理，即物体在没有外力作用的情况下，总保持匀速运动或静止的状态。

一位勤奋惯了的学生，不用别人说，他也会自觉学习。如果外人强迫他停止学习，去玩游戏，他会觉得不习惯，甚至厌烦别人的打扰，拒绝去玩游戏。

一位懒惰惯了的学生，别人不说，他总是懒得动，家长老师逼得没办法了，才学一点；外力一停，立即又不动了。

习惯是一种力，是一种能量。它看不见，摸不着，但它能使事情变得省力，变得容易。

好习惯使人不由自主去学习、去工作、去助人，为什么？回答：学惯了，不学难受；干惯了，不干难受；帮惯了，见到人有困难不帮便难受。

坏习惯使人不知不觉地，很省力地，很轻松地去拖拉，去懒惰，去干扰人。他为什么那么做，细想起来，不为什么，就是拖惯了，懒惯了，干扰惯了，不干扰也难受。

很多孩子便属于这种情况。冷一阵子，热一阵子，无一定计划，无一定规律地生活、学习，习惯了。

怎样改正不良习惯，培养良好习惯呢？

有一条谚语说：行为培养习惯，习惯形成性格，性格决定命运。

显然，培养孩子的习惯，不能批评一通，训斥一通，上一通政治课，讲一番大道理就完事。重要的是要从孩子的行为入手，引导孩子把决心、把口号落实到行动上。培养孩子良好的习惯要是从以下几点入手，效果就会好一些。

一、引导孩子少说空话，多做实事。应把空想、说空话的时间用在做实事上。一次行动抵得上一沓纲领，一次行动的价值要超过一百句口号，一千次决心。

二、首次慢动。开动大脑机器也像开车一样，启动时，车速一定要慢。第一次行动要慢，动量要小。如培养孩子写日记的习惯，第一次切莫要求高，只写一句话就行。培养孩子学英语的习惯，第一次只记一两个单词即可。培养孩子长跑的习惯，第一次跑 200 米就不错。凡事不要一开始就急于求成，想一口吃成个胖子，这样孩子便觉得难而又难，从而失去了做事的兴趣。

三、逐渐加速。有了首次慢动，尊重了大脑的始动原则，运转起来了，慢慢地像汽车一样开了几十米，这时就可逐渐加速了。日记长到了每篇写两三句话，英语单词每天背会两个，跑步长到每天跑 300 米。孩子觉得在慢动的基础上，增加这点运动量，可以接受，不知不觉之间，大脑这部汽车比前几天运转快了。

四、不怕慢，只怕站。遇到特殊情况，如意外的任务啦，身体有点小病啦，有不顺心的事心情不好啦，也鼓励孩子不轻易停止，只要能站直了，就别趴下，只要还能行动就别停下。身体有小病时，跑不了 1000 米了，那就一步一步地走下来。写日记心情不好，写不出太好的文章，但也不要中断日记，可以随随便便地东一句西一句记下自己当时的心情，可以少写，也不要停下来。要克服一件事不做则已，做就要做得尽善尽美的想法；建立起行动就比空想强，只要做，就比不做强的观念。许多人没能养成良好的习惯，都跟想尽善尽美有关。

五、控制时空，制订计划。有了一点行动，逐渐增加了行动的速度，孩子会品尝到一点做事的快乐。进一步培养习惯，就要制订比较全面的计划，增强孩子对自我行动的时间和空间的控制能力。从时间上，和孩子商定从早到晚的行动计划，什么时间跑步、锻炼、上学、唱歌、看课外书、看电视，各项活动，各用多少分钟，使每日、每周、每月、每年的时间安排都有序化，有益化。从空间上，使孩子处于能够把握自己的环境，什么歌厅、酒吧、游戏厅、台球室这些地方，一旦进去，孩子便容易失去自控，不由自主地放弃好习惯。注意订计划的时候，任务指标不要定得过高，使孩子觉得，稍加努力便可达到，稍稍一跳，便可把果子摘下来。

六、进入轨道。孩子按计划行动起来了，逐渐提高了学习效率，每天定时定量地锻炼、预习、做题、背单词、写日记、唱歌，到了某段时间就做某件事。遇到特殊情况少做一点，做慢一点儿，但不停下。按照这样的计划不停地做实事，惯性就越来越大，就像列车在轨道上行驶，甚至像卫星进入了轨道，就再也不会走走停停了。

进入轨道之后，当然也需要检修。需要防止的，一是外部干扰，二是内部故障，对外界不良人的引诱要及时切断。对付内部故障，如情绪不佳、旧病复发、犹豫拖拉等的最好办法，不是批评，不是训斥，而是以最快的速度把注意力引导到做当时力所能及的实事小事上来。人一旦开始做实事，负责忧虑犹豫等不良工作的脑细胞就休息了。

初中是许多男孩子自制力明显增强的阶段，培养良好习惯还来得及。

好习惯要从小处开始，不断持续

习惯的养成应该是从小就开始的功课。我们班那几个优秀的学生，包括智商不高但是心态很积极的一部分孩子，以及一些活得很幸福的孩子身上都可以体现出这样的特点。他们的家长非常关注孩子成长中的一点一滴，任何一件对于孩子将来发展有利的事情都会用心鼓励孩子去尝试，尝试完并不停止，而是力图让孩子由这样的尝试开始，不断持续直至养成一个良好的习惯。做什么事本身是次要的，主要的目的是通过做事来促成一个好习惯的养成。

家长彼此都愿意互相取经："你这个孩子怎么这么好呢？""并没有什么特别的，只是他从小做什么事情都能持之以恒。锻炼身体方面一直跑步，因此有了强健的体魄和坚韧的性格；每天看书，从小领着孩子看课外书，孩子的视野就广阔了，同时也养成了好的读书习惯；让孩子好好地唱歌，孩子每天都唱，歌就唱得好了；书看得多了，知识面也广了，作文写得也好，学习成绩当然好。所以也就什么都不用操心了。这一路走下来，抓的都是些小事，关键就是不要停下。"我听着觉得很有道理，于是我就把这些优秀家长的经验，跟更多的家长说。我说："你要改变孩子，就少给孩子讲道理，要让孩子多做事，做正确的事，做了就别停下来。当然，家长在家里这么做，我这个当老师的也在学校里带着学生做，咱们共同这么做，这样孩子就能更好地成长。"

比如说一个简单的事——写日记，其实谁都可以写，但是能形成习惯不容易。三天打鱼，两天晒网，用处真不大，当形成习惯以后，写日记才真的对人有好处。我说："既然有好处，家长同学们，大家伙儿同意不同意，咱们天天写日记？”大家都觉得挺好啊。那挺好，大家就开始写日记了。

1979年3月份开始，每天写日记，感觉如何？大家感觉挺舒服的。那么下一个月呢，还写吧。然后一个月一个月，一个学期过去了。大家觉得写的能力强一些了，写文章一点儿都不发愁了。那下学期还写吧，一年一年写下来。这一届觉得挺好，我下一届继续教大家写日记。我说咱过去不停下，真有好处，那咱们就不停了。

我们班学生教好了，大家觉得这是个值得推广的经验。但是有的老师说，你们班学生听话，我们那个班倒数第一、倒数第二的没法教，我说你那儿没法教，那让他上我这班来。我就把倒数第一、倒数第二、倒数第三的学生，从别的班请到我们班来。我对他们说：“我们班学生天天都要写日记，你愿意不愿意写？”

“不愿意写。”

我说：“那进我这个班就得写啊，老师教你不行吗？”

“教也学不会。”

我说：“你别写得太复杂，老师保证教会。”培养习惯要行动，行动首次一定要慢动，家长不能着急，第一次干这个事你就着急，当然孩子他就焦躁，焦躁他就不干了。我说老师保证能教会。

“老师，我能学会吗？”

“肯定能学会。”

“老师，那怎么写？”全校倒数第一、倒数第二的这些孩子，根本没写过东西，坐都坐不住的。

我先对他们保证说肯定能学会。接着我说：“到魏老师的班，第一天的日记就写一句话。”

“一句话？老师，一句话写什么啊？”

我说：“就写一句话，我还告诉你写什么。就写今天我到魏老师这个班读书了，写上年月日什么的。”

“老师，这句话是人都会写，那肯定没有问题。”写完了，给我看：“老师，是这么写吗？”

我说："挺好啊，这不挺好吗？"

第一篇日记开始写了。他觉得很简单："老师，不是骗我吧？"我说："这就是日记，你别以为写得很复杂才叫日记。"

第二天，到这个班两天了，第二篇日记就有一个小题目啦。题目是《记我的同桌》。"老师，我不会记。"

我说："不会记，你就随随便便看吧。就写两句话，第一句话写他的外貌。"

"我不会看。"

我说："你不要写得太细。就看他高个还是矮个，能不能看得出来？"

"老师，那还能看不出来吗？都能看出来的。"

"是胖子还是瘦子？"

"老师，那不一眼就看出来了，那是胖子。"

"是黑脸还是白脸？"

"老师，他是黑脸。"

我说："这不就结了吗？把你眼睛看到的，用你的手写到本上，这就是胜利地写出第一句话啦。然后第二句话呢，写同桌的衣着，你看他衣服是什么颜色、什么面料、什么样式。"

"老师，这我会看啊。"

我说："那写出来，这就是好日记啊。"

他发现写日记这么简单啊，于是他就打量同桌，高矮胖瘦黑白、衣服面料色彩样式。一写，他还觉得挺好玩。我说："怎么样？"

"老师，今天的日记挺有意思。"

第三天，我说："怎么样？"

"老师，你不用说，我知道，第三天日记三句话。"

我说："对啦！三句话的日记写《记魏老师》。第一，魏老师的性格特点，我是急性子还是慢性子？"

"老师，你是慢性子。"

我说："你写下来。第二，写我的语言特点。我说话，速度快还是慢，音量大还是小，音调高还是低？”

“老师，这没有问题。”

“第三呢，你到我这个班开始肯定不习惯。你从别的班过来，到这个班有很多约束，要求也很多，你肯定不习惯。这样行不行，你从老师这些要求里面挑一条比较习惯的，觉得还可以的写出来，行吗？”

“老师，有好几条我觉得挺好。”

我说：“你就写一条就行。”

于是他一写，哪是三句话，一百多字了。

第四天，“老师，今天写什么？”

我说：“教室四面墙壁，前后左右，各有什么设施，对我们学好语文有什么用途。”

“老师，没有问题。”

五天五句话，六天六句话……过了两个来月，他拿着日记本来找我。“老师啊，我的日记怎么写出五百来字了啊？”我说人就这么回事，你不再盲目地攀比，不再紧张、焦虑，不再指责、埋怨，不再拖拉、懒散，注意脚下、马上动手，开始朝前走的时候，脚踏实地，一句话一句话地写，你别的都不想了。这样脚踏实地、实实在在的自我，值得自豪的自我，就出现了。觉得舒服吗？”

“老师，这种心态特别舒服。”

我说：“以后干事的时候，不管别的，不管人家多好，咱做咱自己的，就挺幸福的。不管人家比咱强多少，咱朝前走就问心无愧，就逐渐养成咱自己的好习惯了。怎么样？”

“老师，行，这样挺舒服的。”日记一直写下来，就这样，我跟我的学生，写了 31 年的日记。

教孩子利用潜意识

秦薇小学时性格开朗，好唱好跳，学习成绩也好。上了中学，有几次考试成绩不理想，有人就说她脑子不灵。她自己也觉得自己脑子笨，经常想自己比不上那几个优等生，甚至想自己连中等生也赶不上，变得经常愁眉苦脸。这样一来，成绩果然由优等生的行列滑到中等生，初二学期由中等生的行列又下滑了十几名。成绩越低，她情绪越不好，越觉得自己脑子笨，甚至不想上学了。看着孩子不仅不唱不跳了，还整天愁眉苦脸，家长非常着急，问我有什么好办法。

我建议家长教会秦薇利用潜意识。

人的大脑意识分为三个层次。1. 意识。它是我们能感知的，比如，我们想读书，便让自己拿起了书本。2. 下意识。常常是我们不自觉的，比如有时晚饭后，我们并没有明确地想读书，但进入书房，却不由自主地拿起了书。3. 潜意识。我们的意识明明让自己跟别人应酬着去打麻将，可一种莫名其妙的心理就是不让自己出门，一种莫名其妙的心理又让自己拿起书来看。这种莫名其妙的心理便是潜意识。尽管我们不能明确地感知它，认识它，但它确实存在着，并顽强地指挥着人。

有这样一个例子：

两个人都到医院看病，一位真的有病，很重的肺病，医生给他拍了片子。另一位没病，但疑神疑鬼，非让医生看，非让医生给拍片子。医生拗不过他，便也拍了片子。不料片子洗出来之后，两个人胸透的片子往病历档案里装的时候给弄反了。

到看片子的时候，有病的人一看自己的病已经好了，顿感轻松愉快，每天都觉得自己是个健康的人，高高兴兴地生活。过了一年，到医院去复查，真的一点病没有了。

那位没病的人呢？本来就疑神疑鬼，再看了肺部有大量病灶的片子，情绪更加沮丧，心理压力极大，惶惶不可终日。这样每天自我恫吓着提心吊胆地过日子，没到一年时间，真的因病去世了。

后来人们发现片子装反了，便分析是什么原因使有病的人好了，没病的人去世了呢？结论是潜意识的作用。当意识通过下意识告诉潜意识我没病时，潜意识便调动身内的潜能向病灶进攻，以使自己真的没病。潜意识的力量很大，果然战胜了病灶，使病人逐渐变成了名副其实的健康人。

当意识通过下意识告诉潜意识，自己正患病，且非常严重时，潜意识便组织身体各部器官撤退，把病灶引入体内，最终使原本健康的人变成了名副其实的病人。

像这样的例子还有很多很多。许多人都有这样的体会，自己非常真诚，持之以恒地想象自己是一个什么样的人，时间久了，真的就成为想象中的角色。

想象自己是一个勇往直前、百折不挠的成功者，后来就真的取得了大成就。

谁想象自己是一个多灾多难、多愁善感、软弱无能的失败者，时间久了，他真的就变成了软弱无能、一事无成的人。

谁促成了这些变化？是潜意识。

潜意识的能力非常大，有的科学家、化学家、数学家，白天搞实验、做题时，百思不得其解，只好先睡，打算睡醒后再接着做。不料睡梦中醒来，实验结论出来了，解题的结果也出来了，立即写下来，一验算，确实是正确的结论和结果。他已经睡着了，题是谁做的呢？也是潜意识。

睡前，意识把已知条件、求证什么都通过下意识，交给了潜意识，潜意识收到这些条件和指令，便开始有条不紊地工作。虽然目前人类对自身的潜意识的工作方式还知之甚少，但许多事实却使人感觉到潜意识确实有神奇的力量。是潜意识默默工作之后，把结论和结果通过下意识传达给了意识，于是科学家醒来，便知道了结论和结果。

既然潜意识有这么大的力量，我们就应该趋利避害把它用好，而不是趋害避利，用它来伤害自己。

我觉得像秦薇这样的孩子就不知不觉在趋害避利地使用潜意识，经常给自己的潜意识施加不良意念：自己要失败，自己不如中等生，自己脑子笨。潜意识接到这些指令后，便给她安排了失败的程序，设计脑子笨的方案。时间久了，真的就失败了，脑子真的不如以前灵敏了。

潜意识有这么大的作用，我们就该引导孩子用好潜意识，让它为孩子服务。可引导孩子经常向潜意识输送这样的信息指令：我能行，我能成功，我的脑子比小学时还聪明。偶然有几次失败，是由于我不勤奋，只要勤奋了，成绩一定会好起来，一定能进入优等生的行列。

充分利用好潜意识，信心百倍地面对学习，再加上科学的学习方法，一定能获取成功。

最好还是能读大学

鸿志在高中更加喜爱数学，做起数学题来不眠不休，做到半夜，还很快乐。但他对语文没什么兴趣，拿起书来就困，成绩也不理想。英语成绩也中等，照这样的成绩，考名牌大学不可能，考本科也要费很大力气抓语文和英语。孩子面临两种选择，要么发展自己的兴趣特长，继续往深处钻研数学，要么暂时停止发展数学特长，把时间用在不愿学的语文和英语上，争取考上大学。

我起初也不知怎么回答家长。想来想去，我觉得，还是要鼓励孩子抓一抓薄弱的学科，争取考上大学。

《教育时报》上曾载文写道：

> 上海某所重点中学的一名高才生，无论多么难的题，都可以毫无困难地列出解题方程。但他有一个小缺陷，就是不喜欢做烦琐的演算。因此，他的解题程序总是正确的，答案却往往小错不断。考大学时，他又是因为这个原因，以几分之差落选。中国的大学拒绝演算不正确、成绩不上线的学生入学。于是，孩子的家长把他送到了西方。一所著名的大学给予他全额奖学金。在大学一年级的课堂上，任课老师被这个总是提出无穷多问题的中国学生问得瞠目结舌。在实在无法回答的时候，这位老师请全班同学起立，为这个中国学生鼓掌。他为有这样能把自己问倒的学生而自豪。第二年，这个学生已经成了校长助理。问一句：这样的事情会在我们中国的教室里发生吗？

我觉得鸿志便很像那位数学高才生。那位高才生的家长可把他送到西方的大学，可咱们暂时还不具备这样的条件。孩子去不了西方的大学，在国内再考不上大学，那就只有走自学的路了。

自学的路不是走不通，而是太艰难，特别对于学自然科学的人就更为艰难。学文科的，许多作家、诗人、艺术家走自学之路可以成功，那是由于文科的知识容易看懂，对悟性好的人尤其如此。数理化等自然科学知识则不然，越往知识的深处探索，导师的作用就显得越重要。靠导师的帮助，学生可以少走很多弯路，能略去许多不必要的学习弯路。

孩子数学成绩遥遥领先，正可以省下时间来抓一抓语文和英语。待考上大学，考上数学系，再发挥自己的特长也不迟。

到了数学系，孩子会感到，周围同学思想的交流，会激发自己更爱数学；系里、图书馆里大量的数学书籍、报刊，无疑使孩子感觉眼界大开；系里的教授们、导师们将自己一辈子钻研数学的经验和方法，传授给孩子，这无疑会使鸿志如虎添翼。

再者，孩子读了大学，有了文凭，便有利于他将来的发展。家长还对社会上只重视文凭，学校努力抓升学率表示不满意。其实社会上重视文凭还是有道理的，特别是现代社会，信息量大，一个读书多的人一般情况下比读书少的人，处理、筛选、利用信息的能力更强。特别是现在这种层层选拔的考试制度，能够升上大学的，绝大部分是同龄人中意志顽强，勤奋务实，自制能力强，智力也突出的人。社会重视他们，重用他们是非常有道理的。

我们不能在强调不升学也能有作为，自学也可以成才的时候否定了上大学的必要，更不能在看到大学中有几个不争气的人时，就以为大学生都是高分低能。

当然，也不能在强调文凭的重要时，就否定所有没文凭的人；在赞扬考上大学的人时，就瞧不起考不上大学的人。

学校努力抓升学率，也没有什么不对，只要不以牺牲综合素质为代价，不以摧残学生的学习兴趣为代价，学校的升学率当然越高越好。升学率无疑是衡量一所学校办得成功与否的一项重要的指标。

社会上的一般人评价一所学校，很少有人说，这所学校德育如何出色，体育成绩如何领先，常常张口闭口就是升学率如何如何。哪所学校升学率高，就觉得哪所学校好。近年来，全国很多地方出现了“择校热”，不少家长不惜出高价，也要给自己的孩子选择一所好的学校。他们选择学校的时候，主要不也就是看升学率高不高吗？

至于片面追求升学率，日光加灯光，时间加汗水，不管孩子的健康，不顾孩子的兴趣，只是拼命灌输知识，用题海战术，把学生训练成答题的工具，这些做法显然是不科学的。其实许多学校领导，绝大部分任课教师也不愿意这样做。学生累只是三五年，老师却要被绑在这架战车上，苦一辈子，累一辈子。因此，最希望改革的还是老师们。但面对这样一个社会综合征，不是一下子，也不是三五年就能变得尽如人意的事。这要有一个过程，一个要由许许多多有关方面综合治理的过程。

国家需要大量建设人才，需要大量大学生。能升大学的孩子绝不应放弃升学的机会。

高考状元家长谈教子

刘海从小爱看书，爱思考，学习成绩也好；上了初中，学习兴趣更浓。老师说，刘海的潜力很大，按现在的成绩看，中考考省重点高中，将来考重点大学一点问题没有。如果家长配合得好，刘海成为全省高考状元的可能性也是有的。

老师的鼓励，使刘海信心百倍，也使刘海的父亲高兴得一夜没睡好。父亲觉得，孩子既然有成为高考状元的可能，就应该尽最大的努力，即使只有 1% 的可能性，也要做出 100% 的努力。于是问我，高考状元的家长是怎样教育孩子的。

我同意家长的看法，只要有 1% 的希望，就要尽 100% 的力量去争取。这是现代社会的人应持的一种积极进取的人生态度。

至于高考状元的家长是如何教育子女的，这就因人而异了。

有的教授夫妇，从胎教开始，按照孩子成长发育的规律，设计了周密的、可操作性强的教育计划，直到孩子在全省高考夺冠后，父母还在为他设计着考硕士、考博士的计划。

湖北省 1994 年理工科状元张晋寨，家住当阳两河乡杨洲村六组，其父母只有小学文化程度，除了种田，什么手艺也没有。人多田少，母亲多病，家里十分困难，根本谈不上辅导孩子，也不会制订什么辅导计划。他们给儿子的只是一颗正直善良的心和一种自强不息的品质。

我觉得，刘海跟河南省 1995 年的高考状元崔伟有相似之处。当时我建议家长读一读《教育时报》刊登的一篇文章，题目是《与状元家长一席谈》，文章写道：

崔伟，河南焦作市温县一中毕业，去年高考中以标准分 900 分的成绩，夺得河南省理工科第一名，被清华大学建筑学院土木工程系录取。

崔伟的父亲崔得海向笔者谈了他如何教育子女成才的诀窍。

“我是非常重视启蒙教育的，在崔伟刚上小学一年级时，我就教他学习一些简单的汉字，然后把这些汉字添上一些笔画组合成其他汉字后再让他认字，使他从小就对汉字产生兴趣。同时，我也很注意培养他的运算能力，在带孩子散步时，我总是用路边的行人、景物编一些简单的题，让他运算……使他在不知不觉中对学习产生兴趣。

“崔伟上初中了，在八九门课程中，他唯独对英语产生了浓厚的兴趣……我抓住孩子爱英语这一兴趣点，及时给他买了一个微型收音机，鼓励他学习。当然，崔伟这孩子也有思想抛锚的时候。上初二时，他玩电子游戏，学习成绩直线下降。当我得知他因此而耽误了学习后，并没有训斥他，而是以理说服他，感化他，使他体会到父母的一片苦心。同时，我同班主任、任课教师取得联系，请他们尽快帮崔伟把心收到学习上。功夫不负有心人。在第二年升高中时，他被破格保送到温县一中。

“崔伟上高中三年，我有三个不成文的规矩：其一，星期天属于孩子，让孩子在一周紧张学习之后，充分放松放松。其二，严格作息制度。由于我家距学校骑车仅有 10 分钟的路，所以孩子在家休息，总是早上 5 点钟起床，晚上 10 点钟休息，从不开夜车。其三，不给孩子买复习资料。我经常对他讲，教材是全国通用的，比任何资料都具权威性，如果把自己埋在题堆中，只能加重自己的负担。

“崔伟有个好习惯，课前预习，上课认真做好笔记，课后复习，向 45 分钟要质量。崔伟的笔记与其他同学不同，由两套组成，一套是课堂笔记，一套是根据老师的讲解和教材的重点难点自己整理的笔记。家长是孩子的第一任老师，当家长的只有让孩子精力充沛、自觉主动地学习，孩子才能取得好的成绩！”

当笔者问及他对崔伟以后的打算时，他兴奋地说：“清华大学是世界知名、国内一流的大学，我将鼓励孩子在念完本科 5 年后考硕士，考博士，向学术的最高峰迈进。”

我认为刘海要吸取崔伟的教训，少走玩电子游戏的弯路，再学习崔伟的学习经验。家长再从崔伟父亲的教子方法中学习有益于自己的部分，刘海成为全省高考状元的把握性就越来越大了。

引导孩子有效利用考前的时间

阮志平还有一个多月就要参加高考了，这些天孩子变得焦虑，看书注意力不集中，不知看什么，饭量也明显减少。老师曾说，孩子若发挥正常，考个本科没问题，但如果像最近这样的情绪就不好说了。家长也感到很着急，不知该怎么办，来信问，怎样引导孩子有效利用高考前的这一个多月时间。

我想，这个问题，请参加过高考，并且高考成绩优异的同学谈，最能给人以启示了。《中国青年报》曾登载了一篇文章《高考在即，该做些什么？》，建议家长看一看，也给志平看一看。文章写道：

临考前这段时间是难挨的，但又是极为重要的。究竟该如何利用这段时间，给自己高考的成功添点砝码？笔者走访了去年6个省的高考状元，请他们谈了自己当时是如何度过这段紧张时光的。

一、如何进行整体复习？

李凌（清华大学计算机系学生，毕业于浙江省金华市第二中学，高考成绩为648分）说："现在复习，要从整体上进行把握。这段时间，我不怎么做练习，主要是浏览课本，整体把握一下知识系统。背一点要背的。记公式、定理，从例题上找点做题技巧。"

北京大学生命科学学院学生，毕业于河北省石家庄市二中，高考成绩687分的尹鹏说："到这个时候，在学校老师的引导下，肯定已经进行了好几轮复习，大部分学校都开始让学生自主复习。

我觉得，应该进行提纲挈领的复习，很显然，这么短的时间要上一个层次是不太可能的，那就要在稳住已有水平的同时，查缺补漏。”

中国人民大学新闻系学生，毕业于陕西西安中学的陈阳同学说：“去年这段时间，我在家自习，将大纲要求范围内的教材从头到尾浏览一遍。当然，要想将历史、政治重新背一遍，时间上不允许，只能翻一翻，温习回味一下。遇到较生疏的，则多费点时间，当然这也起稳定军心的作用。”

二、要不要做练习？

这一阶段，要不要做练习，是同学们比较关注的问题。

清华大学计算机系学生，毕业于重庆十八中的袁昱，高考成绩684分，他说：“应该做题，拳不离手，曲不离口，只有保持不断地做题，考试时才不会感到生疏。但这时不能钻难题，做点难度适中的基础题，甚至课本上的例题。”

陈阳说：“上午头脑比较清醒时就背点书，下午则做点数学题，有时就反复想想解题思路，然后对着答案验证一下而已。”

三、分析自己的错题。

清华大学电子系学生，毕业于山西省实验中学，高考成绩为683分的粟强同学说：“平时复习，一定做过多套综合性模拟试题，几套试题下来，基本上能覆盖应掌握的知识点。复习这些试题可算是一种便捷手段。特别是那些自己做错了的，更要细心地分析分析，找出错在哪里，加以克服。”

李凌说：“做错的不注意，不下狠劲扭转自己的思维，还会做错的。”

四、轻松和压力。

为高考做准备很长时间了，到临考前这一段，许多同学都认为该轻松轻松。

尹鹏说：“不能松懈，心好比在原野上狂奔的马，一旦放开缰绳，就难以收回。这时应该追求心情平静自然，对高考泰然处之，要把成败看得淡一点，不做太大计较。”

清华大学电子系学生，毕业于辽宁大连市八中，高考成绩679分的郑治山说：“压力肯定存在，主要取决于你如何对待。压力也会增加你的战斗欲望，促使你兴奋起来，更好地应付高考。”

五、保重身体。

这段时间，同学们都开始注意休息，这是很重要的。接受采访的6名状元同学，无一不是保证充足睡眠的。

袁昱说：“平时能复习到晚上11点。临考前，9点多就上床睡觉，一般都是6点半才起床，锻炼一会儿再去学校。高考不仅是知识的较量，也是体质精力的较量。这段时间，坚持体育锻炼很有好处。”

不过，诸位状元建议不要去搞踢足球等剧烈运动，这一方面体力消耗较大，也比较容易出危险。乒乓球、羽毛球、慢跑之类的轻松活动比较适宜。

六、兴奋点对准考试时间。

相对稳定的生活规律很重要，临考前尤其如此。随意作息会影响考试时的发挥。

袁昱说：“最好不要打破以前的生活规律。但如果你前段时间休息较晚，现在应该调整过来。因为那时你的兴奋点也许在晚上八九点钟，和考试需要的兴奋点不一致，考试时萎靡不振，考完了却兴奋异常，对考题想来想去。这样不仅影响水平的正常发挥，也会对下一场考试造成一定的妨碍。总之，临考前，要早睡早起，将自己一天的兴奋点调得对准考试时间。”

七、熟悉考场，做题快而不急。

尹鹏说：“考试前，如果条件允许，看看考场，甚至坐坐自己的考座，可以稳定自己的情绪。考试时必需的用具，千万别落下。钢笔没水了，或者铅笔折了，考场上发生这类事都会影响情绪，对考试造成妨碍。天气比较热，不妨带条湿毛巾，擦擦汗。”

栗强说：“先把试题浏览一下，必要时，用铅笔做点记号（别忘了过后擦掉）。然后结合自己实际情况，按题型大致分配一下时间。高考试题量还是比较大的，时间相对紧张，在保证正确率的基础上，尽量快做。”

这些同学的话都是经验之谈，家长可以与孩子商量，看哪几条经验最值得他学习。

我觉得，最要紧的一是坚定信心，平时很好，高考必胜。二是多做实事，在做实事的过程中自然挤掉了紧张焦虑的情绪。做实事不是要抠难题，而是查缺补漏。这样志平一定能像老师说的那样，考个本科没问题。

孩子作业要督促，莫替做，莫放任

高山小学快毕业了，毕业前这个学期，作业比较多，高山每天要写到晚上9点多。父亲看了，感到心疼，便替孩子写了一些。孩子负担减轻了，父亲感到很高兴，可当中学教师的母亲批评制止父亲，不让再干下去了，父亲不太理解，写信问我，家长替孩子写点作业有什么不好。

在回答这个问题之前，我先介绍一份《家长辅导孩子作业的调查》。

调查涉及40多所小学，近2000名家长，发现不少家长在如何帮助孩子完成作业问题上，有五种不良倾向。

一、包办代替型。这部分家长共91名，占调查总数的4.55%。这些家长或因学生成绩特差，无法完成作业，或因子女体弱多病，或娇生惯养，舍不得让孩子吃苦，或老师布置作业太多，一时无法完成，家长就直接代替孩子完成家庭作业。据调查统计，凡家长包办代替的，学生大都学习差。

二、放任自流型。这部分家长共720人，占调查总数的36%。他们绝大多数是文盲、个体户或双职工。他们有的无能力辅导孩子，有的无时间帮助孩子，有的无精神顾及孩子。孩子作业从不过问，看到孩子学习差，就教训一顿，过后又甩在脑后。

据了解，这些家庭的学生作风散漫、厌学调皮，有216名是双差生，占这类家庭学生总数的30%。

三、全程看陪型。这部分家长共430人，占调查总数的21.5%。这些家长绝大多数是孩子的母亲。她们认为自己没有水平来辅导孩子，但为了对孩子负责，就从头到尾、自始至终陪着孩子完成家庭作业。

据老师、家长反映，全程看陪型的同学自制力差，有 45% 不能主动按时完成老师布置的课堂作业，都是要老师或学生干部强制性看管，成绩 80% 是中游水平。

四、精心辅导型。这部分家长共有 262 人，占调查总数的 13.1%。这些学生家长绝大部分是教师、知识分子、国家干部。他们有水平、有能力辅导孩子的功课，孩子做作业的过程也就是他们辅导的过程。由于有问必答，且正确率高，所以这些家长虽然能够帮助小学生圆满完成作业，但是却养成了孩子的依赖性，减少了独立思考、刻苦钻研的机会。

五、额外补充型。这部分学生家长有 180 人，占调查总数的 9%。他们绝大部分是教师、机关干部、知识分子。这些学生家长在帮助孩子完成老师布置的家庭作业外，还自己设计，或到新华书店购买各类复习辅导书和同步训练资料，让小孩子做。给孩子补充资料，拓宽学生的视野，丰富学生的知识，在一定程度上也可以提高学生的成绩。但是，缺乏科学的训练和得法的辅导，不按教育规律办事，无形中增加了学生的额外负担，致使学生整天泡在作业堆里，增长孩子的厌学情绪，最终是得不偿失。

看了这样的调查，家长能理解为什么不能替孩子写作业了吧！

当然家长替孩子写作业也不是一点好处没有，个别情况下，也有好处。什么情况呢？孩子有时犯了错误，个别老师想不出别的办法，便罚学生写作业，而且是重复写毫无意义的作业。如 10 个字，每个字罚写 100 遍，某一道题，罚做 20 遍，等等。这种惩罚方式是绝大部分教师都反对的，但也确实有个别教师恨铁不成钢，情急之下让学生这样做的。如果了解了是这种情况，那么孩子把 10 个字每个都写了两三遍了，剩下的 90 多遍家长替孩子写，就有好处了。这样既密切了父子关系，又避免了孩子产生厌烦作业的情绪。第二天，您还可以向老师说明是您替孩子写了多余的遍数。老师也许还会为您的精神所感动，以后不再用这种方式罚学生，而采取其他更有效的方式使学生受到教育了呢。

一般情况下，我劝家长不要再替孩子写作业了。

不替孩子做作业，是不是放任不管呢？当然也不是。您可以每天督促孩子写作业，引导孩子提高写作业的效率。孩子写完作业以后，您可以检查，然后跟孩子一起讨论作业量的大小，作业的意义，作业的质量，从而提高孩子写作业的兴趣，增强写作业的积极性，养成良好的独立完成作业的习惯。这样，孩子一定能成为学习成绩优秀的学生。

正确看待考试分数

孙大志同学的母亲告诉我，大志期中考试成绩分数较低，平均 68 分，在班级排在第 46 名。分数公布后的这几天，大志闷闷不乐，放学后，在教室磨磨蹭蹭。问他原因，他说是害怕回家，害怕家长没完没了地数落他。近几天，他每天都听家长的指责、数落，听得心烦意乱，什么都学不进去，他说："我晚回去一会，就少听到一点训斥。"

对大志，我只能告诉他要理解母亲的一番苦心。良药苦口利于病，母亲对他寄予无限期望，看到他失误才会那么心焦。即使说的话过了头，也都是发自内心地为了他好。他应该把这些话当作激励自己奋发向上的动力，一想到这些话，就立即鞭策自己做实事。

对于家长，我则建议最好改变一下教育方法，正确看待孩子的考试分数。

有的家长就是因为不能正确看待孩子的考试分数而演出了悲剧。

《教育时报》曾载文写道：

夏斐之死曾在全国范围内敲了一次警钟。他是被母亲用棍子活活打死的，原因就是"考试成绩没达到母亲的要求"。几周后，夏斐之母也自缢身亡，其遗言是："光用分数来要求孩子，是简单愚蠢的……"

这次事件引发了一场全国性的大讨论，但讨论过后，没见情况有丝毫的改变。为分数而打死孩子的事情每年都发生着，且又有了孩子因不堪分数的重负和父母的重压而杀死父母的事。有一对夫妻，都是大学教授，就是这类悲剧的牺牲品。他们的儿子没考上公费生，只好上自费，当时一年的学费为 1500 元。于是父亲逼着儿子订了一份“契约”：若考试有一门不及格，则父亲不再供应儿子下一年的学费。签约时，父亲厉声道：“如果考不好，就不要你这个儿子了！”儿子考得不错，但英语作弊，被判为 0 分。于是，儿子用绳子先后将母亲和父亲勒死在厨房和卧室内。

这是极端的例子，是由于家长不能正确对待分数而付出了生命代价的例子。因为不能正确对待分数而导致孩子精神失常，导致孩子自暴自弃，导致孩子与家长感情破裂的例子，在中国这块土地上何止万千啊！

由于家长施加过分的压力，于是一些学生便更不能正确对待分数。《教育时报》的文章继续写道：

还有轻生。有升不了重点中学而轻生的，有没考上重点大学而轻生的，有高考落榜而轻生的。去年更邪，一个高考生本来已经考上了，但经不住“如果没考上”的折磨，竟在考分下达的前一天自杀了。而北京某重点中学的一名学习委员，本人成绩优秀，但因为同学们的学习成绩下降了，她为了竭尽学习委员的责任，竟从 11 层高楼上跳下。

分数本来是评估学生成绩的，只具有相对的合理性，它只表明孩子德、智、体、美、劳诸方面中的一个方面——智，而且只是智的一个方面——笔答卷子的能力。

孩子考试分数高，绝不代表各个方面都好；反过来，考试分数不高的孩子，绝不是别的方面都不行。

《青年教师导报》曾载文写道：

一个人会发展，会变化。有些人在学校里是不行的，以后的

> 发展恰恰是这方面很行。郭沫若初中时的一张成绩报告单：语文55分，不及格。还有一门课更不应该：修身，就是品德课，35分。两门课不及格。假如现在郭沫若还在那个学校读书，肯定要留级，高中肯定考不上，哪个重点中学要这个人，那么大学也考不上了。你怎么能想到，一个初中语文不及格的人，后来是一个大文豪！一个政治品德不及格的人，居然成为一个社会活动家、政治家！

其实，考试分数低了，最着急，最不安的还是孩子，他想不出更好的提高分数的办法，着急不安也没用，家长再训斥他，时间久了，他就麻木了。再持续一段时间，他可能就干脆躺倒不干了，破罐子破摔了。真要把孩子逼到那一步，我想家长会更后悔。

大志目前还很有上进心，考试分数低了，他正苦恼，正焦虑，正不安，显然他不需要别人再增加他苦恼、焦虑、不安的程度，而需要别人帮他减轻苦恼、焦虑、不安，从而节省下脑细胞，用于提高成绩。怎样减轻他的苦恼不安呢？那就要引导他正确看待考试分数。家长不妨从以下五方面入手。

第一，给他卸掉包袱。别说一次考试不好，退一万步讲，读书时每次考试都不好的人，只要自强不息，乐观进取，将来也能大有作为。您可以给他讲爱迪生等人的故事，讲郭沫若语文曾经不及格，讲许多“后进学生”近几年成了企业家的事例，激励孩子对未来充满信心。经过努力得了高分更好，不得高分也照样能大有作为。

第二，帮孩子找到优势，找到擅长的学科，找到长处，孩子才有立足之地，才有前进的基础。这次考试，同时考语文、数学、英语、物理、政治、生物、历史、地理，共八个学科。大志的数学、物理成绩在班里排在前15名，英语是中等，这说明大志的理解力、分析力比较强，这是他的优势。若数学、物理继续保持优势，到了初三再加上化学，一定也是优势。这样就容易站稳脚跟，到了高中，学理科就更有利了。

第三，帮孩子找到所短学科中学得好的部分，使孩子喜欢上“自己不喜欢的学科”中的某一部分。比如语文，他的成绩是 73 分，在班级属于后几名，但分析起来，他的语法知识、修辞知识、文学常识、文言文部分答得都比较好，在班级处于上等，丢分最多的是现代文阅读和写作。平时他的作文还可以，这次答题时因时间紧，作文没写完。他学得最糟的是政治，而政治升高中考试我市又不考，大志也就无须为此而焦虑。

第四，帮助孩子分析丢分原因。一般说来考试丢分主要有三类原因。1. 马虎。题本来会做，只是计算马虎，加减乘除算错了而丢分。有时填空题本来都会，只是写时，一着急字写错了，符号写错了，因而丢分。2. 没记住。有相当一类题，只要去记，都能记住，非不能也，是不为也。比如地名，历史人物，这类知识只要肯记，幼儿园的孩子也能记住。大志只是没去记，而丢了分。3. 没理解。这就是我们平时所说的不会的题，需要动脑筋，需要以前的学习基础。仔细一分析，对大志来说纯属不理解的知识不到 10%，如果把马虎的分和因没记住而丢的分夺回来，大志的平均成绩就不是 68，而是 91 了，那样就能由 46 名上升为 18 名。引导大志这样去分析，就一定能激励他夺回失去的分数。

第五，帮助他制定提高分数的具体措施。如政治、地理，实在不感兴趣，就暂不必太费力去学，上课时挑最必要的题去听、去记，结业考试，得个及格成绩还是可以的吧。数学、物理的长处要继续发扬。语文一边抓自己学得好的知识，一面提高作文速度，下次分数就会有明显的提高。最要紧的是英语，每天要拿出 30 分钟课余时间去学习。用入静入境法背 10 分钟单词，每天背会 10 个；再用 15 分钟做教材上的习题，先不求多，不必去管那些练习册、习题集之类的东西，先把教材弄懂弄通，这样考试时得 80 分以上没问题。

家长这样引导孩子正确地对待分数，孩子就会从不良情绪中解脱出来，把脑力真正用到有用的地方，用到提高成绩上，家长也会免除因埋怨训斥孩子而产生的苦恼。孩子会因家长给他分忧解愁而觉得家长很有水平，而更尊敬您。

孩子上了中学成绩为什么下降

秦平同学上小学时，考试经常得“双百”，自从升上了中学，一次也没得过，数学经常在 95 分左右，语文有几次连 90 分都没达到。妈妈批评她成绩下降了，她还不服气，说妈妈不了解中学考试有多难，她得这些分，就已经总是排在全班前三名了，别看有一次语文得了 89 分，那还是全班第一高分呢！家长问我，孩子为什么上中学以后成绩下降了呢？

这要从两方面分析。一方面是孩子真实成绩没有下降，只是考试分数比小学少了一些。秦平属于这种情况。另一方面，有的孩子上了中学考试分数比小学平均低了几十分，有几科甚至不及格，被同学们落下了一大截，成绩真的下降了。

为什么说秦平的成绩没有下降呢？看成绩好坏，主要不是看分数多少，而是看他相对于同班同学的位置。比如秦平在小学时考试经常得双百,一了解，她们班有近 20 名同学都得双百。这就意味着，秦平在班级里既是第一名，也是第二十名。升了中学，第一次分班考试，她的语文数学总成绩是 186 分。一了解全年级 500 名学生，超过 180 分的才 15 人，185 分以上才 3 名学生，您能说秦平成绩下降了吗？ 500 名学生她排到第二名，显然是极优秀的学生。

成绩没下降，分数为什么低了呢？这是因为小学和中学的考试指导思想不相同造成的。

比如小学毕业考试，目的在于考查学生对大纲规定的基本知识、基本技能是否掌握了。学生基本学好了，掌握了，就得高分，受鼓励，对今后教师的教学也有好处。学生升入中学，一般说来，学校都要搞一次摸底考试，以便平衡分班。小学时的成绩，一个班有的双百人数达到 20 人，绝大部分 190 分以上，显然缺少区分度。入中学的分班考试，重要的是强调区分度，尽管考的还是小学教材，但出考试题时，题量比较大，考试时间又比小学短。这样一来，知识掌握牢固、能力强、反应快的同学就有了用武之地，比较后进的同学就明显暴露出了自己的弱点。去年新生入学考试，一位同学数学答了 30 分，他的家长来找我，说孩子毕业考试还得了 90 分，现在怎么能是 30 分呢？不可能。我便请他的孩子答刚答过的卷，还是不会，再对照小学教材，题目全是书上的。最后他只好解释说："孩子小学毕业以后，暑假去旅游了，也没复习，学过的知识都忘了，真不好意思。"

入学分班之后，中学的考试仍然要考虑区分度。因为中学面临中考高考的升学选拔。这样中学的期中期末考试题一般都按 7 ∶ 2 ∶ 1 去分配难易程度，即基础的题占 70%，中等难度的题占 20%，偏难一点的题占 10%。这样，孩子升了中学不要说双百，有的科目，例如语文，常常是全校连续几年也没有人能得 100 分。数学、语文、英语，平均能达到 95 分就已经很不容易了。所以我说秦平的成绩平均 95 分，只是分数比小学低，成绩并没有下降。

另一些孩子，上了中学成绩确实开始下降。小学的时候，人家得双百，这些学生平均95，最低的也是人家200分，他得160多分，相差仅30多分。

上了中学，就逐渐拉大差距。到了初一期末，常有尖子学生 750 多分，而"后进学生"仅 300 来分的现象。什么原因呢？

中学学习任务重了，同时参加市里统一考试的科目初一时就达到七科：语文、数学、英语、政治、生物、历史、地理。小学的时候思想品德课和常识课可以不列入必考科目。到了中学，有关方面纷纷强调自己的学科重要，哪科不考也不行。这样做的结果，只能是加重了学生的负担。您想想看，小学学四个学科，只考两个学科，一上中学，13 岁的孩子面对七八个学科的教师、教材、练习册，怎么能轻松得起来？这样学生的成绩差距自然拉开了。

这就好像在跑道上跑步，如果规定只沿着跑道跑 200 米，时间又比较宽裕，学生们都能跑下来，尖子学生不相上下，“后进学生”也落后不了多远。可当把赛跑距离延长至800米时，学生的体力、耐力和吃苦精神就都显示出来了，差距自然拉大了。小学时头脑聪明的孩子不勤奋也能领先，中学就必须加上勤奋。

孩子对中学考试科目多，题的难度增加这种情况有了心理准备，就比没有准备好一些。一方面，增大了自己的压力，是坏事；另一方面，对有毅力、上进心强的同学，其实是提供了一个更广阔的用武之地，提供了施展自己才能的机会，所以也是好事。比如说对您的孩子秦平来说，就是好处多于坏处，这样考才使原来总跟20来人基本并列的秦平找到了自己的位置。

对一般同学来说，如果兴利除弊，把科目多、考试难当成磨炼自己意志，增长自己能力的机遇，信心百倍地激励自己，不怕苦、不怕难地积极备考，当然有利于增强自己的心理素质和适应现代社会激烈竞争的能力。

引导孩子走出失败的陷阱

读了来信，得知陈艳荣小学成绩一直优秀，上了初一，也一直排在全年级前 3 名的位置。可到了初二，期中考了个第 10 名，孩子情绪便不好，结果每况愈下，不到一年就滑到了班级第 36 名，全年级第 200 多名。

家长非常着急，让我给出出主意，看该怎么办。

这样的孩子我接触过一些，他们共同的特点是：上进心极强，聪明好学，一路领先。由于长期处于领先地位，处于顺境，处于赞扬声中，于是他们就缺少抗挫折能力。他们没有过失败，当然也就缺少抵抗失败的能力，心理显得比较脆弱。

一旦失败，心理便失去平衡，用了大量的时间去思考无价值的问题。

曾有一位学习尖子，偶然一次败得很惨，便开始自己给自己挖精神陷阱。

她问我："老师，我原来是全年级前 5 名，这回班级内才考到 30 名，回家怎么向爸妈交代？"

愁眉不展。我感到她开始挖精神陷阱了。

我问："还有不痛快的事吗？"

"邻居张阿姨一直对我挺好，听说我考成这样，一定会伤心。"

精神陷阱又被她挖深了一锹。

"还有别的苦恼吗？"

"我的竞争对手听说我考成这样，一定暗暗高兴。"

这陷阱又深了一锹。

"除此之外呢？"

“全班同学明天一定会指手画脚地议论我。”

她不停地挖着。

“就不能想点别的吗？”

“别的任课教师知道我排 30，一定会轻视我。”

我想引导她停止挖精神陷阱，她就是不肯停下来。

“你不这样吓唬自己不行吗？”

“老师您还能信任我吗？您会不会瞧不起我？”

我说：“你这样傻乎乎地挖精神陷阱，哪还有时间分析失误的原因，研究补救的办法？你越吓唬自己，心情越糟，越紧张，成绩只能越低。这么一点失败都经不起，谁能瞧得起你呢？其实你想的那些事，那些议论，完全可能没有。即使有，即使别人都议论你，即使周围的人都指着你的鼻子嘲笑你，可是你自己的心不乱，只要不捆住你的手脚，你照样思考、算题、背单词、写文章，那才叫潇洒，那才叫大家风度。那样见怪不怪，其怪自败，说的人说累了，不说了。你的成绩上去了，你的大度，你的宽容，自然会使别人钦佩。”

“考试失败毕竟是一件大事，怎么能不忧虑呢？”

“这样吧，你写一篇作文。”

接着，我又要求全班同学都写这篇文章。文章的题目是《从七个角度看失败》。要求把考试失败这件事看作一口井的盖子，文章要分七个自然段，每个自然段换一个角度观察这口井的盖子。

第一个角度站在井底看：“哎呀，不得了，一片黑暗，不见天日，前途无光，没有出路呀。”对不对？对！为什么？因为你站的人生角度低，眼界自然狭窄，一口井盖当然遮住了你的全部视线。

第二自然段要求在井沿看，会觉得豁然开朗了，井盖倒是不小，但世间还有那么多事等着去做，这个井盖没做好，快去做别的事吧。

第三自然段要求站在山麓看井盖。

第四自然段要求站在山峰去看，那就更需要费力才能看到小小的井盖。就会感到人生要做的更重要、更有价值的事还有很多很多，自己实在不该为小小的失误支付太多的精力和感情。

第五自然段要求站在云端里看这件事。我经常要求学生将自己的心灵引入蓝天白云之中，产生一种稳坐云端、俯瞰凡人的胸襟和气度。这时，很容易感觉个人名利的微不足道，然后把主要精力用于劳动创造，用于做有益的、实实在在的事情。

第六个角度，站在月球上看。地球只是一个淡蓝色的大球，那口井的盖子，无论如何见不到了，烦恼的云雾很容易散开。

第七个角度，站在金星上看一看。我们生存的地球不过是一颗和启明星差不多大小的小星星。地球这么渺小，人生这么短暂，别斤斤计较个人的蝇头小利了，别为一点小小的失误再苦恼了，赶快将这渺小而又短暂的人生投入给自己也给大多数人带来快乐的事情吧!

一些过去爱忧虑，经受不起失败的学生跟我谈，写这篇文章，越写心情越好。写到第七段，有一种心灵突然解脱、心情豁然开朗的感觉。

陈艳荣成绩下降，不是对基础知识不理解，不是智力不够用，而是缺少抗挫折能力，把一次偶然的失败看得太重，把失败当成了给自己心理施加压力的包袱。这包袱越背越重，越背越大。形成了不良的自我恫吓的心理习惯，把学习的脑细胞挤得没有时间兴奋、没有时间工作了。这样，考得不好—忧虑害怕—考得愈加不好—更加忧虑害怕—当然考得更不理想，形成了恶性循环链。

打破恶性循环链的办法，就是淡化考试失败而产生的忧虑情绪。

淡化的方法之一，就是引导孩子站在不同的角度，看待考试失败这件事。也不妨用上面我讲的写文章的方法，引导孩子分七个自然段写站在七个角度看失败这篇文章。这样孩子心情肯定会好起来。

孩子一旦走出失败的陷阱，一旦心情好起来，一定能够较快地查出失误的原因，重现当年的辉煌。因为几乎所有的学习尖子，都曾有过偶然的失败。当他们把用于挖精神陷阱的时间，用于分析失败原因，用于研究重新取胜的办法时，他们就变得比失败之前更成熟了。

早熟早慧的孩子怎样教

萧卫勤自幼爱看书，记忆力也好，4 岁就上了小学，在班上年龄最小，但成绩最好，数学老师还没讲的他都提前看会了。现在才五年级，刚过 9 周岁，他就已经能看懂初二的平面几何，题也都会做了。周围邻居都说这孩子是神童，都劝家长让孩子再跳级，直接上初二，将来考科技大学少年班。

家长看到孩子个子长得太小，学那么多的课程怕累着，担心孩子上学已早了两年多，再跳级会不会是拔苗助长。会不会影响孩子的身体发育，身高会不会被课业压住，跳级以后跟不上怎么办？听别人说科大少年班的孩子后来发展都一般，所以家长并不想让孩子跳级。但最近，夸卫勤“神”的人越来越多，大家都劝家长让孩子跳级。

我一直劝家长们因材施教。我觉得，所谓神童，就是早熟一点、聪明一点的孩子。就像孩子的身高，有的十来岁就长到了一米七，相当于成年人了；极个别的，到 25 岁了还长不高。不管早长晚长，最终也不会比人类平均身高多出一倍吧。

发育晚，长得慢的孩子的家长，不能因着急而拔苗助长。

发育早，长得快，个子高的孩子父母，如果因材施教，给孩子以同体力、身高相称的训练，那么孩子会发育得更好，身体更匀称，灵敏性、协调性更好，还会有较高的体育技能，不至于白长得又高又大。

体格如此，智力亦如此。孩子不懂事，非让他提前上学，跳级，结果是坏了孩子，适得其反。孩子懂事早，比同龄人成熟早，聪明一些，若没给他以多于同龄人的训练任务，同样是一个浪费，对孩子早熟的智力是一个损失。

至于有人说科大少年班的孩子后来发展都一般，这是因为他们并不了解情况。实际上，就总体而言，少年班的孩子经过特殊教育，还是取得了超出接受一般教育的孩子的特殊成就。

自从 1978 年 3 月 8 日，21 位少年被中国科技大学破格录取为我国首届少年班大学生，到 1995 年，科大已招收 18 期共 631 名少年大学生。

科大少年班的班主任朱源老师介绍说：已毕业的前 13 期 465 名少年大学生，在校时考取国内外研究生的为 71%，加上离校后考取的，达到 90% 左右，其中 80% 以上都在国外攻读博士学位。在这个优秀的群体中，出现了我国年龄最小的 11 岁大学本科生，15 岁的研究生，16 岁的留洋博士生，24 岁的副教授，28 岁的正教授。

少年班办学无疑取得了巨大成就。家长听到的少年班成绩一般的传言，是不了解情况的人不负责任地随便说的。

当然少年班也有不尽如人意的地方，比如由于各种原因，大量优秀学生流向国外，有的班组毕业后留在国内的仅剩两三人。这一人才外流现象已引起有关方面的广泛忧虑。

同时，少年大学生中也有失败的记录，尽管只是极少数，不影响对少年班办学的整体评价，但对学生本人和学生家长来说，无疑是 100% 的损失。究其原因，完全是由于盲目自信、贪玩和自控能力差等非智力因素造成的。

一位考入少年班的学生，入学后过分贪玩，以致不能自控，把主要精力用在漫无边际地阅读武侠小说方面。《武林志》看了一遍又一遍。有一天，他对班主任说："你提问《武林志》哪一页，我就知道里面讲的是什么内容。"老师考了他一下，果真一点不错，可惜的是，聪明反被聪明误，他把学业荒废了。

心理学工作者的调查表明，智力是按正态曲线的方式分布的，两头尖而少，中间广而多。智力超常者约占千分之三，智力特别低的也占千分之三。有意思的是，这一现代心理学的科学形态的研究，竟与我国古代教育家孔夫子对智力差异的论述不谋而合。

既然智力障碍的儿童有专门学校，接受特殊教育有利于他们的发展，显然，智力超常儿童，早熟的儿童，能进专门的学校，接受超常教育，才更有利于孩子的发展。

我建议让卫勤这样的孩子先跳级到初一试一试，如果孩子适应，并且仍然超常，那再往初二，甚至往高二跳也不迟。初一是中小学之间一个最重要的台阶，超过这个台阶很不利于孩子发展。这个台阶迈坚实了，有余力以后再说。

愿优秀孩子都成为优秀的人才。

不要忽视大器晚成的孩子

李刚的父亲很焦急。他看了许多报道神童的事迹的文章，读了如何培养神童的书，还留心观察现实中的神童和早熟的孩子。看了这些，他跃跃欲试，决心把自己所学所见的培养神童的全部技术，都用来培养自己的宝贝儿子。他经过了长时间的努力，可一年又一年过去了，儿子不仅没有成为神童，反倒连一般同龄孩子都赶不上。他焦虑，急躁，不安，埋怨，甚至有些讨厌自己的孩子。

他来信问我，该怎样对待这孩子。我建议家长换一个角度思考：有的孩子早熟早慧，被誉为神童；有的孩子则晚熟晚慧，人们称之为大器晚成。这如同庄稼和树木，同样的稻种播下去，同样高的树苗栽起来，有的早成熟几天，有的晚成熟些日子，有的开头比别的树长得高长得快，有的后来长得高长得快。

不知家长留心孩子们的身高了没有，有的孩子起初比同龄人长得高得多，后来同龄人逐渐追上了他。也有的读初中的时候，排在班级最前面，又瘦又小，到了高三时，长到一米八、一米九，这样的例子太多了。我总觉得人的智力也跟身体差不多，有的早熟，有的晚熟，有的早长，有的晚长。

假如您的孩子不能早熟早慧，那也无须焦虑急躁，就着力于引导他大器晚成吧！

德国最著名的哲学家黑格尔，曾给马克思以许多启示。他是大器晚成的典型。

少年时代的黑格尔很笨，体操、武术都不行，而且笨嘴拙舌。18 岁时，进入蒂宾根大学神学系学习。在学校里，他经常受到同学们的嘲弄，得了一个“老头儿”（动作迟缓的意思）的绰号。这所大学规模很小，只有二三百个学生。黑格尔在这里度过了5年的学习生活，只不过是极其平凡的学生。毕业时的学生鉴定上甚至注明：“神学可以，但没有哲学方面的才能。”这个评语说明他的才智成熟是比较慢的。

他的同班同学谢林（德国哲学家）23岁就担任了耶拿大学的副教授，黑格尔35岁才当上副教授。可是黑格尔并不急躁，只是默默地把精力倾注在思索上。后来，当59岁的黑格尔当上柏林大学的校长时，谢林只是新办的慕尼黑大学的教授。

英国生物学家，进化论的创始人查理·达尔文在学校学习时，成绩并不太好。后来达尔文说：“不管是老师还是父亲，都认为我的能力只是一般，或者比一般还低些。”

达尔文家族连续五代都是英国皇家学会有影响的会员。但是，他们这几位科学家孩提时代的学习成绩都不太好，似乎是个晚成型的家族。他们都是进了研究生院后才开始显露出才华的。在那之前，他们中的很多人都是险些未能跨入大学校门的晚熟者。达尔文也不例外。

达尔文在学校里由于学习不用功和成绩不好，老是挨批评。父亲认为这个儿子“是个无用的废物，好像是为了辱没家里的声誉才生下来的孩子”。有一次他对达尔文说：“你除射击、玩狗、捉老鼠之外，对其他什么都不感兴趣。这样下去，以后你自己会后悔的，也一定会败坏我们家的声誉！”

为了让他进入宗教界，父亲又让他在剑桥大学的神学院攻读了三年。据达尔文自己说，这三年没有什么意义，只不过是浪费时间。他每天时间都消耗在祈祷、饮酒、唱歌、恋爱、游玩、打扑克牌上。后来才潜心研究生物学，并于50岁时发表了《物种起源》，在全世界引起巨大反响。

家长们听说过“近代戏剧之父”挪威剧作家易卜生的名字吧。小时候他的学习成绩不好，在学校里始终是个劣等生，特别是中学毕业的时候，成绩仅勉强及格。他的少年时代没有朋友，十分孤独。

参加大学考试，易卜生没有考上。从此他打消了学医的念头，决心走文学创作的道路。他陆续写了一些作品，没有得到重视，只好做舞台监督。后来他到了挪威剧场，因剧场不景气，他失业了，债台高筑。

他36岁时和妻子如同让人用石头轰赶似的逃到国外。38岁发表诗剧《布朗德》之后，才得到社会公认。而发表《玩偶之家》时，才赢得了世界性的声誉，那时他已经51岁了。据说，易卜生78岁因动脉硬化去世时，其葬礼盛况空前，与国王的葬礼相比，有过之而无不及。

您也许以为画家必须具备良好的早期教育，大器晚成是不可能的，其实也不尽然。

法国后期印象派最杰出的画家之一保罗·高更，到了中年才拿起画笔。

在学校里，高更是个没有什么值得一提的孩子，总是沉湎于空想，好像对课堂学习毫无兴趣，成绩不好，进步也不快，是个典型的劣等生。

他的理想是当个水手，19岁时服兵役，在海军里做锅炉工。25岁时，由于同事的劝告，他拿起画笔做了个业余画家。28岁时才立下终生专一从事绘画的决心。35岁的高更在已入中年的时候，才放弃了人们公认他能有所作为的交易所工作，专心作画。

另一位画家起步就更晚了，她的名字叫安娜·麦阿利·莫泽斯。她是美国纽约州一个贫苦农民的女儿，小学还未毕业就到附近的农家做了雇工。

她27岁时与在别的农民家干活的一个青年雇工结婚，生育了10个孩子，每天起早贪黑地照料孩子。

莫泽斯67岁时丈夫去世，她就和小儿子夫妻一起生活。从这时起，她患风湿症的手指不能动弹了。但是，莫泽斯70岁时，拿起了画笔，说是画笔，其实不过是一把刷油漆用的刷子，她用这把刷子蘸着油漆开始画起画来。

她创作的第一个作品，便受到了美术收藏家的赏识。法国卢浮宫博物馆收购的最早的美国画家的作品，就是这位莫泽斯的作品。前几年，在莫斯科普希金国家美术博物馆举办她的作品展时，排队参观的人达11万之多。莫泽斯老奶奶的圣诞贺卡年销售量多达3500万张。

莫泽斯是个幸福的人，她在70多岁拿起画笔到101岁去世的20多年里，不断创作出能引起人们对幼时深切怀念的作品。

大器晚成的人很多很多。日本著名的作家夏目漱石迈出作家的第一步时是 40 岁，富冈铁斋作为画家出名时是 50 岁，《旧约全书》中的摩西，他从一个牧羊人到成为统率民众的预言者时是 80 岁。还有歌德，他从 26 岁开始写《浮士德》，但这部作品是在他行将去世的 83 岁时完成的。在这前一年，他写的自传名作《诗与真》也问世了。

说了这么多，家长的焦急情绪会有一点缓解吧！劝家长千万不要忽视大器晚成的孩子，家长首先要坚定信心，用不着用那些所谓神童的标准去要求他，更不能用神童的成功来打击自己孩子的自尊心和自信心。

我经常觉得世上一些知识浅薄、急功近利的人，津津乐道于个别神童的成功，评头品足，贬斥鄙视那些晚慧的孩子，以致使这些孩子的自尊心受挫，信心被摧残，潜在能力被埋没。本来可以成大器，却因被浅薄的人践踏、摧残，而过早地失去了旺盛的生命力，十分勉强地活着，难成大器，甚至难以成器。

现实生活中这样摧残晚慧孩子的例子真是太多太多了。您千万不要再加入这摧残者的行列，千万不要再让自己的孩子受这样的摧残。

奉劝家长千方百计发现孩子心灵世界中的潜能。

奉劝家长一定帮助孩子学会抵抗低层次的所谓“神童说”者的嘲笑。

帮助孩子建立起不可动摇的信心：我会是一个大器晚成者。从而一点一滴，目标始终如一地发展自己的潜能。

成绩差的孩子也有潜能

赵军同学的父亲在信中充满了悲观的情绪，他抱怨自己的孩子成绩差，排行榜总是在后几名；他感到孩子前途无望，他觉得自己见了同事们脸上无光……他见了孩子就批评，就生气。问我对这样的孩子还有什么办法。

我先劝家长别生气，孩子成绩不好，本来就焦虑，家长再生气，只能使他的情绪更坏，导致成绩更糟。

家长消了气之后，建议给孩子讲几个故事。这几个故事都是千真万确的。

阿尔伯特·爱因斯坦是 20 世纪最伟大的科学家，他在物理学方面引起了一场大革命。小时候的爱因斯坦学习很糟糕。他小时候说话很晚，到 4 岁前后，他父母甚至认准“这孩子智力发育太慢”。据说，直到 9 岁，爱因斯坦还不能流利地讲话。

到了上学之后，爱因斯坦也还是一个才能毫不出众的孩子。同班同学都在背后说他是“可爱的空想家”(这是一种蔑视说法)。

他父亲听学校老师说爱因斯坦“脑筋迟钝，不善交际，毫无长处”之后，非常失望。爱因斯坦非常讨厌学习古文和历史，上这两门课的时候他只是呆坐在座位上，做出一点也不想听课的样子，为此，老师十分气恼。他的成绩当然老是全班最差的了。老师们轻蔑地称他为“笨蛋”。

没有一个老师能看出爱因斯坦的数学才能。终于有一天，老师突然通知他，不要再来上学了。理由是他留在班里会妨碍其他同学。

就是这样一名成绩差的学生，后来他的叔叔发现了他的数学才能。在爱因斯坦 14 岁时，叔叔征得他父亲的允许，开始教他代数和几何学，获得了成功。

爱迪生是现代最了不起的发明家，他在咱们中国人心中，也是最著名的外国人之一。他发明的电报机、电话机、白炽电灯、留声机、无线电报、电影放映机、电气铁路等，共 1300 多种！谁会想到这么伟大的发明家，读书的时候成绩却很差。

爱迪生出生于美国，小时候读书时，属于成绩最不好的学生。他的班主任老师曾经说，恐怕他将来很难自立。由于他的成绩太差劲，老师曾经骂他："你真是个臭脑袋瓜！"据说，这位老师还带着爱迪生到一位有名的医生那里，请他检查一下爱迪生的头脑，因为爱迪生的脑袋是偏头。这位医生便说："里面的脑子也坏了。"结果，爱迪生的母亲只好把孩子领回家，自己教他学习。

蒸汽机的发明人詹姆斯·瓦特，也是世界上最伟大的发明家之一。他对人类的贡献同爱因斯坦、爱迪生一样巨大。而他小的时候，也和爱因斯坦、爱迪生一样，曾是一个成绩差的学生。

瓦特出生在英国，上小学的时候，他的学习成绩不好，体育也很差，没有一个老师发现他的才能。多数老师认为瓦特"不爱学习"，评价他是"学习劣等生"。

小学毕业后，瓦特在父亲经营的小作坊里干活儿。他心灵手巧，技术长进极快。18 岁时，他立志在制造科学器具上能有所造就，便来到伦敦，在一家制造科学器具的厂家当了一年学徒。

大家一定听说过丘吉尔的名字吧？他是 20 世纪最伟大的政治家之一，第二次世界大战时曾任英国首相。

丘吉尔曾因成绩差而放弃了考大学的念头，转考陆军士官学校又两次落榜，第三次才好不容易考取。

丘吉尔少年时很淘气，而且对学科的好恶非常明显。他小学时的一位女班主任老师说："我那时对丘吉尔的印象是，这个矮个子的红脸孩子是全班最淘气的孩子。我甚至还认为他不仅在全班，而且是世界上最大的淘气包。"

他以最低的成绩考入了哈罗公学（英国一所历史悠久的公立中学）。

关于丘吉尔进入哈罗公学，还有这样一个秘闻——在入学考试中，丘吉尔的拉丁文考卷答案中，只有一个字母和钢笔水的污痕，当然不及格。可是，校长却说他合格，准许他入学。校长的理由是："伦道夫（丘吉尔的父亲）的儿子肯定不是那种劣等生。"

在哈罗公学，他特别不爱学希腊语和拉丁语等古典语，成绩总是不及格。

丘吉尔回忆自己在哈罗公学的经历时说："我的老师们如果想到我年龄这么小却读那么难的书，而我的成绩又很差，似乎苦于难以断定我究竟是早熟呢，还是智力发展迟钝。"

您听说过近代历史小说的鼻祖，英国大文豪沃尔特·司各特的名字吗？他小时候，曾经是全校成绩倒数第一的学生。

有一天，成名之后的司各特访问了他童年时的母校。文豪司各特的来访，在学校中引起了极大的轰动。大家热烈地欢迎和接待了他。司各特在校园内边走边看。突然，他问老师们："能不能告诉我谁是这所学校中学习成绩最差的孩子？"

老师们感到很为难，但没有办法，只好叫过来一个学生，向司各特介绍说："这个孩子就是学校里成绩最差的孩子。"那个小学生面红耳赤地低下了头。

司各特走近那个学生，抚摸着他的头，说："你是学校中成绩最差的孩子吗？不过，你是一个好孩子，你现在是在忠实地替我守着我从前的位置。"说完，他从口袋里取出金币，送给了这个孩子。

您一定听说过拿破仑的名字吧。他是大军事家，法国皇帝。拿破仑在学校读书时，成绩也不好。他 16 岁毕业于巴黎的军事学校，学习成绩只排在第四十二位。据传记记载，他在校学习期间，除数学以外，其他学科的成绩都很糟糕。据说，在他的一生中，不论是法语，还是别的外语，他都不能准确地说和写。他的身材矮小，头形又长得难看，小时候，他家里所有的人都认为这个孩子不会有什么出息。实际上，幼年时代的拿破仑是一个任性粗野的孩子。

这样的例子，还可以举出很多，建议您给自己的孩子多讲一讲这些伟人的经历，以激励他的自信心。

说这些话绝不意味着宣传一个人小时候用不着学习好，而是说学习好固然好，学习不好，或某几科成绩不好，但善于发现自己别的方面的潜能，然后努力发展这些潜能，将来也一定可以有大的作为。

如果不是立足于把自己的内心看作一个宏大的世界，而是一叶障目，不见泰山。几科成绩不好，就以为自己别的方面不好，翻来覆去强化自己那点成绩不好的脑细胞的工作能力，脑子里便成了不好的天下，成了成绩差的天下，当然就会悲观，就会前途无望。

愿家长能像爱迪生的母亲一样，对自己的孩子充满信心，引导孩子扬长避短，帮助孩子发现他别的方面的潜在能力。一旦发现了这种能力，就鼓励孩子持之以恒地去发展。那样，孩子一定会大有长进。

至于家长的同事们，相信善良的人都会鼓励家长、帮助家长想办法。而个别喜欢嘲笑人的人，没有必要去计较。

成绩差的孩子有潜能是千真万确的，关键在善于发现，并善于挖掘和发展这些潜能。

“后进生”也能成就大事业

张健从小学到中学，考试成绩从来没好过，考得最好的一次是倒数第五,一般情况总是倒数第一。家长为了教育他，费尽了心，磨破了嘴。孩子看起来也挺愿上学的，可就是成绩上不去。老师也操了很多心，日子久了，不见他进步，老师也放弃了。看着还有半年多毕业，真不知孩子毕业以后找什么工作，怎么生活。考不上大学，招工也得考试。招工也考不上，孩子的前途不就全完了吗?

我说，孩子会有前途。国内外无数事实都证明了，读书时的“后进生”，只要肯吃苦，有毅力，胸怀开阔，也一定能成就大事业。

“后进生”也有本事，有能力，只是我们没注意发现而已。

大家想想看，当年上学的时候，“后进生”听英语课，一点都不明白，可是人家还坚持在那里坐着。后来数学课听不懂了，物理化学课也不明白了，最难过的是，有的听语文课都跟听外语课差不多。就算是老师，如果坐在课堂里一连听 7 节西班牙语，咱能坐得住吗？可是咱们这些“后进生”，却日复一日，月复一月，年复一年地在椅子上坐着，进行着极其繁重的体力劳动，日久天长，磨炼出来的，是何等顽强的毅力！

咱们再想想看，“后进生”刚入学的时候，学英语单词，学正负数加减法，不是还得过 60 多分吗？他们拿着及格的卷子，满心高兴，想继续进步，不料课程越来越难，统编教材不给“后进生”留喘息余地。半年以后考试，变成 50 分，又过半年是 40 分，再升级便是 30 分。不断接受失败的考验，大家想一想，如果我们每天上班都尝试失败，一次也没胜利过，我们心里是啥滋味？可我们的“后进生”呢？面对屡考屡败的困难局面，却能够屡败屡考，日久天长，磨炼出来的是多么顽强的抗挫折能力！

每天这么苦，这么累，不断失败，没人同情，没人理解，相反地，得到最多的还是老师的批评，家长的责备，别人的嘲笑和挖苦。他们这么苦，这么难，每天早晨吃完了饭，背上了书包，却仍旧能朝着这个又苦又累，没人理解同情，还不断得到批评的学校走来。到了学校，见到往日批评他们的老师，“后进生”们一般都笑一笑，想想看，这是多么宽广的胸怀！

20 多年的教育经历，使我感到大部分“后进同学”心地都很善良，待人诚恳真挚，心直口快，胸怀也宽广。我到全国各地谈这一认识，31 个省、市、自治区的老师都有同感。

“后进生”单从对付考试这点上，是差一些，但他们顽强的意志，抗挫折的能力，他们宽广的胸怀却常常超过许多考试尖子。

从小的方面讲，摆个摊，开个店，办个发廊，会不会德语、法语、西班牙语，似乎无所谓，会不会计算机语言啦、软件设计啦，关系也不大。

但摆摊，开店，进货，送货，风里来，雨里去，冬天冷，夏天热，必须挺得住。“后进生”在陪坐的课堂上早就练就了顽强的毅力，当然他能够适应。

摆摊开店，不是一开始就几万、十几万、几十万地挣，常常是从输，从赔，从失败，从挫折开始的。我们的“后进生”们当年读书时，年龄不大就受足了失败的考验，面对屡考屡败的困难局面，早就能够屡败屡考。而今失败了，赔了，无所谓，咬紧牙关，重整旗鼓再干。抗挫折能力，使他们在失败中挺直腰杆，迎来了事业的成功。

摆摊开店，面对的顾客天南海北，三教九流。文雅的、粗俗的，高贵的、低贱的，文明的、野蛮的，宽容的、狭隘的，谦虚的、傲慢的，懂道理的、不通人情的……什么样的都有。做生意，干事业，最要紧的就是要有一个开阔的胸怀，不能动不动就和人家顾客耍小脾气，翻脸。和气生财，和气兴业。我们的“后进生”们读书时受了那么多委屈，还能对不公正地批评了他的老师笑脸相迎。这种宽阔的胸怀，用来对待客户，怎么能不赢得赞扬呢？

最要紧的是，在整齐划一的学校里，千百万人共同学相同的统编教材，用的是基本相同的教法，面对的又是一次又一次的统一考试。这样的教育，没有给“后进生”留出喘息的时间，更不给个别晚熟的人以晚熟的机会。在这种教育中，受歌颂和赞扬的只是神童和早慧，大器晚成的人收获的只是批评和埋怨。

许多“后进生”不是没有才能，只是没有发展才能的机会；不是智力不好，只是智力发展高峰期迟了那么一两年。

一旦踏入社会，他们的社交才能、处理实际问题的才能才如鱼得水，他们长期受压抑的智力之火才有了燃烧的机会。他们有一种解放了的感觉。他们接受经营新知识、市场新知识的速度，研究不同层次人的不同心理需要的能力，常常比个别读研究生的书呆子型的人还要快，还要强。当然他们便取得了事业上的成功。

据统计，美国的成功企业家中，低学历和大器晚成的人数要超过高学历的人数。

《中学生阅读》曾载文说：

一位名叫伊特的美国教授，做过一个令人吃惊的实验。他把一批年龄、经历都相似，都没有任何经商经验的大学生，分为两组，一组是成绩好的，一组是成绩差的。伊特给他们每人 100 美元，让他们一学期内到任意一个证券交易所从事证券交易。结果发现，学习好的学生几乎赔尽，而学习不好的学生却大都赚了钱。

我在这里绝不是鼓励我们的孩子努力去做“后进生”，也不是说只有“后进生”将来才有发展，事实上“后进生”在高科技领域是难以追上当年的优等生的。

我是劝家长别为张健的前途愁眉紧锁，那样会压抑了孩子的智力，也弄坏了孩子的情绪。千万别再去伤害孩子，他受的伤害够多了。

请家长一定给孩子们多讲讲正面的例子。然后鼓励他们树立必胜的信心，毕业以后，从小事做起，从基础做起。

有高学历，当然好找工作。没有高学历，那就一定要有顽强的毅力，有百折不挠的抗挫折能力，有能屈能伸的广阔胸怀。

相信孩子一定能成就一番事业。

一分钟自我竞赛治拖拉病

志伟学习常拖拖拉拉，坐下来想学习，又觉得该歇一会。这样歇一会，玩一会，胡思乱想一会，一个小时便过去了。一想还剩几分钟到睡觉时间了，今天就这样了，明天再抓紧吧！第二天，仍旧拖拖拉拉，把昨天的毛病重复一遍。到了中学，学习成绩竟一个学期不如一个学期。

家长问我怎样治疗孩子的拖拉病。

拖拉病属于常见病，无论孩子、大人，或多或少都有一点。一般学习成绩不好的同学，往往都跟拖拉病较严重有关。

治这种病有多种方法，比较有效的一种是经常搞一搞一分钟自我竞赛。

这种办法即使在孩子心情不好的时候，用起来也比较容易。

孩子正拖拉，不愿做事时，您启发他：“心情不好，就朗读激动人心的散文、诗歌，时间不用长，只读一分钟。”读过一分钟，数一数读了多少字。再读一分钟，声音又大又快地读，看比刚才多读了多少字。一做事，又是做容易的事，拖拉的念头就没有了兴奋的时间，就暂时休息了。

朗读了两三分钟，您可以引导孩子默写背得熟练的中文课文和外语课文，不必多写，只写一分钟，看看能写多少个汉字和英文字母。如果心情非常糟，那就不默写，只抄写。快写一分钟，数一数写了多少字，再写一分钟。

写了两三分钟，拖拉的脑细胞一般处于抑制状态了，学习的脑细胞开始活跃了。

这时，再引导孩子进行一分钟速读，语文、数理化教材或报纸杂志均可。

还可以引导孩子跳读一分钟，数理化教材都可以，看一分钟能读多少页。速读、跳读，有利于集中注意力，有利于训练孩子从总体把握重点难点的能力。

还可以训练孩子一分钟背诵的能力，看看一分钟背下来多少字的一段课文，也可看看背下来几个英语单词，或是别的学科的知识点。

不管多么习惯拖拉的孩子，不管注意力多么不好的孩子，抓紧一分钟的能力，一分钟全神贯注的能力还是有的。一旦进入这种状态，便常常取得自己意想不到的结果，发现自己的大脑有巨大潜力，发现自我生命的神奇。

一般中学生，其速度是一分钟朗读250字，速读800字，跳读1500字，抄写 30 字。

经过一段时间训练，我曾在我教的班级搞了一次一分钟竞赛，结果，一分钟朗读，全班平均读完了500字的文章，速读一分钟平均完成1500字，跳读平均完成 2500 字，默写平均写完了 50 字。背诵，大家随意选了一段记叙文，平均每人背了长 100 字的一段话。

即使学习倒数第一的同学，在一分钟竞赛活动中，全身心投入，不断超越自己昨天的数字，也会取得远远胜过平时的结果，充满了自我超越的欢乐。

孩子经常搞这种一分钟的自我竞赛，往往就使拖拖拉拉的脑细胞失去了兴奋的机会。自我竞赛多了，拖拉病就治好了。

勤人时间当黄金，懒人时间当灰尘。时间是宝贵的，利用得好，一分钟也能产生很大的效益。

愿学生经常在一分钟自我竞赛中，发现一个乐观向上、果断高效的自我。

讲座中

第五章

成才之路万千条

只要在平凡的岗位上自强不息，不屈不挠，刻苦钻研，改革创新，那么，无论是养猪养蚕、种粮种菜，还是做工经商，都能够大有作为，都能钻研出许多学问来。

我们这些做家长的都该走出梦境，回到现实来，观察分析孩子的兴趣、爱好、个性、特长，然后因材施教。那样，我们中国一定会成倍地涌现出各行各业出类拔萃的杰出人才。

由琴童自述想到因材施教

陆志平同学的父亲小时候非常喜欢音乐，做梦都想成为钢琴演奏家，可惜家庭条件不好，不仅买不起钢琴，常常连饭都吃不饱，初中都没念完就辍学了。他现在有了几百万元资产，条件好了，便把全部希望寄托在儿子身上，想让儿子替自己圆当年钢琴演奏家的梦。可是儿子不争气，让他练琴，还专门请了名师教，孩子表面上练，内心却不爱，练了3年了，还没有什么长进。另一方面，他不愿孩子当运动员，可是儿子却酷爱打篮球，人长得高高大大，球艺进展又快。省少年队看中了孩子，想录取到省队。孩子找他商量，他一口回绝，因此弄得父子双方在感情上开始疏远。

我建议家长读一篇文章，题目是《一个琴童的自述》。文章写道：

从二年级开始，我就害怕一件事——那就是音乐演奏会。这就意味着我不得不在许多陌生人面前演奏一首乏味的钢琴曲。

每年的演奏会我都向爸爸请求：“能否不参加这次音乐会演出？”“不行！”爸爸的答复是一个模式，并且还可以听到他低声咕哝着些要有信心和要有奋斗目标之类的话。当然，最终，我还是带着极大的“满足”的心情站到了教堂演出舞台上，并且在演奏之前都会看到台下的爸爸那被紧张的汗水湿透了的衬衣和领带。

我爸爸从很小的时候就接触音乐了。只是他的妈妈，也就是我的奶奶只是一个工厂的工人，无法提供学费让他上什么音乐课或者亲自教他什么。有一对善良的夫妇答应无偿地向他提供学习音乐的费用。但好景不长，我爸爸由于一些孩子经常取笑而放弃了学习。

“我至今都在为放弃学习音乐而后悔。”我爸爸现在经常懊悔地说。不幸的是，他竟把他的未竟之业，倾注了如此大的热情强加到了我身上。不仅如此，当 3 年前他从维茨曼德大学退休时，竟然以 65 岁的高龄投到教堂合唱团指挥斯达普先生的门下，学习钢琴。但是，在钢琴演奏结业演出会上，斯达普先生对我说：“你爸爸是我见到的最好的学生，我始终期待着他会出现奇迹。只是，至今还没见到。”

此时，我爸爸正伏在钢琴前，准备按下他的指头，但却始终没有按下。“糟了！他准是忘记乐谱了。”我在一旁怀疑着。

发生了这一事件以后，我爸爸的“狂热性”消除了许多。他逐渐明白了他的一意孤行是不明智之举。后来，当我也成为爸爸时，我 11 岁的儿子杰夫，常被他的爷爷用与对待我的完全不同的方式来教他怎样搭野营帐篷，怎样买鱼竿，怎样操作计算机和怎样打高尔夫球。当然，也教他弹钢琴，只是全没有了当年对我的那种“狂热”和强迫性。一次老人家总结性地对孙子说：“记住，如果你发现犯了一个错误，这并不意味着世界末日的到来。”“只是需要你不要再继续犯下去。”

后来，我问儿子：“你爷爷这个人怎么样？”“他是一个伟大的人。”我儿子答道。

是的。我想，他曾把自己所未能办到的事情强加到子女身上，但他善于改正自己的错误，因势利导，让孩子根据自己的具体情况自主地发展。从这一点上来说，他虽未实现他攀登音乐高峰的理想，但却攀登上了正确教育后代的高峰。

从这篇文章中我们看到了一位父亲，由让儿子圆自己的钢琴梦，到让孙子根据自己的具体情况自主发展的转变过程。

一位家长，自己年轻时的理想受到种种客观条件的限制而未能实现，于是希望孩子圆自己的梦，这本身没有过错。

整个人类其实就是这样下一代圆着上一代人的梦，不断超越着自己的祖辈父辈，于是社会进步了，发展了。

当自己的梦和孩子的兴趣以及素质相统一的时候，这无疑是一件大好事，事实上这样的例子也非常多。宋代苏洵是文学家，他的儿子苏轼、苏辙比他的成就还大；近代梅兰芳是艺术家，他的孩子梅葆玖、梅葆玥同样在京剧艺术界取得了非凡的成就。父子画家，一家三代书法家的例子，在我们生活中也经常看到。

当自己的梦和孩子的兴趣、爱好、素质、特长不一致的时候，就可能出麻烦。因为有的家长常常以为自己是家长，是领导者，古人还说“父叫子亡，子不得不亡”哩，何况只是让孩子听自己的话，目的还是为了孩子好。于是强迫孩子听，强迫孩子服从自己，扼杀了孩子别的兴趣特长。结果当然是费力不讨好。

有的家长以为倘不这样做，便是失去了做父亲的尊严，是老子服从儿子。其实不然。依孩子的兴趣特长因材施教，不是老子儿子谁服从谁的问题，而是老子儿子都顺应自然，遵循规律，都服从真理。孩子在自己有特长的方面做出了突出成绩，同样是一代人超过一代人，同样是圆了比自己更有作为的梦。

我劝家长遵循人才成长的规律，支持志平到省少年篮球队去训练。那样志平会有大的发展，对国家的贡献会更大，志平也会觉得父亲是一个善解人意的“伟大的人”！

咱们中国有一部分人才，真的是在小的时候便被家长扼杀掉了。有的孩子嗓音好，表演素质好，自幼想当演员，可是父亲母亲做的是书法家的梦，就是瞧不起演员，说那些卖艺的、唱戏的都属于下九流，宁肯让孩子扫大街，也不去做戏子，于是硬逼着孩子练书法。孩子没兴趣，写字悟性差，练了十几年，没成绩，表演的潜能也被埋没了。

有的孩子跑得快，跳得高，爱好田径，想当五项全能运动员，可父母做的是演员梦，就是看不起运动员，特别是瞧不起田径运动员，说那些人纯粹是卖苦力的，拼死拼活，流血流汗，30 岁就是田径运动老年期了，哪像当演员那么荣耀，那么风光，越老越受到观众的推崇和欢迎。于是硬逼着嗓子不好的孩子苦练演员的基本功，练了十几年也还是登不得大雅之堂，跑跳素质也因没得到及时训练而变得不出众了。

像这样的家长为圆梦、因职业偏见而让孩子去进行不感兴趣又无特长的训练的例子太多了，结果当然是双方都做了大量的无效劳动。

另一方面，不让孩子挑选适合自己素质、自己又喜欢的项目的例子也很多。结果是许多优秀儿童的特长被扼杀。

我们这些做家长的都该走出梦境，回到现实来，观察分析孩子的兴趣、爱好、个性、特长，然后因材施教。那样，我们中国一定会成倍地涌现出各行各业出类拔萃的杰出人才。我们的家长一定会成为善于因材施教的家长。

引导孩子把探索当乐趣

蔡小平的父亲自儿子出生以后，就千方百计要让孩子吃好穿好。可是他发现孩子对于吃，不像我们小时候那样感兴趣，小平爱问这问那，上了中学更爱思考，更爱探索，常常做个飞机轮船模型什么的，弄得忘了吃饭，有时看《飞碟探索》到半夜。家长问这会不会影响学习，该不该制止孩子做这些与考试无关的事。

小平对于吃穿不感兴趣，这是非常好的事。我们小的时候，中国人太穷了，起早贪黑地拼命干活，还是吃不上饱饭。我们对吃感兴趣是饿得没有办法，是被迫的。

我觉得现在绝大部分的孩子家长，要面对吃饭已不成问题的现实，千万别把精力花在培养孩子吃的兴趣上。一个人把吃当乐趣，把穿当乐趣，活得是不是层次低了一些？

培养孩子把什么当兴趣呢？我觉得最可贵的是培养孩子把学习当乐趣，长大把工作当乐趣，把探索世界当作最大的乐趣。

看来小平已经有这方面的兴趣了，家长应该支持孩子做这些事，绝不能制止，应该继续培养孩子这方面的兴趣。

《中华家教》曾刊载一篇美国斯坦福大学自然科学教育系教授玛丽·巴德·罗写的文章，文中写道：

我永远忘不了这样一幅奇特的情景，一个男人站在喷水池边，聚精会神地盯着水珠落下，头一会儿偏向这一边，一会儿偏向那一边。我走近一点，才看清他在自己面前不停地晃动着右手手指。

当时，我还是一名七年级的学生。喷水池旁边的长者不是别人，正是大名鼎鼎的阿尔伯特·爱因斯坦。

觉察到背后有人，他转过身问我："小姑娘，你做得到吗——从大片瀑布中看出一个个水点来？"

我学他的样子，张开手指在眼前上下晃动。霎时，喷出的水流仿佛凝固成千万颗微滴。好一阵子，我俩站在那儿交流，改进这观测技巧。最后，他转身走时，望着我的眼睛叮嘱："别忘了，科学就是像这样去探索，去寻找乐趣！"

近半个世纪过去了，作为一名专职科普工作者，我一直为把爱因斯坦的话灌输给世界各地的成年人和孩子们而努力。科学就是探索，探索使人快乐。

有的人把荣华富贵当快乐，有的人把吃喝玩乐当快乐，有的人把高人一头当快乐，有的人把飞扬跋扈当快乐，大科学家则把探索当快乐。

显然探索是一种高层次的人生乐趣。怎样培养孩子探索的兴趣呢？

1. 家长应该喜欢倾听孩子提问题。比如，小平问："人是猴变的，后来的猴子怎么不变人了？""人会不会是外星人造出来的实验品？""现代人造金字塔都困难，古代人怎么造得成？"

孩子提的问题家长不一定全能解答，但家长要鼓励他提，说：这些问题我回答不了，甚至暂时全人类谁也回答不了，不过，我们可以努力找出答案。

一位母亲发现 3 岁的女儿把鸡蛋往厨房地上扔，还告诉妈妈："这些球弹不起来！"此时，不要嘲笑或责备，不妨来点幽默。这位母亲对孩子说："宝贝，换一种球吧，这种球咱们扔不起！"

2. 一旦把孩子引入对科学问题的讨论时，不要急于表态，"说得对"或"很好"这些夸奖的话对鼓励孩子良好行为很有效果，但对促进科学交谈有弊无利。因为，过快的赞扬可能传递"讨论已经结束"的信息。应该说"真有趣"或"我从来没有这样想过"一类话，要不就提更多的问题或出一些新主意，以便“使球保持滚动”。

不要催促孩子想——这种催促毫无意义，因为孩子本来就在想。更糟的是，这样催促，孩子为了急于表现，他会揣测大人希望的答案，并用尽量少的话说出来，以免猜错时受到责备。

3. 向孩子展示实际生活中的各种现象。孩子们对实际生活中现象的记忆，比任何教科书或电视教育片上看到的要深刻得多。让孩子在显微镜下看看他们的手指甲，他们就会懂得为什么要坚持饭前洗手；与其向孩子解释什么是霉，不如让孩子看看面包上长出的霉点；与其告诉他们水受热蒸发，不如让孩子观察一锅水在煮沸……

如果您带孩子到博物馆去，不要规定参观路线，而应让孩子带路，探索他们最感兴趣的东西。

4. 提供引人入胜的学科学机会。例如，日常活动中，通过放风筝，孩子们就可以学到大量物理学和工程学知识。

最好和孩子们一起用松质木、细绳和纸去做。放一下午风筝，孩子等于上了一堂关于科学因果关系的基础课，他们会发现风向、风力在不同的高度怎样转换。更难得的是，做风筝能鼓励孩子不断去探索——他们做的过程中改进越多，风筝飞得越高，姿势越优美。

造一辆小人车，可以观察设计怎样影响速度；种花，可以观察水和阳光的作用；养鸟，可以了解一年四季鸟的生活习性……

家长也可满怀好奇地和孩子一起探索，孩子获得的教益会超出科学范畴，他们能够学到很多知识，培养在困难面前坚持不懈、努力探索的精神。此外，他们还能清楚地认识到学习并不是做苦工，也不是只在学校里才有的事，而是伴随人终生的，其乐无穷的活动！

一般情况下，把探索当作乐趣的孩子，智力都比较好，学习成绩明显高于同龄人。当然，也有极个别的孩子不愿死记硬背文科知识，以致总成绩不够理想，但到了高中、大学，他还是明显地表现出智力优势，成绩又会领先。

唯一要注意的就是孩子探索兴趣极浓时，会废寝忘食，这时您就得叮嘱他定时饮食起居了。因为中学正是长身体的时候，不注意吃饭，睡眠过少，都会影响身体发育。

如果咱们中国的家长们都能减少一点对孩子吃的兴趣的培养，都能够淡化一点对功名富贵的追求，都能培养孩子探索的兴趣，孩子们都把探索当成人生的最大乐趣，那么咱们中国的社会风气一定会好得多，人与人之间会和谐得多，咱们中国不仅会成为世界上强大的国家，也会成为全世界都敬仰、效法、学习的礼仪之邦，文明之国。

人生只有十二万小时

肖平同学知识面宽，智力突出，精力充沛。

他父亲爱子心切，为他买了钢琴，希望他成为钢琴演奏家；为他买了画板、雕塑和油画材料，希望他成为美术家；为他买了几个足球，买了上万元的健身器材，希望他成为运动健将；为他买了古今中外的名著，让他读，希望他成为文学家；还为他买电脑，从苹果机开始买，一代代更新，唯恐肖平落后于形势。

父亲感到遗憾的是，肖平已经 16 岁了，对许多知识和技能，样样都会一些，可一样也不精通。

随着年龄的增长，家长对他的期望越来越高，要求越来越严，希望他样样突出，希望他成为全才。可是孩子对某些技能的兴趣却不像小时候那样浓了。他练琴的时候明显地心不在焉。家长不在家时，规定的练琴时间，他经常看激光影碟，家长来了，他才假装练一练；画画也远没有小时候那样投入，小时候还独立构思了几幅立意独特的儿童画，现在呢，他说不喜欢国画，喜欢油画，可又不肯下功夫去练油画基本功，说那样太累。电脑他倒是喜欢摆弄的，但喜欢的也只是玩玩电子游戏和电脑下围棋，唱卡拉OK、看电影……只是在大人注意他的时候，他才用电脑做点正经事儿。所谓正事儿，也仅仅是打打字而已……

家长已经感觉到自己的家庭教育有问题，可又不知问题出在哪里，来信让我谈谈看法。

我不太了解肖平小时候的情况，单就目前情况而言，家长的教育总体还是成功的。肖平的品德、学习、智力、体力在班级都处于上游。以他的智力、体力和各方面的素质，如果再有一项他极为喜欢的项目，就会成为某一方面出类拔萃的学生。我觉得，家长家教的问题主要出在给孩子确定的奋斗目标太多太杂上。

家长希望他成为演奏家、美术家、书法家、文学家、诗人、足球明星、运动健将、博士、科学家……您想想，这可能吗？

家长什么都想让他学，他有那么多时间吗？认为时间像海绵里的水，只要肯挤，总是有的。其实那只是比喻，那只是针对不珍惜时间的人而言；珍惜时间的人，都觉得人生很短暂，时间很有限。

我喜欢同什么都想干的人算算时间账。其实，一般人一生有效工作时间只有1万天。按咱们中国每天8小时工作制来算，有效工作时间仅仅是8万小时。

因为每周工作5天，每年52周，则为260天，去掉节假日，实为250天。

若按20岁参加工作,60岁退休计算，则一生工作40年，合计为1万天。

孩子的学习时间是多少呢？

如果从1岁开始学习到20岁，那就是20年，共计5000天,4万小时。

两者相加，人这一辈子，有效学习和工作时间才15000天，12万小时，720万分钟，4320万秒。

这确实是很有限的，尤其是面对信息量极大的现代社会。

就说书吧。不要说科技类，不要说社科类，单是文学类，据统计中国各级作家协会共有作家万余人（这是保守的数字）。如果这些作家每人一辈子只写一部小说的话，我们的孩子不读外国人写的书，也不读古人写的书，只读这些活着的作家写的小说，别的什么事都不干，如果两天读一部小说的话，那么从一岁开始读，读一辈子，也还是读不完。

再说报纸杂志。据统计仅中国报纸杂志社就有12000家（据说加上非正式的有近3万家），每一家一天出的报纸、杂志加在一起，孩子就得看一辈子。

过去我曾经觉得“读万卷书，行万里路，交一万个朋友”这话说得有道理。

后来我觉得这是一个人的生命所不允许的。走万里路还可以，5 分钟一里路，万里便是 5 万分钟。

读万卷书便成了问题。从 1 岁读到 60 岁，如果两天读一卷，这已经够不认真，够快的了，可还是没有办法读完。

交一万个朋友就更成问题。平均每个朋友只能相处一天半的时间，朋友再有困难您也不能相助了，因为您没有生命了，您说这够朋友吗?

您也许会说:“有的专家说，人的脑子有无穷无尽的潜力，有 140 亿个脑细胞，最伟大的科学家也只不过用了 10%，我们可以开发大脑潜能，多做工作。”

我也跟学生多次讲过开发大脑潜能的问题，用以激励那些认为自己脑子不够用的学生发奋学习。

人对自身的认识，尤其是对大脑的认识还很肤浅。但就目前来看，对一般人来说，能够把 10% 的脑细胞用好已经不错了。10% 就是 14 亿个脑细胞，如果一个脑细胞只给 0.1 秒钟的工作时间，那么一辈子也用不了 10 亿。

人的生命确实太有限了，一辈子的有效学习工作时间只有 4320 万秒。如果用来说话，还说不到一亿句；如果用来听取别人的意见，那么目前活着的中国人，您只要逐个听取其中十分之一，每人向您提一条意见，您这一辈子就什么都不能做了。

20 世纪 70 年代苏联人统计，各类大学设置的专业才一千多个，而社会所需要的各种行当，各类专门技术达两万多种。随着社会的发展，行当、工种会更多。即使仍是两万多种的话，一个人一天学一种专业技术，一辈子也还是学不完。

说了这些，目的无非是劝家长，不要给孩子规定那么多的奋斗目标，不要希望孩子全知全能。

现代社会竞争激烈，家长希望孩子同时在两个方面，甚至在两个相邻的方面，比如羽毛球和乒乓球，同时都出类拔萃，那是非常困难的。因为每一项专业技术都有许多先天素质好的人在一心一意地反复训练、刻苦钻研，谁一分心就会落在别人后面。

家长可能会问，保留哪个好呢？我劝家长跟孩子商量商量，看他对哪一种事最感兴趣。然后再分析一下，他这方面有没有特长。比如他特别喜欢踢足球，但他个子不高，体质又弱，跑的速度也不快，那就不能作为第一奋斗方向，不然容易失望。他喜欢读小说，也愿写文章，又愿思考分析各类人的心理，那么朝着写作的方向发展，成功的把握就大。即使成不了作家，朝这个方向努力，他各种成绩都能被带动起来，将来考一个重点大学也没问题。成不了作家，也能有一个发挥自己特长的工作岗位。

不能升大学怎么办

萧志平面临毕业，近半年来，家长总是责备志平，总吓唬他说，升不了学怎么办？考不上没人管你，考不上给家里丢脸，考不上自己去找饭吃……

其实，志平何尝不想考上大学，他做梦都想考上。他何尝不想为家长争光，他不也为自己争了光吗？

其实，家长也知道，志平几乎没有考上的希望。他所在的普通高中，每年一个班平均才有十五六个人考上大学，而志平在班级一直排在 50 名以后。

既然这样，为什么还非要在精神上折磨志平不可呢？折磨他的同时，家长不也是折磨自己吗？

其实考不上大学也没有什么丢脸的。只有不懂事的人，只有不通人情的人，只有心术不正的人，只有喜欢嘲笑人的人，才会把考不上大学说成丢脸。

实际上，考不上大学的人，在同龄人中还是占很大比例的。即使到未来几十年，中国仍然有一部分同龄人不可能考上大学。

为什么？这是中国的国情决定的。

有限的教育经费，制约着教育的发展。尽管从国家教委到各大专院校，作了多方努力，也仍然有一定比例的同龄人不可能上大学。

他们读完中学或其他学校后，要进入不同的工作岗位，要在工作岗位上进行自学。家长千万不要自己在精神上捆绑自己，压抑自己，更不要让孩子觉得丢脸。

家长一定要鼓励孩子抬起头来走路，在学习成绩不理想的处境中，孩子能坚持念完普通高中，接受完高中阶段的教育，这本身就说明孩子很有毅力，家长该为孩子高兴。

至于几个月后，孩子毕业了怎么办，我想，有理想的工作，能够进银行、保险公司、工商局、税务局这些公认的好单位当然好，没有这样的机会，没能到政府机关，也没能到好的企业，甚至没找到正式工作，只好自己去打工，自谋职业。

越是工作不理想，家长越要多给孩子以鼓励，激励他自强不息，把平凡的工作看作一个宏大的世界去观察，去分析，去研究，去创造，引导孩子面对物欲横流的社会，守住自己心灵世界的一片宁静，敬业乐业，那就一定能在平凡的工作中创造出不平凡的业绩。现在正是中华民族历史上平凡的人最容易大有作为的时期。

家长只要静下心来看我们周围，就会发现许多商界、企业界做出一番大成绩来的人，十几年前还是极平凡的。

我有一位朋友是养猪的，他把养猪当作一项有无数科研课题的大事业。在前些年许多人养猪赔钱的时候，他能够赚几十万、上百万。他的猪场被称为花园式猪场，1991 年联合国有关组织评选全球环境保护最好的 500 家单位，中国有两家评上，盘锦市李正龙的生态养猪场便是其中之一。

再说种菜，山东寿光种菜是出了名的。我到寿光看到菜农家的菜园里色彩斑斓，红的、黄的、绿的、白的、紫的各种色彩的菜，高棵的、矮棵的、阔叶的、针叶的互相搭配，是菜园又似花园。上千万斤蔬菜，漂洋过海，出口到日本、美国，许多农民靠种菜发了财，农民谈起种菜来，眉飞色舞，自豪愉快。

养蚕是个顶平凡的工作吧。我到四川乐山，教委赵主任告诉我，乐山有一个人，全身心钻到养蚕这个宏大的世界中，钻出了很多学问。他摸透了蚕的生活习性和吐丝规律，指挥着蚕吐丝，蚕们可以自动织出一块绢来，不用再织，挂起来就可以写字；蚕们可以自动织出一件背心来，背心还可以锁上边，拿起来，不用再织就可以穿，令人叹为观止，外国友人花高价来买这样的背心。

有一次，我到浙江椒江，当地有一位玻璃雕刻大师叫吴子熊，过去是一个流浪儿。他一心钻进雕刻玻璃的世界里，技艺越来越高超，看他雕刻真的是一种享受。我随手拿一只没有图案的玻璃杯，请他在那上面雕一对虾。他问我，你猜雕这对虾用多长时间。我以为要几十分钟。他让我计算时间，我开始计时，他全身心投入创作。我不敢相信自己的眼睛，他雕虾居然比画虾要快得多，栩栩如生的一对虾雕完，竟然只用了 55 秒！如果不是亲眼所见，谁也不会相信这玻璃杯上的一对虾是在不到一分钟的时间内雕成的。我又请他雕字，我写了“静能生慧”四个字，他扫了一眼，略一思索，立即开雕，刻的速度跟我写字的速度一样快，最不容易的是字体竟然跟我写的一样。吴大师的表演在欧美及东南亚都引起轰动，几十家外国报刊报道他的事迹。陪同我的同志说，他在美国、加拿大都有分公司。吴子熊老师反复真诚地跟我说：“我只是个流浪儿，我把平凡的工作当作享乐。”

13 年前，一穷二白的农民张锡金，独自一人到青岛打工，扛着一台赊来的旧织机回农村，靠织脖套起家，后来成了有 100 万资产的诸城华泰服装绣品有限公司的董事长。

北京的李晓华，国外有人评定他是中国内地第一富豪，他也仅仅是一个初中还没有读完的下乡知识青年。十几年以前，他还在北戴河的大街上吆喝着卖冷饮。靠着一种顽强拼搏的精神，靠着不屈的意志，靠着对朋友的忠诚，靠着吃苦耐劳的品质，他经历了常人难以经受的挫折、打击，才取得了令世人瞩目的成绩。

这么多平凡的人在平凡的岗位上，白手打天下，终于创造出不平凡业绩的故事，我是真诚地希望家长经常跟孩子讲一讲，鼓励孩子们以他们为榜样，尽管没升上大学，但只要在平凡的岗位上自强不息，不屈不挠，刻苦钻研，改革创新，那么，无论是养猪养蚕、种粮种菜，还是做工经商，都能够大有作为，都能钻研出许多学问来。

引导孩子正视身体缺陷

读了刘小军父亲的来信，我心里很不是滋味。信中说孩子先天不足，生下来便身体瘦弱，嘴是歪的，眼睛还有点斜。小时候，孩子不太懂事，还没什么。随着年龄的增长，念中学了，孩子想的问题越来越多。他总和那些身材高大、相貌英俊的同学比，越比越自卑，越来越觉得抬不起头，越来越痛苦，越来越不愿见人，甚至还有自杀的念头。看到孩子活得那么苦，那么累，他觉得天昏地暗，没有奔头，甚至也产生过轻生的念头。

他在信中写道："我该怎么办？怎么办？怎么办？"

我想，比较好的办法就是引导孩子正视身体的缺陷，把这人生的不幸，看成不以人的意志为转移的必然。然后引导孩子去发现、去挖掘自己其他方面的优点和才能。

我们生存的这个星球从来没有公平过，人类社会从诞生的那一天起，就没有公平过。将来，再过一千年、一万年，也不会绝对公平。就算没有压迫，没有剥削了，人还会面对先天的不公平。人生下来还会有的高，有的矮，有的胖，有的瘦，有的黑，有的白，有的美，有的丑。只不过将来经过世世代代的优生选择，这些差别也许会小一些罢了。

既然差别总会存在，那么人埋怨差别，痛恨差别，就都是无效的。有效思维，便是如何理智地正视缺陷。

所谓理智地正视，我想主要包括两点。

第一，不希望有缺陷，但是一旦有了缺陷便不否认缺陷。有的人之所以苦恼，常常是因为不愿承认，不敢正视自己的缺陷，有时甚至想法否定缺陷。比如一个人左眼斜，怕人看见，便戴上墨镜，摘下墨镜又想捂住左眼，捂不住了又说自己最近正害眼病。总也不好，便辩解说自己故意把左眼练斜了，以利于射击，以利于吊线……这样做都容易使人精神苦恼。其实，倘若大大方方地往人群中一站，别人问，你坦坦然然地说：“我眼斜，老天爷给的。”你轻松，别人也会为你的轻松而轻松。

第二，注意力赶快向自己别的长处转移。眼睛没了，便充分利用嘴，使它说起来雄辩滔滔，唱起来绕梁三日。嘴不管用，便研究用好手，写一手好字，画一手好画儿。手不太好用，便练腿脚，把它练得跳得高，跑得快。五官四肢水平都一般，或多少都有点毛病，那就用心去发展自己的脑。左脑、右脑，有 140 亿个脑细胞，那里面是一个宏大的世界，东方不亮西方亮，黑了南方有北方，有极广阔的发展余地。

事实上，许多世界名人伟人，都有明显的身体缺陷，他们敢于正视这些缺陷，在别的方面努力，终于做出了突出的成绩。

俄国文豪列夫·托尔斯泰，两岁时母亲去世，由祖母抚养长大，8 岁移居莫斯科，不久父亲又去世了。

很小的时候，托尔斯泰就因自己丑陋的相貌而感到苦恼，他的眼睛不但小而且还是凹陷进去的，前额窄，嘴唇厚，鼻子像大蒜头一样难看，耳朵又大得令人吃惊。他的身体也很虚弱，特别是在青年时代，经常感冒，受扁桃体炎、风湿等疾病的折磨。在学校里，他的老师评价说：“列夫哪方面都不行。”

托尔斯泰经过苦恼的煎熬后，觉得继续为自己这些缺陷而苦恼，只能是在苦恼的陷阱中越陷越深，直至毁掉自己，解救自己的办法便是到别的方面去寻找人生的乐趣。于是他开始到写作中寻找乐趣，23 岁时，他发表处女作《童年时代》，获得了好评。其后，在参加克里米亚战争的大约 5 年军队生活中，又创作了一些作品，渐渐在文坛崭露头角。

托尔斯泰 34 岁才结婚，在幸福的家庭生活中，他接连写出了《战争与和平》《复活》和《安娜·卡列尼娜》等巨著。

以诺贝尔奖留名后世的阿尔弗雷德·诺贝尔，相貌丑陋，身体又不好。他的哥哥曾说：“因为他是个天生的丑孩子，所以，或许在他呱呱落地时就由慈悲的医生结束了他的生命会更好些。”

幼年时，诺贝尔得过好多种病，人们认为他活不了太久。儿童时代，他为消化不良和严重的肌肉痉挛而痛苦，几乎总是卧床不起。据说，他的脊梁骨也有缺陷，所以大人总是劝他躺在平坦的东西上。

诺贝尔诅咒自己丑陋的外貌，而且认定别人是不会喜爱自己的，从青年时起产生的一种弥补缺陷的心理作用，反而使他决心把终身献给人类。

他经过反复试验，终于在 1866 年制造出了甘油炸药。到了 1875 年，他发明了比甘油炸药爆炸力更强的一种无烟炸药，并取得了专利。除此之外，诺贝尔还有许多发明，仅在英国取得的专利就达 129 项之多。

临终之前，诺贝尔用大约 900 万美元的基金设立了诺贝尔奖。自 1901 年第一次开始授奖，每年颁发一次，以表彰上一年在和平、文学、物理、化学、生理或医学五个领域中取得最大成就的人。众所周知，它现在已成为世界上最有权威的奖励。

据说，拿破仑身高只有 1 米 63，比一般人都矮小。但这并不妨碍他成为法国伟大的军事家。他非常自信。他曾对手下的将领们说：“别看你们都比我高出一个头，但如果不听从我的指挥，我就要消除这个差别！”

像这样的例子还有很多很多，亚里士多德、达尔文、俾斯麦、林肯、贝多芬、莫扎特、笛卡尔、果戈理，就连大名鼎鼎的美国总统罗斯福，也是坐在轮椅上领导美国人民取得了第二次世界大战后期一个又一个胜利的。罗斯福在 39 岁时成为跛足，那是 1921 年。12 年以后，坐着轮椅的罗斯福临危受命，就任美国总统，成为美国历史上唯一的一位连任四届的总统。

家长一定还听说过《钢铁是怎样炼成的》一书的作者奥斯特洛夫斯基的事迹吧？孩子也一定听过当代保尔——张海迪的事迹吧？听到这些事迹的时候，您和孩子一定都曾经感动过吧？

感动过，对了。那就抓住自己心灵深处的这种感觉，不让它消失，要反复强化，让它在心灵深处反复重现。重现得多了，这种自强不息的种子，就会在您和孩子心灵的土壤上发芽、生根、成长。这时，再用自强不息的行动，给这颗种子浇水施肥，时间久了，它就越长越大，以至开花，结果，繁殖，最后成长为一片茂密的，自强不息的心灵深处的森林。

凭着这森林，家长和孩子都能得到许许多多自强不息的果实，享受到自强不息耕耘的乐趣。

这森林，又像一片防护林。那些低层次的卑劣小人的冷嘲热讽，那些自恃先天又高又大的人吹来的蔑视之风，都刮不进这心灵的防护林。他们的各种各样低层次的表演，进不了您的心灵，您会以欣赏的态度去观察，觉得他们挺有趣，挺好玩，挺累，也挺不容易的。

愿家长引导孩子正视身体的缺陷。

愿家长引导孩子找到自己别的方面的长处。

愿家长和孩子都在自己的心灵深处培植起自强不息的防护林。

第六章

热点问题纵横谈

引导孩子为家庭分忧，不仅不会影响孩子的学习，而且还会使孩子增强责任感，增强生存能力，激发出孩子心灵深处自强不息的力量。

孩子看电视过度，您不要单枪匹马地控制他，最好用商量的办法，和他联合作战，一同去控制他脑子里那些不顾学习忘记早晚地去看电视的脑细胞。

当干部有利于孩子成长

乐峰在班级里当班长，他很有组织才能，能调动起班委会成员和全班同学的积极性。可家长却来信说："孩子为班级操的心太多了，时间长了会耽误学习。请老师别让他当班长，也别当学生干部了，只做一名普通同学，埋头学习就可以了。"

这种想法是可以理解的，很有一部分学生家长持这样的观点，怕孩子当干部影响学习，找老师要求辞职。

一般说来，当干部不会影响学习，相反地还能激发孩子的学习热情。老师选择班干部的时候，一般要考虑三个因素。

首先，这个孩子要有一定的组织能力，有群众威信，这样工作起来才有群众基础。

其次，这名学生学习成绩要优秀，至少在上游，这样的孩子才容易给同学树立榜样。倘若选学习很差的学生当干部，那就加重这位同学的负担，也不利于班级工作。

第三，这位同学要有特长，如体育委员总要有一些体育特长，运动会某项目要能得分，才有号召力；文娱委员要歌唱得好，或乐器用得好，或舞跳得好，这样才能把班级的文娱工作搞好。

如果老师挑选的话，主要看这三条。也有时班干部是由全班同学民主选举。一般说来同学们也是充分考虑谁符合以上三条才投谁的票。

乐峰便是全班同学选举产生的班长。一年多来，全班同学对他的工作很满意，他自己也干得很起劲。我对照他入学的成绩，发现，他比入学时学得更好了。

他刚入学时，总成绩在班级是第 5 名，在全年级是第 17 名。英语成绩排在年级第 24 名，数学成绩是第 19 名。最近刚刚结束的期中考试，他的总成绩排在班级第 2 名，全年级第 4 名。英语成绩上升为年级第 6 名，数学则排到了全年级第 3 名。原来，老师们都评论："刘乐峰同学是管理型的文科人才，理科不是冒尖的。"现在老师们都转变了看法，觉得乐峰的理科潜力大得很。

家长怕孩子当干部影响学习，是从形式逻辑的角度看问题，时间是个常数，$8-1<8$。班级工作用去了一小时，学习时间自然就少了一小时，成绩当然就低一些。但从辩证逻辑的角度看，就是另一种结论了。当了干部，他便想到为同学们做出榜样，激发起学习热情，提高了单位时间的学习效率，便出现了 $8-1>8$ 的好效果。

中国运载火箭技术研究院院长王永志，1992 年当选为国际宇航科学院院士，1994 年当选为首批中国工程院院士。他原来是辽宁省实验中学的学生，读中学时便当学生干部。《中国青年报》登的《综合素质教育是成功的基石——王永志教授访谈录》这篇文章写道：

笔者：您觉得做学生干部是利大还是弊大呢？

王教授：学生时代，几乎所有的社会工作我都做过，像学习委员、宣传委员、班长、团支部书记、党支部书记、校学生会主席等。我觉得，做学生干部第一个明显的好处是能锻炼口才，提高表达能力。我是从农村来的学生，刚开始时，人一多，讲话都脸红，不知道从哪儿讲起。但是当了干部，老师逼着你去讲，所以哪怕只是宣布一个通知，你事先也得考虑考虑，打打腹稿。久而久之，人再多也不会怯场，而且说话的条理性变得越来越好。

第二个好处，是可以培养自己的组织能力和与人相处的能力。这两种能力是非常非常重要的。我参加工作，搞工程后才知道，大多的工作，大多的事情都不是一个人能干成的，非得组织起来不可。在组织的过程中，你要会很好地与人相处，不能总闹意见、闹矛盾，而是要调动大家的积极性，一起把工作干好。我觉得我当院长所需要的组织能力就得益于学生时代当干部的锻炼。

第三，是可使自己对自己的要求更严格。做干部，如果自身的缺点太多，别的同学就不会信服你，那怎么工作啊！所以当干部反过来对自身有更高的要求，时时刻刻提醒自己要比别人做得更好。

还有，我觉得做社会工作可以使人增长见识，开阔思路。所以，虽然做干部不可避免地要耽误一些时间，但能培养出解决问题的能力来，包括学习能力。能力强，学习效率也就高，处理好了不会影响成绩的。最重要的是效率，不是时间！

学生时代做社会工作，对人的培养、锻炼特别重要。如果真想成才，年轻时非得有这方面的锻炼不可。我就主张在学校时，大家轮流当一当学生干部，都锻炼锻炼。

不止王院长有这样的体会，许多有作为的政治家、军事家、企业家总结自己的管理经验时，都曾满怀深情地回忆起学生时代当学生干部时受到的锻炼。

说了这么多，家长不再担心当干部会影响孩子的学习了吧?！如果乐峰家长还放心不下，可以再观察一段时间，真的发现他的成绩下降了，再提出来，我再建议同学们改选班长也不迟。如果他的成绩还保持领先，或继续上升，家长的担心显然就没有必要了。

我当了20多年班主任。实践中我认识到，一般情况下，当干部的同学比不当干部的同学进步要快一些。他们想问题更全面，要求自己更严格，更愿意替别人、替集体着想，学习积极性更高。

和乐峰家长的见解正相反的是，还有一部分家长，愿意让自己的孩子当干部，甚至托熟人说情，想给孩子找一个干部当。目的很明显——为了让孩子多经受一些锻炼。

面对这样的家长，我总是设法满足他们的要求。没有那么多位置时，就采取任期制、轮换制、竞选制。近 10 年来，我们班还规定了值周班长和值日班长制度，将班里的一部分事务性工作，分给同学们轮流干，既减轻了常务班长的负担，又给更多的同学以锻炼的机会。

话说回来，凡事不能一概而论。一般情况下，当干部有利于孩子成长；特殊情况下，也有加重了孩子负担，不利于孩子成长的一面。这常常是孩子担任了不适合他的职务造成的。比如，一点体育特长都没有的学生做了体育委员，当然自己受压抑。有的学生学习很好，性格内向，当个英语科代表还可以，非让他做班长，那就加重了他的心理负担，还做不好工作。但这毕竟是特殊情况，相信老师们不会非让学生做他不适合的职务，时间不长，就会改选的。

请家长放下心来，高高兴兴地支持孩子把班级工作做得更好吧！

孝敬感恩从家务劳动做起

我刚当教育局局长时，做就职演说，就说了“五个一分钟”。第一个一分钟，讲的就是盘锦市的学生回家都要做家务劳动，二三十分钟最好，没有那么多家务活，做不了那么长时间，一分钟也要找活儿干、找事做，千万别停下来。

很多人不理解，说魏老师，你当个教育局局长，不抓重点中学，也不抓统考，也不强调升学率，怎么说头等大事是做家务劳动呢？我说你想想看，一个很重要的常识是什么？爱祖国、爱人民，看不见摸不着，但一个孩子不爱自己的父母的话，你说他爱祖国、爱人民，百分之百是骗人的，这都用不着论证。一个打爹骂娘的人，在那里大声吹嘘，他对同志如何有礼貌，如何尊重朋友，会有人相信吗？但是爱父母，你能光挂在嘴边上说空话吗？那不是假的吗？要从小心疼父母，从帮父母分担家务劳动开始。人在小时候，大事做不了，小事还做不了吗？承担一点家庭责任，至少自己能做的事自己做，为父母分一点儿忧。我说一个从小知道为父母分忧解愁的孩子，心疼父母的孩子，长大了他自然就会心疼更多的人，长大了他会惦记集体，再大他会惦记这个国家，会心怀天下。这几乎是一个常识，一个规律。

还有人问，魏老师，孩子做家务劳动不耽误学习吗？我说学习有那么紧吗？多少家庭有困难的孩子，十来岁支撑一个家，全部家务劳动都做了，买粮买菜、洗衣做饭、煎汤熬药，结果人家小学初中高中大学什么都不耽误啊。他们凭的是什么，是这种帮助家庭分忧，承担家庭家务劳动的过程锻炼了他强大的责任感和意志力，这种责任感和意志力应用到学习中，自然事半功倍。这种例子太多了，而咱一天二三十分钟都舍不得让他做吗？

根据我的经验，常做家务活的孩子智力更好，思维活跃，遇到困难点子多，组织能力也强。我教过的各个班级的学生，如果把学习成绩处于前10名的学生做的家务活加起来，会远远超过后10名学生做家务活的总量。绝大部分“后进生”之所以成绩低，并不是因为智力不好，而是因为懒。

所以，我说一定要从家务劳动做起，从力所能及的事开始。自己能做的事自己做。至少从四五岁开始，或者从五六岁开始，从幼儿园开始，让孩子整理自己的东西，如玩具等；上小学开始整理自己的文具，整理自己的被褥，整理自己的衣服；再大一点儿，开始学习洗小东西。这是教育孩子的原则。

很多人问，魏老师你怎么教育自己的儿子？我说我只是抓了些小事，带他养成好习惯以后，大的方面几乎不用大人管。儿子自己能做的事自己做，不靠大人，于是他就抢着做小事。看起来我是个不负责任的父亲，孩子念高中，念文科还是理科，一句话没问我。但我想，孩子不问我，正是说明他心里有底，能承担责任，我也就不去问他。考大学了，读哪所大学，考什么专业，没问我，我知道没问也就是心里有底，他是准备给我惊喜。而且我一直认为，过好了当下，过好了每一天，上好了每堂课，做好了每件事，能做到脚踏实地，最后一般都会有好结果。就算没什么好的结果，我们也问心无愧了。人应该怎么活着？我说脚踏实地过好每一天这是最要紧的。儿子大学毕业考研究生，研究生毕业参加工作，参加什么工作，一句话也没问我，我说既然没有问，就是用不着问。他没有往家打电话，说明他就是有这个能力，既然有这个能力，我就不提供援助，我也没有问他。当然，若是他不行了，再问我，我再想办法帮忙吧。他现在在北京中国核工业集团有限公司搞高科技的工作。

这回参加工作了，寒暑假，不能回家了。春节那几天他难得回到家，却总是说爸妈您歇着，吃完饭看电视。他在厨房里，把锅碗瓢盆洗得干干净净。他并不觉得，自己一米八的男子汉，清华大学的研究生，在核工业搞高科技，干刷碗的活儿，是不是太掉价了？不。他只是觉得，自己总也不回家，回家能为父母分忧解愁，承担点儿家务事，是应该的，心里很舒服。家庭里哪有什么大事，不就是鸡毛蒜皮的家务事吗？我也不是缺他刷盘子刷碗，而是给他舒服的机会。

那人家问了，说你在什么地方关注啊？我说就是他小时候的小事。儿子自己能做的事自己做，洗东西，整理衣物，自己的文具搞得可清楚了，什么本子挨着什么本子，干干净净，整整齐齐，自己的小书房整得井井有条。他有这样一个习惯，他觉得很舒服。再大点儿的时候开始能洗大件的衣服，他就开始抢着洗。跟我出门的时候，一个包也不让我拎着。一次我出差回来，他抢过包来拎着，我也不吱声。两个包抢过去拎着，让我空着手，我就空着手。我出门没有大包，都是小包。有一次三个包，我说这回给爸爸一个，他说不用，我说不用你怎么拿啊？他背上背起一个，左手提一个，右手提一个，在前面走着，他觉得自己成熟了，说："爸，我成熟了。"很自豪，"您看我现在能背三个包了。爸，我现在是不是很有劲儿了？"孩子觉得自己成熟了，很自豪，很幸福，很快乐。你说咱一个当家长的，干什么啊？非得贱兮兮地抢过来替他背啊。我就在后面走着，跟着他，欣赏他的成熟。那时候他才十三四岁，不像现在一米八的大个。我并不是缺他背这个包，干这点活儿，而是培养他这颗心，给他舒服和自豪的机会。改变人都是一点一点改变的。

我跟我儿子出门，他问："爸，渴不渴？"

我说："有点渴。"

他说："给您喝水。"

我说："不行，这矿泉水是凉的。"

他说："不凉。"

我说："怎么能不凉呢？"

结果他从怀里掏出来一瓶矿泉水——农夫山泉，大冬天他把它放在自己的怀里，给我焐得热乎乎的，还说："爸，赶快喝。"

在小事上知道心疼你，惦记你，小时候知道惦记父母，当然以后也就懂得惦记别人，同时他也舒服，他也在为别人付出的时候收获了快乐。当一个人不仅仅以自己为中心，而是以集体、以他人为中心的时候，他的幸福就拓展了，就开阔一些了。

所以我说我求盘锦的家长们，千千万万别觉得孩子做点家务劳动会累着，其实这是给孩子一个成长和发展的机会。从小他知道心疼你，将来他才心疼同志，心疼领导，心疼集体，才心疼咱这个国家，心疼咱这个地球，这样他才更加幸福。

我要求盘锦的孩子，每年做两张贺卡，第一张贺卡在妈妈过生日的时候，亲手送给妈妈，写上自己想说的话；第二张贺卡在爸爸过生日那天，亲手送给爸爸。我说买的贺卡不行，一定要自己做。我要求这作为美术教师的任务，美术教师别总让学生画那些中外名画，那是少数学生做的事，大部分学生就是做点儿美好的生活中的小饰物，让他们做这些事。

这些听起来都不像一个局长要提出的要求，但我觉得这才是头等大事。感恩，先感恩父母，孝敬父母，这绝不仅仅是一点儿家庭中的事，而是使这个孩子更幸福、更大气的必经之路，他渐渐会知道惦记更多的人，社会就是跟很多人联系在一起的。

所以，有智慧的父母都懂得让孩子从小干家务。

孩子学做家务劳动，还能促进智力发育，促进身体健康、增强体质。最重要的是可以培养孩子珍惜劳动成果，培养对劳动人民的思想感情，体会劳动创造世界的真实含义，从而促进良好个性、道德品质的发展。

常干家务活的孩子智力好

萧鹿从小就勤快，刚上小学就自己整理卧室，自己整理床铺、书桌、文具、衣物等，东西摆放得井井有条。还自己洗发、梳头，从来不用大人操心。大了点，就用节假日帮着大人打扫卫生，拖地板，擦玻璃。上了中学干得更自觉。最近几天，她说自己 15 岁了，长大了，该自己洗衣服，该帮妈妈做饭了。妈妈不让她做，觉得萧鹿生活上能够自理很多事已经很满意了，不该让她做别的家务活了，那样会耽误孩子的学习。

我告诉全班同学，你们今年先后都满 15 岁了。年龄大了，责任心也应该随着增长，学会给父母分忧解愁，学会分担一些力所能及的家务活。比如有的同学卧室自己从来都不整理，今天回去就要自己整理了，并且要一直整理下去，越整理速度越快，把自己的卧室整理得井井有条，打扫得干干净净。过去就自己整理卧室，自己搞个人卫生的同学，可以在那个基础上，练习洗小件衣服，做简单的饭菜。

家长担心这样会影响孩子的学习，其实这种担心不必要。就我教过的学生而言，常干家务活的孩子智力都比较好，思维活跃，遇到困难点子多，组织能力也强。

萧鹿不就是一个例子吗？她干的家务活要比同龄人多，但她的成绩不仅没降低，反而总排在同年级 500 名学生的前五名里面，已经考过两回全年级第一了。

我们班有一位成绩倒数第三的孩子，他的母亲向我诉苦说：“家务活一点都舍不得让他干，长到 16 岁了（这个孩子年龄比萧鹿大），我从来没让他洗过一次袜子，总想让他把每一分钟都用到学习上，结果成绩还这么低。

家长什么活都帮他干了，再也想不出该怎么减轻他的负担了。”我说，问题可能就出在这里。您把他惯得像个大娃娃似的，他的责任心就差了，他的依赖思想就强了。反正什么都由父母包下来，将来学习不好，工作不了，父母还不是得包抚养费。您给他洗袜子洗到 16 岁，他觉得理所当然，您得继续洗下去，洗到 60 岁，不然中途停止了，他会有意见：“不都洗了 50 多年了吗？干吗甩手不管啦？”我并不是说所有学习不好的孩子都是由连简单的家务活都不肯做造成的，但至少您的孩子是一点不肯干家务活造成的。不仅变得学习不好，而且变得没有责任心，懒惰拖拉。您仔细观察观察，您连洗一双袜子，两三分钟的活都舍不得让他干的同时，您的儿子看连续剧用去多少小时，偷看武侠小说又用去多少小时，边看书，边胡思乱想用去多少小时。您等于让他省下做有益的事的时间，去做无益甚至有害的事了。

这些年来，我教过的各个班级的学生，如果把学习成绩处于前 10 名的学生做的家务活加起来，会远远超过后 10 名学生做家务活的总量。

当然，这里并不排除也有个别学习尖子很少做家务活，个别学习不好的同学也做一定的家务活的情况。但统计总量，“后进同学”会远远少于先进同学。绝大部分“后进生”之所以成绩低，并不是因为智力不好，而是由于懒。许多“后进生”都十五六岁了，父母、祖父母、外祖父母还拿他当个大娃娃对待呢。吃饭给盛好，端上桌，刷牙给挤好牙膏，洗脚给打好水，晚上给铺好床……最令人不能理解的是，这些家长，还把这些当成支持孩子学习的经验向我介绍！

我只好向他们介绍我们班的班长，我们班的学习委员在家里如何抢着做家务活，如何生活上自理之外，还抢着为父母分忧。讲济南边荣塘 7 岁就支撑一个破碎的家，讲武汉莫伏星 13 岁要照顾患病的爸爸妈妈，每天买粮买菜、洗衣做饭，在班级学习成绩还遥遥领先……

当然我不是主张过早地将家庭的重担压向孩子稚嫩的双肩，而是建议家长们，要求孩子们适当地做一些家务活儿。这样有助于培养自己的责任感，增进与父母的感情。在做家务活的过程中，还能使紧张学习的大脑某些部位得到休息，虽然占用了一点时间，但培养了孩子的效率感，更加珍惜学习时间。

《中华家教》中曾有一篇文章写道：

> 儿童教育学家中岛博士坚持主张孩子应该干点家务活儿。他在3个城市和12个乡村中曾调查过361个各种类型的家庭，结果发现，凡是干家务活的孩子，其智力发展水平都较不干家务活的为高，独立生活能力较强。据国际儿童机构的统计，世界各国儿童干家务活的，以美国家庭最多，干家务活的时间也最多。
>
> 中岛博士的研究表明，开发智力理应从训练孩子的感觉器官和运动器官入手，而干家务活正是一种好的训练。干家务活可以在日常生活中使孩子有尽可能多的机会，通过视觉、听觉、触觉、味觉和嗅觉接受外界的各种刺激。这种刺激信息传入大脑，便可获得某种智能。干家务活还能从小训练孩子的运动器官，使动作、语言、技能等得到充分发展，促进大脑对各器官肢体的控制能力，使儿童的动作能力得到锻炼。
>
> 法国伟大的思想家卢梭说过这样一句话：“一个小时劳动所获得的东西，比一天听讲解得到的要多。”人的大脑是思维的基础，光有这个基础还不行，不培养锻炼是产生不了思想和智慧的。从小让孩子干点家务活儿，可以使之不致成为享用现成知识的人，而成为有才能、有丰富创造力的人。

世界各国的孩子都能尽力为父母做家务。法国法律还规定孩子必须帮助父母做家务。而向来以吃苦耐劳著称于世的中国人，竟有那么多父母不要孩子做家务，竟突然冒出那么多不愿做家务的孩子，岂非咄咄怪事！现在的孩子，尤其是城里的孩子，劳动不是太多，而是太少！

萧鹿与几个学习好的朋友，在家都常干家务活。班里那几个学习不好的懒孩子，真的在家里什么活都不干。我准备从要求他们干力所能及的家务活入手，治治他们的懒病。

希望家长能支持班级的工作，再给孩子分一点力所能及的家务活，每天家务活总量一般控制在 30 分钟左右，并且持之以恒，养成习惯，孩子的责任感和工作能力一定会越来越强，学习成绩一定会更加突出。

为家庭分忧能使孩子更坚强

张华的父亲在建筑公司当工人，经常在外地施工，上个月施工中砸断了左腿，抢救及时，骨头接上了。但这消息没让读初二的孩子知道，怕影响孩子的学习。

最近医生建议，最好把孩子父亲接回家来养伤，那样更利于恢复。张华母亲想接回来，但怕孩子知道了受刺激，又怕家庭负担重了，孩子跟着分心，问我怎么办。

我想向家长介绍两个孩子的经历。

一个孩子叫刘岩松，家住湖北荆州市。

岩松的母亲有智力障碍，父亲身体也不好。他 10 岁那年，父亲卧床不起了，家庭的重担便落在了 10 岁孩子的肩上。

他要洗衣、做饭、买粮、买菜、给父亲煎汤熬药，每天忙得不可开交。有一天，回家做饭，菜还没买，他实在忙不开了，心生一计，写了一张纸条，交给母亲，又给了母亲一点钱，耐心地告诉母亲把钱和纸条交给市场上那位摊主，便能买回菜来。第一次，母亲果然完成了任务，他高兴极了，智力不好的母亲也能为家庭分忧了。

一次，去买菜的母亲，天黑了还没有回来。他去找，很晚了，才见到母亲的身影。走近了，听母亲一边喊着“真好吃！真好吃！”一边吃零食。原来，他的母亲发现零食好吃，便把家里的钱偷出来买了零食。岩松流泪，伤心，埋怨母亲，更心疼母亲。没钱了，他只好硬着头皮去父亲的工厂借，借来以后，把钱藏起来，不让母亲发现。他精打细算地分配父亲那点工资，每月节省下 3 元钱，用来给母亲买零食，自己却从来不吃。

孩子家庭负担这么重，在学校表现得怎么样呢？

岩松在班里是副班长。在家里，他照顾父母成了习惯，在学校，他也总觉得自己理所当然地应该帮助别人。

他学习勤奋，持之以恒，考试成绩排在全年级前三名。

他还是校田径队的运动员，参加市运动会，获得全市 800 米跑第三名。

他参加了学校的号队，还担任主号手。

显然，家庭的重担不仅没把他压垮，反倒使他成了生活的强者，成了德智体全面发展的好学生。

另一个孩子叫丁玉娟。她是山东省郓城县郭庄乡徐洪庄小学的学生，她出世 8 个月的时候，生母便离家出走，把她丢给了养父；后来她的二婶也因熬不过苦日子，把丁玉娟的堂弟也丢给了她的养父。丁玉娟 10 岁的时候，养父患肝硬化腹水，一病不起。从此丁玉娟要侍候患病的养父，还要照料不懂事的堂弟。

家里的面粉吃完了，小玉娟要骑着自行车去买。

她用自行车驮着养父去看病。尽管她尽心照料，还是没能挽救养父的生命。1994 年 4 月，与她相依为命的养父，丢下两个孩子，离开了人间。丁玉娟稚嫩的肩膀挑起了家庭的全部重担。

农历七月，气温高达 30 多度，玉娟要背着喷雾器给花生、大豆、苹果树打农药。人家成年人打一趟 40 分钟就完了，她得用一个多小时。

为补贴生活费用，玉娟在家中饲养了 20 只兔子和一些鸡、鸭、鹅。放学后，小玉娟先到地里锄草。之后，把草打成捆，背回家做饲料，每天早晚两次为家禽搅食拌料。

剪兔毛的活儿一般要两个人干，由一人抓住兔子的腿，另一个剪。丁玉娟没人帮助。她想出了办法，先把兔子的腿用绳捆住，然后自己动手剪，攒多了再拿出去卖。

家庭负担这么重，小玉娟在学校里学习能跟上吗？

回答是不仅跟得上，还处处领先。

她在班级里当班长，老师不在的时候，她组织同学们上自习，教室里静悄悄。她把班级管理得井井有条，同学们都听她的，她有人格的力量。

在小玉娟座位的后一排，有一位曾患小儿麻痹症的女同学，走路时腿脚不利索。每逢下雨下雪，玉娟便经常背着这位同学上学回家。这位女同学的个子和玉娟差不多高，玉娟背上她很吃力，走在满是泥泞的土路上，有时满身湿透，分不出是汗水还是雨水。有时在路上滑倒，满身是泥。就这样，从三年级开始，一直背到五年级。因此，那位女同学从没因为天气不好而误过课。

一个冬天的晚上，有一道数学题怎么都做不出来。看着养父和堂弟都已睡熟了，玉娟悄悄下了炕，拉开房门。门外寒风卷着沙土扑面而来，她裹紧衣服，走进了漆黑的夜幕里。她顶着寒风来到离家二里多路的葛庆连老师家，葛老师见衣衫单薄的玉娟冻得脸色发青，连忙把她拉到火炉旁，问:“玉娟，先烤烤火，什么事这么急？ 10 点多了还大老远地跑来。”玉娟说:“对不起，打扰老师休息，有道题我怎么也不会做。”

葛老师为玉娟讲解完，已很晚了，便说:“这么晚了，别回家了，和我女儿一起睡吧。”玉娟婉言谢绝:“谢谢老师，我还要回去照顾俺爸爸和弟弟。”说完，匆匆离去。

养父病危的那一个多月，她只好停学了，但功课一点没落下。晚上，小玉娟一手拍着弟弟，哄他入睡，一手拿着课本对着微弱的灯光自学功课。在那段时间里，她每天晚上到同村的同学家，问老师白天讲的啥，留下哪些作业，回家后抽空自学功课，做作业，第二天让同学把作业带给老师批改。

自从入学后，每次期中期末考试，丁玉娟的成绩在班里不是第一就是第二，年年被评为三好学生。丁玉娟家里的墙上贴满了各种奖状。《人民日报》专门报道了她自强不息，勇担生活重担的事迹。

刘岩松、丁玉娟的故事讲完了。

从这两个孩子的事迹中，我们能得到哪些启示呢?

张华爸爸砸断了腿，固然不幸，但是已经接上了，不久即可痊愈，骨折痊愈后，一般都不会留什么后遗症。与那两个孩子的家庭比起来，张华的家庭不知幸运多少倍。

既然孩子年龄比较大了，家庭又没有太大的不幸，家长是否应该去掉那些多余的担心，是否应该直截了当地把孩子爸爸受伤的事告诉孩子，然后和孩子一起去医院把他的爸爸接回家来养伤？

这样做，引导孩子为家庭分忧，不但不会影响孩子的学习，而且还会使孩子增强责任感，增强生存能力，激发出孩子心灵深处自强不息的力量。

当孩子觉得困难多的时候，不妨给他讲一讲刘岩松、丁玉娟的事迹。人家是孩子，咱也是孩子。人家家庭那么苦，那么难，那么穷，学习成绩还那么优异，我们有什么理由说自己负担重呢？

多给孩子讲几遍刘岩松、丁玉娟的故事吧！每讲一遍，孩子，也包括我们自己，都会增强一些战胜困难的勇气和力量，都会强化这样一种认识，为家庭，为别人分忧会使人活得更坚强。

学生追求穿戴打扮合适吗

张志琴的妈妈对学校不允许学生戴金项链，不允许学生涂红指甲，不允许学生化妆有不同的看法。

首先得肯定，家长认为这些不会影响孩子的学习，有一定的道理。她觉得像志琴这样志向远大，很有独立见解，自制能力很强，学习欲望很强，成绩又非常突出的孩子，注重打扮穿戴，在原来的学校并没有影响她的学习，这也没错。

反过来说，志琴如果不在穿戴打扮上花费脑筋，不是同样不影响她的学习吗？或者她把那份精力转移到自学高一年级、高几年级的课程上，考一个科技大学少年班也不是不可能的呀！

退一万步讲，孩子不追求穿戴打扮，除给人省钱，给孩子省时间之外，还可养成艰苦朴素的好品质，真的没有什么害处。

前些年，学校还没要求穿校服的时候，也曾有一位家长找到我，说是孩子有一件值几百元钱的衣服（那是 1983 年，几百元一件的衣裳还是挺高级的）不敢穿，家长要求我说句话，让孩子穿。

我说："孩子不敢穿就别穿吧！"

"那我们那件衣服岂不白买了。"

"谁让您给十五六岁的孩子买那么贵的衣服。"

"不是我买的，是亲戚送的。"

"您如果心疼，把它送给别的亲戚，也算有了一个人情。孩子不穿贵衣服一点不会影响学习。将来，您的孩子参加工作了，如果不会给您花钱，不会穿名牌衣服，您再来找我，我能够用几个小时就教会他乱花钱、穿名牌。如果那时您的孩子任意挥霍，您来找我教会他俭朴，那我用三年时间也不一定成功。由俭入奢易，由奢返俭难。再说，您的孩子各方面成绩都很突出，穿不穿名牌是无所谓的事情。您说呢？”

那位家长，认为我说的有道理，一直没让孩子穿那件好衣服。

从 1979 年起，我们班提的口号就是：“每位同学的衣着，应该是全家最俭朴的。”从 1986 年我当校长起，我们要求全校学生统一穿校服，大部分学生和家长都觉得这样做利大于弊。

从 1990 年起，我们学校又要求女同学不梳辫子，一律剪短发，这是经过全校学生反复讨论才确定下来的。

讨论时，有的学生举了这样的例子：一位同学很注意发型，梳了 6 条辫子，每条辫子都分成 5 股。辫子又长，走在街上很显眼，一些不三不四的人就来找她的麻烦，弄得她胆战心惊，无心学习。

有一位大款的儿子，很注重打扮，穿名牌，一个星期换了 6 套衣服，学业荒废，成绩一塌糊涂。

因为讲穿戴打扮而导致不求上进，学习成绩下滑的例子成千上万。

您要想找一个因为俭朴，因为不讲穿戴打扮而影响学习的例子，恐怕查遍了资料，访遍了周围的人也难以如愿。

咱们中国人这些年富了一些，手里有了钱，就产生了一种补偿心理：我们当年读书的时候穿不像穿，吃不像吃，现在一定要让自己的孩子穿得神气，吃得特殊。其实，发达国家和地区的人均收入比我们高得多，人家并不这样做。

日本的学生读书穿校服，发型也统一。

香港原来不统一，1987 年，香港一位最现代派的校长跟我说：“原来香港 500 多所中学只有我这所学校不统一校服，从去年开始我也认识到学生还是俭朴好，统一校服利大于弊，我们也统一制作了校服。”

新加坡是提倡个性化、多样化的，但 1996 年第 2 期《青年教师导报》载文《新加坡禁止学生穿名牌入校》，文章写道：

从今年下半年的新学期开始，新加坡学生再也无缘在校园过足名牌瘾了。因为不久前新加坡10多所中学联合起来，在《海峡时报》等媒体呼吁所有中学禁止学生穿戴名牌，并率先在新学期开始实行。

此举在新加坡全国引起了强烈的反响，许多家长投书报社盛赞这一禁令。据悉，今年上半年新加坡中学生作案的比例直线上升，共有382起盗窃案系在校学生所为，比去年同期上升48.6%。偷窃的物品包括昂贵的皮鞋、手表、T恤、寻呼机、提包等。这些物品都是名牌。显然，名牌在学生中形成了强烈的攀比之风。一些家境不好的孩子为了满足虚荣，竟沦为梁上君子。为防止更多的学生成为名牌的俘虏，为了净化校园，这些学校发起了禁穿名牌入校的运动。这些学校同时还提出，严禁任何学生携带寻呼机进入校园和课堂。

志琴刚从外地转来，不知道我们学校有这些规矩。前些天，我找她谈了，她表示理解，换上了校服，剪掉了长发，摘掉了不必要的装饰。相信她一定比过去学得更好，理想更远大，身体锻炼得更健康。不信，一年以后您再看一看，比一比。

孩子就是孩子，学生就是学生。讲穿戴，讲打扮，那是参加工作以后的事。

俭朴与勤奋是紧密联系的。衣着俭朴的学生比起爱讲穿戴打扮的学生来，往往学习更勤奋，成绩也更好。

学生举办生日宴会弊大于利

宋伟回家吵着让父亲给他举办生日宴会。他 6 月 6 日过生日，还有不到一个月的时间，他让父亲提前准备，还告诉了一大堆具体的程序、要求，并且说，社会上一些有钱人的孩子都是这么办的，不能掉了价，丢了面子。

家长对这件事拿不定主意，不是怕花钱。孩子过生日，他觉得花几千块钱一点没问题。怕的是这样办太浪费时间，怕影响宋伟的学习；不办吧，又怕孩子脸上没面子，怕孩子生气。

他问我怎么办？我的意见是不办。这些年来，社会兴起学生办生日宴会之风，有的城市的饭店，还设置了儿童生日宴会专用厅。

一种事物能诞生，能生长，说明它对一部分人有一定的利。例如，满足了孩子追求新奇的心理，满足了个别人炫耀的心理，满足了饭店赚钱的需要，满足了亲朋好友想表达一下对孩子的喜爱之情的需要。

有利是一回事，利大于弊还是弊大于利又是另一回事。中小学生举办生日宴会有很多弊端，明显的有以下四点。

1. 助长孩子不珍惜父母劳动成果的心理。孩子没上班，中国的中小学生很少靠自己打工去赚钱。生日宴会的钱只能来自父母。不管父母赚钱容易还是不容易，毕竟都是父母的劳动成果。用这成果做必需的事，如上学、读书、交学费、购买好书，这是正当的，大众可以理解的。用这钱做没必要的事情，有的还为了自己的面子，认为把宴会规模搞得越大越好，这显然有些缺少对父母的体贴、理解。这种不珍惜父母劳动成果的心理，若蔓延滋长，便不会珍惜自己和他人的劳动成果，变得对自己、对别人缺少责任心。

2. 时间是个常数，用于生日宴会的时间多了，用于发展自我的时间就少了。有的中学生为了筹备自己的生日宴会，联络参加宴会的同学，兴奋得几天睡不好觉，上课也常常走神，过生日由上进的动力，变成了学习的障碍。

3. 大脑的空间也是个常数，用于思考吃喝玩乐的脑细胞多了，用于研究学习锻炼的脑细胞自然就少了。学生小时候便在脑子里种下这样的种子，一旦在心灵的田野上生根发芽，常常蔓延到难以收拾的地步。种田的人都知道，田地里的野草长多了，庄稼蔬菜就长不好。庄稼蔬菜要护理，才能生长；野草不用护理，长得却挺快。长出来，得及时锄掉，不然，就会危害庄稼蔬菜的生长。心灵的田地里也是这样。学生一些好的思想品质，像庄稼蔬菜似的，必须耕耘播种护理才能成长。而那些讲吃讲穿、懒惰自私的思想则像杂草，不用播种，不用护理，常常莫名其妙地长出来。长出来了，若不及时锄掉，它便会侵犯庄稼蔬菜的地盘，夺取庄稼蔬菜的营养。对一些讲吃讲穿的心田上的野草，我们铲除都唯恐不及，怎么还能给它浇水施肥呢。

4. 害处最大的还是因攀比而产生的不良风气。我们国家的国民有一种从上从众的积习。遇事不是自主地去分辨对错，常常是看大家怎么做。只要跟上了大家，错了自己也没有责任，也心安理得。这种从众攀比的心理在学生中同样很强烈。于是学生中才出现了追歌星风、追球星风，三毛热、琼瑶热、金庸热、穿名牌热……一些根本不具备热的条件的人，也傻乎乎地跟着人家一块去热，宁肯失去自我的特长，抛弃自我的特点，甚至采用非法手段加入追风的潮流。这显然有害于学生的成长。

总而言之，办生日宴会弊大于利。这些年来，我一直不让我们班学生办生日宴会。不仅如此，我们班学生还互相约定，连生日礼物、生日贺卡也不送。同学们开班会讨论过这个问题，同学们觉得，不要说送礼物，就是送生日贺卡也是弊多利少。一个班60多名同学，送你不送他，显得不好。都送吧，一年送60多次，又是买，又是写，又是比贺卡的大小贵贱，弄来弄去常常背离了过生日激励上进的意义，变得烦琐庸俗，有时还产生一些不和谐，不愉快。最后大家一致决定，过生日不办宴会，不送礼，不送贺卡。

孩子吵着要办生日宴会，家长可以告诉他，你们班开班会做出的决定，你不该违反。再告诉他，老师的意见也是不办。不要跟社会上别的人比，我们把办宴会的时间省下来用到学习上，把办宴会的钱用在援助失学儿童上，我们会活得更有价值，活得更自豪。

对外的宴会不办了，在家里，几口人庆祝一下还是应该的。但我主张不能以吃为主。中国人在庆祝喜事的方式上仍然有一个积习，大家头脑中第一个信号就是吃一顿。其实除吃之外，还有不少有意义的庆贺方式。

1. 搞一次家庭诗歌朗诵会。最好孩子自己能提前写一首诗歌，到生日那天朗诵给父母听。

2. 搞一次家庭音乐会。可以欣赏世界名曲，也可以由家庭成员分别演奏乐器，或大家分别唱卡拉 OK。音乐会歌曲当然是以祝贺孩子的生日为主题。

3. 如果孩子喜欢小品，可以搞一次家庭小品晚会。引导孩子自编自导小品，爸爸妈妈可以当他的雇员，听他的指挥。

4. 召开家庭故事会。父母可以讲自己过生日的故事，上一代人过生日的故事。孩子可以讲伟人、名人、科学家过生日的故事。

5. 举办一次家庭画展。如果是爱好绘画的家庭，则把孩子若干年来的画都集中起来，悬挂排列开来，全家一起欣赏、品评。

6. 孩子为自己的生日写一篇作文，父母也可为孩子的生日合写或分别写一篇文章，全家都读自己的文章。如果每年都写这么一篇文章，十几年的集中到一起，今年读今年的文章，又去欣赏去年、前年、十几年前的文章，这样的生日，精神生活一定十分丰富。每年的生日文章由家长保存，到孩子 18 岁成长的时候，装订成一个集子交由孩子保存，孩子继续积累今后的生日作文该多好。另外也可以搞一次日记展览。

7. 搞一次家庭书法展览。如果是爱好书法的孩子，则可把他自幼儿起开始学写字时的歪歪扭扭的作品，以及日后步步提高的作品逐年排好，使孩子看到自己成长的足迹，总结自己的经验教训。

8. 让孩子组织一次家庭智力竞赛，或家庭猜谜晚会。孩子当主持人，这样孩子会变得更自信，更聪明。

9. 引导孩子给父母分别做一件事，使父母都感到快乐。父母可以提前向孩子做出暗示，做完之后，比较一下孩子对父母的感情，是对母亲感情更深一些，还是对父亲更深。在开玩笑中引导孩子学会体贴父母，养成把给别人带来快乐当成自己的快乐的良好品质。

10. 召开一次“我比昨天增长了什么”的家庭讨论会。看增长了哪些知识，增强了哪些能力，增长了哪一点特长，增长了哪一些好习惯？体重增加了多少？身高增长了几厘米？跑、跳、投的成绩分别提高了多少？其中最要紧的是引导孩子发现自己增长了哪一点爱好、特长。

11. 可以由孩子设计一次家庭祝贺生日的仪式。仪式程序包括主持人宣布仪式开始，讲仪式注意事项，过生日者向父母献小小礼物，感谢父母养育之恩，父母向孩子送纪念品激励孩子奋发向上，过生日者读生日感言，父母讲对孩子的期望。还可以有亲属中的长辈讲话，给亲属中的同辈人致辞等。

12. 搞一次家庭体育比赛。诸如晚饭后父母和孩子比赛打乒乓球、羽毛球，父亲和儿子比比摔跤，比比跳高、跳远。如果孩子过生日正赶上双休日，就更好了，全家人可以一起去郊游，爬山，参观博物馆。也可以做一些由孩子设计的游戏。

以上这些过生日的方式都比吃一顿有意义，都会在孩子的心中留下美好的记忆，都会起到加深家庭成员的感情，激励孩子奋发向上的作用。

双休日，孩子怎么过

阎万山的父亲来信说，原来每周休息一天的时候，学校还补半天课，这样，孩子每天早晨离家，晚间返家，全天都在学校度过。一个星期，只有星期日下午在家里度过，感觉很放心，自己也省了不少心。最近操心了，一个星期孩子就要休息两天。学校一点不补课了，这两天孩子在家里难受，想上街去走走，可外面有时风气不好，家长不放心，觉得双休日不好安排孩子的活动。他问我别的孩子怎样过双休日，想让我帮着出出主意，使万山同学的双休日过得更有意义。

先介绍一下，别的孩子双休日在做什么。

1. 学习自觉的同学，把学习当成乐趣的同学，趁双休日的时间，完成自己的自学计划。他们不仅学完了本学期的教材，而且预习了将来要学的教材。当然他们也不是整天学习，而是每天学习 5 小时左右。大部分学习尖子，都有自己的预习计划。

2. 上海的一位中学生说，家长、老师联合取消了玩的制度。双休日孩子们都在家里，埋头苦读，只有写字声和父母的唠叨声，没有伙伴，没有游戏，更没有音乐。

3. 家长请家庭教师，把双休日安排满。晚上数学家庭教师辅导到 9 点钟才走，第二天早晨 6 点半钟英语家庭教师又到位了。10 点半钟老师临走又留下一堆作业……

4. 部分中学生在街道居委会组织之下，利用星期日到敬老院。同学们整理卫生，帮敬老院调整居室，搬挪家具，陪老人聊天、下棋，给老人唱歌，帮老人写信，还用自己的零花钱给老人买水果。

5. 有的学校组织学生利用双休日进行社会调查，游览名山大川，探索大自然，开阔视野，激发学生热爱自然、保护环境、热爱祖国的感情。

6. 团市委组织学生以“爱祖国，爱家乡，爱科学”为主题，开展课外读书活动，或组织参观博物馆。

7. 有的孩子星期天跟父母一起去游公园，一起去放风筝。

8. 某县初三学生王某迷上了电子游戏机，整天泡在游戏室里，开销很大，没钱怎么办？偷。他骗得一个同学家的钥匙，第一次下手，窃得现金1110元，以后，又偷得现金17000多元。

9. 一个冷风飕飕的星期日，某县中学的两名初二男学生瞒着大人去河边炸鱼，临场操作失误，一个被当场炸死，血淋淋地横卧在河滩上，惨不忍睹。

10. 某市酒吧，星期日一群十五六岁的孩子来这里跳舞，在舞场上有的抽烟，有的喝啤酒，狂呼乱舞。

双休日给孩子带来了欢乐，同时也伴随着忧虑；能使孩子上进，也会让孩子后退，全看家长与孩子怎样安排。

有的家长对孩子的双休日采取一种不闻不问不管的态度。

一位医师说，双休日，孩子怎么过，我们还没有考虑，顺其自然吧。孩子在家里看看书，做作业，有空帮着做做家务。他很懂事，不用我和他妈妈操心。

一位菜场职工说，娘老子管他吃饱穿暖就行了，现在上学有老师管，大了参加工作有领导管。他要变坏，管也没有用。星期六、星期天，他做什么，我们哪管得了。

一位工人说，星期六、星期日两天时间，孩子老关在家里不是办法，父母也不可能总是跟着他们。净化育人环境是件大事，现在影剧院、书摊、游戏厅不能光想赚钱，政府要管起来。

像以上三位家长不闻不问的态度，比较适用于自理能力、自学能力强的孩子。

但能力也是可以变的，倘长期不管，或顺其自然，或推向社会，遇到不好的人或不好的环境，孩子则完全可能由愿意自学，变得不爱学习。

家长还是积极想办法，使孩子的双休日过得愉快而有意义，有效益。怎样才能愉快而又有意义、有效益呢？

前面介绍了十种过双休日的方式。显然第二、三、八、九、十种不可取，那些方式有害于孩子的成长，家长必须制止孩子随便去学生不宜去的地方，但也不能让孩子整天埋在书堆中学习。

比较好的安排双休日的方式是第一种与第四、五、六、七种方式结合。引导学生每天学习 5 个小时左右，剩下的时间参加集体社会活动，去游览，去参观博物馆，去放风筝、滑旱冰、打羽毛球，到附近的田径场去打拳，到附近的公园去游园，还可以领孩子走进郊外的大自然。

可以跟孩子一起商定一项双休日的计划，如在完成任务的前提下，到室外娱乐多长时间等等。若德智体哪方面有了较大进步，则可考虑进行一次较远距离的游览。

还有人建议城里的孩子们双休日去打工，并且说在美国十几岁的孩子就一边打工，一边学习，自己养活自己了。这点我们也可以尝试。

从中国的实际出发，从咱们大部分家庭的经济状况出发，也从每个家庭的具体情况出发，咱们孩子双休日，除适当地学习之外，还应当帮做一些家务劳动。农村的孩子适当参加一些力所能及的劳动，特别是农忙时更应当如此；城市的孩子则可以考虑开展一些近距离的旅游、爬山活动，或在附近参加一些文体活动。

还有更简单易行，还能密切父母子女关系的方法，就是在孩子适度学习之后，搞一搞家庭读书报告会，诗歌朗诵会，卡拉 OK 演唱会，猜谜晚会，融知识性、趣味性、科学性于一体。

家长一旦想办法利用双休日了，便会觉得，这两天会是一周中最丰富多彩的，最凝结全家人智慧的，最快乐，最有效益的两天。

怎样做到有节制地看电视

江山同学的父亲气愤地对我说：江山在家里，简直成了电视的奴隶。一放学，大人不在家，就打开电视机。中午他自己在家时，便边吃饭边看。晚上，中午，我们每次悄悄打开房门时，都发现他全身心地在那看电视，有时我们进来了一会儿，我们说话他都听不见。我们回来便劝他别看了，把他关在他的书房里，让他看书，写作业。好几次，我们都发现，他在书房偷偷听电视节目。弄得我们没办法，只好全家都不看电视，陪他学习，对这样的电视迷，您说怎么办？

家长走了以后，我找江山谈，他说事实果真如此。江山眼看别的同学主要精力花在学习上，成绩不断进步，自己总是处于中下位置，也很着急，也想不看电视，也想一心学习，提高学习成绩，可就是管不住自己。回到家里不看电视，就憋得难受，心里就发痒，像得了病一样，也不知什么病。

江山问我："老师，您说，这是不是病症？这是什么病呢？"

我说："大概是电视病吧！我也有这种病。"

他听了大吃一惊："真的！您骗我！肯定是骗我。"

"真的不骗你，前天晚上看连续剧，我还看到后半夜一点呢！"

"昨天不困吗？"

"怎么不困，一天都没精打采。"

他又问："那您怎么还看呢？"

"我也想管住自己，但一看到连续剧，我就控制不住自己，这可能跟小时候看小说太多有关。"

"那怎么办，您就成了电视的奴隶？它一放连续剧，您就奉陪到底？"

“也不是，我也在想方设法摆脱它的控制，努力让电视受我的控制，为我服务。”

“努力有效吗？”

“大部分时间有效。”

“您用了哪些办法呢？”

我便讲了自己用过的办法。

第一，改变电视机的位置，把它由客厅、书房搬到卧室。原来在客厅时，进屋便看到它，看到便想看，随手就打开，太方便了。搬到书房，也方便，但影响看书。搬到寝室离得远一点了，不太方便了，又告诫自己，不到晚上 22 点不进卧室，当然就减少了看电视的时间。

第二，尽可能避开连续剧，看一些新闻联播、焦点访谈之类的节目。节目没有故事性，或故事性不强，就不容易上瘾。刚看到演连续剧，还没来得及进入情节，立即就换频道。这个方法比较有效，使我节省了大量的时间，又免受了只看了几集硬强迫自己中途停止的心理上的煎熬。

第三，确实赶上播映自己特别喜欢的连续剧时，不妨和自己订个条约：我一定要完成多少学习任务，倘超额完成了任务，便给予自己看连续剧的奖励。这样自己为了获得奖励，便千方百计提高白天的工作效率。我还清楚地记得，有一段时间，我忙着为河南大学出版社写本书。可偏偏赶上电视台播放几部特别精彩的电视连续剧。书不能不写，电视我又想看，怎么办？我便让自己心灵深处的两种思想达成一项协议：每天完成 5000 字的写作任务便可奖励看连续剧，完不成任务，不许打开电视机。为了获得看连续剧的奖励，白天，头脑各部位协调工作，全身心投入工作和学习，任务完成得异乎寻常的顺利，大大超过以往的写作速度，每天都赶在连续剧开始之前完成了 5000 字的任务，然后心安理得地坐下来看节目。以后，每当学习、工作任务紧的时候，我便采取这种办法。如果完不成规定的任务量怎么办？那就坚决不看电视。

第四，静下心来总结看电视的利与弊。适量地看，能开阔视野，丰富知识，放松身心。过量了，尤其是每天用两三个小时看连续剧，并且常常看到后半夜时，脑子看得昏昏沉沉，第二天也浑身无力，那就不是放松身心，而是加重了身心的负担。总结出过量看电视给自己带来的苦恼，有利于第二天看到连续剧就换频道。

我和江山谈话之后，他也有同感，他也愿意用我的这些办法去控制自己看电视。他说他最愿看的是童话片、动画片，难怪他想问题比较简单幼稚。

家长最好不要简单地责备他、训斥他，要利用他脑子中想要发奋学习的那部分脑细胞，想要摆脱电视控制的那部分脑细胞的力量，帮着他这部分积极的脑细胞想出办法来，管住那部分不由自主去看动画片的脑细胞。

电视事业蓬勃发展，百花齐放，异彩纷呈，显然这是好事。对观众来说，特别对青少年学生来说，如何选择有利于自己成长的节目，如何把握看电视的度，就显得格外重要。因为看电视过度而身心健康受到伤害的孩子，近几年有逐渐增多的趋势。

孩子看电视过度，家长不要单枪匹马地控制他，最好用商量的办法，和他联合作战，一同去控制他脑子里那些不顾学习忘记早晚地去看电视的脑细胞。

我同他讲的那四种控制办法，他觉得挺有趣，愿意回去试，家长不妨帮助他一起试。①电视机换位置；②避开动画片频道；③学习任务完成的前提下奖励看一集；④品尝过度看电视的苦果。

家长不要想一下子就把他这个毛病彻底改好，我是大人，过度看连续剧，还得一点点儿控制呢。你们不也常有为了几部戏而废寝忘食的时候吗？只要孩子立足改了，把学习放在第一位了，你们就应该满意。

该不该给孩子请家庭教师

鉴于社会上请家庭教师的热潮，不少家长找我商量，该不该给自己的孩子请家庭教师，请什么样的家庭教师好。

王一兵的家长谈的也是请家教问题。他说自己的孩子成绩很好，学习习惯也不错，本来没想请家教。可是看到左邻右舍，有半数以上的孩子都请了家教。同学们问王一兵什么时候请家教，问得孩子没了主意，家长便问我。

要回答这个问题，先得分析一下。人们为什么请家教，大约有这样六种心理。

1. 孩子学习自觉性差，回到家不学习。家长一批评，假装给家长学，样子像学，心里溜号；家长着急，想指导，又由于对教材不了解，指导不到点子上，于是，便请了家庭教师。

2. 孩子有学习自觉性，但由于学校师资力量不均衡，一个班级，有一门甚至两门任课教师教学水平不过硬，教学用了许多力气，但力气没用到关键部位，孩子某一科，甚至两科成绩不理想。也有的学生由于偏科，不爱学英语或数学，导致这一科成绩不高。这时，家长有针对性地请家庭教师，专门辅导孩子某一个学科。

3. 自己的孩子有特长，如，喜欢某种乐器，嗓音好，喜欢唱歌，喜欢舞蹈或喜欢打乒乓球、游泳，喜欢书法，喜欢绘画。有的孩子酷爱数学，有的特别喜欢物理、化学，现行教材知识远远满足不了他们的需要。学校又没组织这方面的课外活动小组，没有这方面的选修课，或者虽然有体音美、数理化活动小组，但辅导教师的水平仍满足不了孩子的需要。这时，请有专长的家庭教师来帮助发展孩子的特长，以使孩子参加市、省乃至全国性的专长与学科竞赛，争取好名次。

4. 有的孩子胆小懦弱，或者浮躁暴躁；有的孩子傲慢自大，目空一切；有的孩子自卑感强，抗挫折能力差。这样的心理素质，显然不利于孩子面对繁重的学习任务，也难以步入竞争激烈的现代社会。这时家长为其找了心理教师，针对心理弱点与疾病，进行矫正与治疗，使孩子恢复心理健康。

5. 寒暑假时间较长，家长都上班，没有时间指导孩子。而孩子一旦离开指导和管理，自觉性不太强的就很容易放纵自己，一个假期只是玩，并且盲目地参加一些对将来自己的成长与发展不利的活动。如游戏机、台球室、打扑克甚至打麻将，一玩就是一整天，玩得头昏脑涨。家长发现了，便请家庭教师负责指导自己孩子假期的活动，一开学，便辞退了。

6. 盲目攀比型。看到周围邻居的孩子请家教了，听说孩子班上的同学请家教了，自己若不请，好像不关心孩子，好像跟不上现代社会的形势，甚至有的觉得如果不请家教，自己的家庭显得不够阔气。于是人家请，自己也盲目地去请。

显然前五种心理针对性比较强，请了家教会对孩子有帮助，促进孩子学习，促进孩子健康成长。

第六种心理，就不是从孩子的实际需要出发，而是从自己的一种盲目攀比的虚荣心出发。这样，请家庭教师，就可能有弊端。

比如有的孩子，学习自觉性很强，在校内成绩非常突出，有自己支配时间的能力。家长偏要给他请一位家庭教师，这样的学生一般都有礼貌，尊敬师长。老师到家了，又是辅导，又是布置作业，孩子不听吧，显得不尊重老师；听吧，确实打乱了自己的学习计划。这样，孩子和家庭教师的计划不同步，完全可能降低孩子的成绩。

也有的孩子，数学、英语成绩突出，参加了学校的奥林匹克竞赛小组的活动。学校的老师水平很高，对孩子又了解，他当然有一套训练计划。这时，家长若急于让孩子出成绩，又请一位教师来训练，这位老师即使是大学教授，但对中学教材，特别是竞赛训练是外行，就如同陈景润是世界著名的数学家，但做一个中学教师，讲课却很困难一样。这位教授再搞出一套训练计划来，跟孩子老师指导的不同步，结果也会有害于孩子的学习。

请家庭教师的利与弊咱们分析完了。结论是：

需要请家庭教师的孩子，请到了解孩子心理、教学经验丰富的家教，那是一件大好事。

需要请家教的孩子，请了不了解孩子心理、教学经验不丰富的家教，那就没有什么好处，也没有太大的坏处。

有自学能力，学习优秀的孩子，如果请了水平一般的家庭教师，那就是一件坏事，那会起到干扰孩子学习的作用。

利弊分析清楚了，家长如果还拿不定主意，那么可以请一两个月，试一试。

请什么类型的家教最好？我觉得，家长首先考虑的，是当地德高望重的名师，这样的老师能够使孩子学习事半功倍。

如果名师特忙，请不到，那就从孩子读书的学校中去选择，这样的老师对孩子情况比较了解。且正在教学一线工作，对新教材、新大纲和考试要求都比较熟悉。

如果任课教师也难于请到，就得考虑退休的优秀教师和现在正在读书的大学生了。他们各自有自己的优势。退休教师集自己几十年的教育经验，退休以后又有足够的时间去研究如何针对孩子施教。正在读书的大学生呢？当年都是优秀的中学生，思维敏捷、活跃，跟孩子心理距离小，了解孩子学习的劳苦艰辛，他在辅导的同时，能把自己及同学们的学习经验传授给您的孩子。

王一兵的成绩很好，又有良好的自学习惯，我觉得不请家教完全可以。我了解的学习尖子，绝大部分都没有请家教。

与盘锦市实验中学的学生在一起

第七章

防止家教进误区

古人云："君子之爱也以德，小人之爱也以姑息。"溺爱、姑息和迁就孩子，不仅害孩子，也害父母自己。

现在有的父母喜欢把十四五岁的学生当成四五岁的孩子去娇惯，当然不好，当然会妨碍孩子的成长。

反过来，像这样，想让十四五岁的孩子能像四五十岁的人那样成熟，那样自律，于是便严加要求，拔苗助长，动不动就着急、上火、生气，显然也会妨碍孩子成长。

不要用成人的标准要求孩子

薛志岩同学的父亲自己辛劳了大半辈子，只有志岩这么一个孩子，又是男孩，便把自己的全部希望都寄托在他身上。

他希望志岩去实现自己年轻时破灭了的上大学、当科学家的梦。于是非常严格地要求志岩，要他勤奋，要他果断，要他有风度，要他做事节奏快，要他处理人际关系恰到好处，要他叠被子像军队的战士，要他穿衣如父亲当年一样俭朴，要他吃饭不磨磨蹭蹭……

家长觉得，这些要求是正确的，孩子也没有提出相反的看法。可是，越这样要求，孩子越紧张，越做不到。越做不到，越着急，见了父亲越害怕。父子关系没有以前那么融洽了，父子感情疏远了，孩子没有以前那么可爱了。

以前，天真的儿子给了父亲很多温情，很多安慰。儿子自然地不流利地背诵唐诗宋词，儿子随随便便地扫地叠被都曾给父亲带来许多乐趣。可是现在呢，儿子学习达不到父亲规定的分数，父亲生气；儿子跑步没达到父亲要求的速度，父亲着急；儿子叠被子纠正了几十次也没达到父亲理想的标准，父亲焦虑……快乐的儿子变成了使父亲生气的儿子。

我觉得这是由于志岩父亲用成年人的标准要求孩子，违背了孩子心理成长规律而产生的一种后果。

美国李文斯登·劳奈德写过一篇题为《不体贴的父亲》的短文。全美国成百上千的杂志和报纸都转载过。成千上万的人在学校、在教堂、在演讲台上宣读这篇文章。它还在无数的场合和节目中被宣传和广播出去。大学刊物登载它，中学刊物也登载它。

读一读这篇文章，就会发现，薛志岩父亲的有些做法，跟文章中的父亲有相似之处。

这篇文章写道：

听着，我儿，在你睡着的时候我要说一些话。你躺在床上，小手掌枕在你面颊之下，金黄色的鬈发湿湿地贴在你微汗的前额上。我刚刚悄悄地一个人走进你的房间。几分钟之前我在书房里看报纸的时候，一阵懊悔的浪潮淹没了我，使我喘不过气来。带着愧疚的心，我来到你的床边。

我想到了太多的事情了，我儿，我对你太凶戾了。在你穿衣服上学的时候我责骂你，因为你只用毛巾在脸上抹了一下。你没有擦干净你的鞋子，我又对你大发脾气。你把你的东西丢在地板上，我又对你大声怒吼。

在吃早饭的时候，我又找到了你的错处。你把东西泼在桌上。你吃东西狼吞虎咽。你把手肘放在桌子上。你在面包上涂的牛油太厚。在你出去玩而我去赶火车的时候，你转过身来向我挥手，大声地说："再见，爸爸！"而我则蹙起眉头对你说："挺起胸来！"

晚上，一切又重新开始。我在路上就看到你跪在地上玩弹珠。你的长袜子上破了好几个洞，我在你朋友面前押着你回家，使你受到羞辱。"袜子是要花钱买的——如果你自己花钱买，你就会多注意一点了！"你想，我儿，做父亲的居然说这种话！

还记得吗？过了一会儿，我在书房里看报，你怯怯地走了进来，眼睛里带着委屈的样子。我从报纸上面看到了你，对你的打扰感到不耐烦。你在门口犹豫着。"你要干什么？"我凶凶地说。

你没有说话，但是突然跑过来，抱住我的颈子亲吻我，并且带着上帝赐予你的心，而我的忽视也不能使之萎缩的爱，用你的小手臂又紧抱了我一下。然后你走开了，脚步快速地轻踏楼梯上楼去了。

我儿，你离开了以后很久，报纸从我手中滑到了地上，一阵使我难过的强烈的恐惧涌上了我的心头。习惯真是害我不浅。吹毛求疵的申斥的习惯——这是我对你作为一名男孩的报偿。这不是我不爱你，而是对年轻人期望太高了。我以我自己年龄的尺度来衡量你。

而你的本性中却有着那么多真善美。你的小小的心犹如包含并照亮群山的晨曦——你跑进来并亲吻我晚安的自发性冲动显示了这一切。今天晚上其他一切都显得不重要了。我儿，我在黑暗中来到你的床边，跪在这儿，心里充满着愧疚。

这只是个没有太大效用的赎罪。我知道如果在你醒着的时候告诉你这一切，你也不会明白，但是从明天起，我要做一名真正的爸爸。我要做你的好朋友，你受苦难的时候我也受苦难，你欢笑的时候我也欢笑。我会把不耐烦的话忍住。我会像在一个典礼中一样不停地庄严地说："他只是一个男孩——一个小男孩！"

我想我以前是把你当作一名大人来看，但是我儿，我现在看你，蜷缩着疲倦地睡在小床上，我看到你仍然是一名婴孩。你在你母亲怀里，头靠在双肩上，还只是昨天的事。我以前要求得太多了，太多了。

读了这篇文章，家长的感想如何呢？您不觉得站在大人的角度想问题太多，而从孩子的实际出发太少了吗？

实际上，设身处地想一想，如果您是孩子，面对那么多成人的要求，成人的标准，同时做那么多的事情，您也做不到。

现在有的父母喜欢把十四五岁的学生当成四五岁的孩子去娇惯，当然不好，当然会妨碍孩子的成长。

反过来，像这样，想让十四五岁的孩子能像四五十岁的人那样成熟，那样自律，于是便严加要求，拔苗助长，动不动就着急、上火、生气，显然也会妨碍孩子成长。

愿家长从孩子的实际出发，考虑到他的难处，一点一滴地引导他朝着理想的目标努力，他一定能变得越来越优秀，父子的感情也会越来越融洽。

拔苗不能助长，神童非为人造

徐杰的几位同学本来在六年制的小学读书，今年刚读完五年级，听说他们的家长都准备让自己的孩子跳级进入中学。为此他们纷纷托关系走后门。

徐杰为此也动了心，也想跳级到中学，可是父亲觉得孩子学习成绩不是班上最突出的，个子长得又不高，年龄比准备跳级那几个同学还小十来个月。他担心孩子跳级会不利于成长。可看到周围邻居掀起了一个所谓“神童教育”潮，说是听了哪位专家的讲座，宣传什么神童是后天教育出来的，只要家长肯努力，学校肯管教，每个孩子都可以成为“神童”。这种宣传使不少家长兴奋异常，突然间觉得自己的孩子像神童。于是不够上幼儿园年龄的想方设法提前上了幼儿园，几个不到 6 岁的孩子，托人改户口，提前背起了小学生的书包。而读小学的呢？又张罗着从二年级跳到四年级，三年级跳到五年级。

什么东西一旦成风，便往往要走向反面。面对这股风，家长不想追，可又想不出说服孩子的办法，来信让我给出出主意。

我建议家长给孩子讲一个人造神童的故事。

赛达斯，曾经一度为美国新闻媒体大吹大捧的超级神童。他 6 个月时会认英文字母，2 岁时能看懂中学课本，4 岁时已发表了 3 篇解剖学论文，12 岁时他破格进入哈佛大学，14 岁因患精神病进入医院，21 岁成为一名极普通的商店店员。

为什么一个超级神童最终患上精神病而成为极普通的店员呢？

这得从赛达斯的父亲——原哈佛大学心理学教授说起。这位教授很重视早期教育，认为人脑和肌肉一样可以按计划试验变得发达。

赛达斯一出世，父亲就在他的小床周围挂满了英文字母，并不断在他身边发出字母的读音。随后，这位教授又用各类教科书取代了儿童玩具。这样一来，赛达斯从小就被各种几何图形、地球仪和多种外国语言包围着，整个婴幼儿期成了他苦读的时期。试验的初期结果确实令人吃惊，小赛达斯天资聪颖，知识面宽而深，在不少领域有自己独到的见解。但是过度的教育使小赛达斯过早成熟，而且过多的压力使得他的神经系统开始失常，他经常在不该笑的时候咯咯傻笑，到 14 岁时不得不进入精神病院进行治疗。后来尽管他以优异的成绩从哈佛大学毕业，但已讨厌这种神童的生活，他不仅对父亲的试验产生反感，而且对整个世界产生反感，而热切渴望过普通人的生活。不久，他离家出走，更名换姓而成了一名普通店员。一代神童就这样悄然而消逝。

重视早期教育，这是应该的。我曾经为一本介绍如何进行早期教育的书写过序言：对个别成熟早的孩子，教育要跟上。智力上的早熟也有点像身体上的早熟，个别的孩子七八岁就有七八十斤重，身高就长到一米四五。这样的孩子饭量自然比同龄的孩子、晚熟的孩子要大，倘若按照一般孩子的食量去限制他，孩子自然吃不饱，发育不良。同样的道理，有的孩子智力发育早，可以适当地比同龄孩子多学一些文化课，倘若学习的知识量不适应他智力发展的需要，他过剩的智力或者用于学无用的东西，或者受到压抑，同样不利于孩子的成长。不管怎么说，智力和身体明显早熟的孩子都属于特殊现象，百里挑一，或者更少。硬要通过外界的努力，大人的教育，催促孩子早熟的做法，恰如拔苗助长。

赛达斯无疑是一个早熟的孩子，他的父亲对他进行一点超常教育是完全应该的。不应该的是，他的父亲希望孩子成熟得要早上加早，对他的教育——也仅仅是知识教育，不断超常规，超负荷，结果违背孩子的天性，终于使孩子不堪重负，酿成了悲剧。

柳宗元曾经写过一篇题为《种树郭橐驼传》的文章。说在长安城的西边，有个丰乐乡。丰乐乡有个叫郭橐驼的人，专以种树为生。他种的树不仅体形优美，树繁叶茂，而且种下的，或移栽的树没有不成活的。长安豪家富人争相购买他的树苗。有人向他讨教种树的秘诀。郭橐驼回答说：并不是我有什么神秘的本事使树长得茂盛，我只不过是顺着树的天性，导引枝条而使其天性得以充分发挥罢了。树种上之后，恰当调整之后，便不去动它，也不为它担忧。可是别的种树人却不是这样。他们爱之太殷，忧之太勤，早晨去看看它，傍晚去摸摸它，自己想怎样弯就怎样弯，想怎么曲就怎么曲，全然不顾小树之天性。这样名为爱它，其实是害它。

拔苗助长的寓言在中国几乎家喻户晓，但有的家长还是想拔苗，想造出一个神童来，结果只能是违背规律，害了孩子。

那位专家说什么“只要家长肯努力，学校肯管教，每个孩子都可以成为神童”，您可让徐杰分析一下这话有没有道理。每个人都能成为神童，那还有什么可神呢？小学生都会觉得这话没有道理。

孩子早熟，没能及时教育，对孩子是个损失。

孩子不早熟，是个正常的聪明的孩子，可家长却希望他不正常，想方设法对他进行超负荷知识充填，希望他早熟，对孩子同样是个损失。损失天性，损失玩乐，损失童年应有的天真，实在是得不偿失。而希望自己的孩子早熟，想通过自己的教育制造神童的太多了。

对 95% 的孩子来说，提前上学，随便跳级，都弊大于利。因为中国学生负担本来就重，用教育部原部长何东昌的话来说，就是“我们高中一年级教材的难度就抵得上美国高三年级的教材了”！

这样比人家难两年的代价，就是学校苦抓，教师苦教，学生苦学。正常入学，孩子已经够苦的了，再要提前入学，再要跳级，挤在比自己身高一截的哥哥姐姐的行列里，一块去挤升学的独木桥，孩子怎么能不苦呢？孩子即使在心理上成熟了，在生理上也常常挤不过比自己高大强壮的哥哥姐姐。

每当我看到父母陪着两三岁的孩子识一大堆字，每当看到提前入学的五六岁的孩子瘦弱的肩上背着硕大的书包，我都感到深深的悲哀。我真诚地劝这些家长别再人为地去制造什么“神童”了。

告诉孩子，正常的孩子按正常的程序去学习、成长，会比跳级学得更快乐，更有效，德智体各方面都会发展得更好。已经有成千上万的例子证明人造神童不成功了。

不能溺爱迁就孩子

赵磊越来越迷恋游戏机。前两年他进游戏机厅，父亲怕他学坏了，便给他买了游戏机，结果越发不可收拾。每当有什么新的游戏带，孩子都张罗着要买，不给买就吵个没完。

赵磊上了中学，可还是和过去小学那几个贪玩的、已分到别的学校的学生一块玩，一有空就凑在一起，特别是晚上，家里成了他们的游戏厅。可中学学习好的同学，他一个也不往家里领，他和学习好的同学交不上朋友。

赵磊越来越讲究穿。小时候，父母总想让他穿得漂亮一些，给他买一套又一套的衣服。现在大了，他自己张罗着要买。中学要穿校服，他就在衬衣外套上下功夫。他穿 500 元以上的名牌鞋，1000 元以上的T恤衫，冬天要 5000 元以上的皮夹克……母亲一面觉得有点过分，一面又觉得自己快 50 岁了，就这么一个宝贝儿子，能满足，就满足他的需要吧！

同时又觉得这么发展下去不好，不知该怎么办？

我建议家长立即停止对孩子的溺爱迁就。再这样爱下去，迁就下去，就把他爱坏了，惯坏了。

原南京师范学院院长陈鹤琴在《家庭教育》一书中举过这样一个典型实例。

有一个富翁，年近 50，方得一子。老年得子是人生的乐事，这位老人自然是高兴得不得了。他看儿子喜则喜，儿子悲则悲，一切都顺着孩子。孩子到四五岁时，由于父母溺爱，横行霸道，为所欲为，一不高兴就骂人打人。到十七八岁时，年纪大了，胆子也大了，常常偷他父亲的钱到外边去赌博，一掷千金，毫不在意。父亲知道了，当众大骂他一顿。儿子不但不听，反而骂他父亲："你死都不会死，还要来骂我，你当心点，我迟早总要杀死你。"其父听到儿子这么说，虽有点担心，但总是不大相信。不过也不能不防备。这天夜里，父亲把一只小斗桶放在床上盖上被子，像是有人睡觉。他躲在暗处观察动静。果然半夜里儿子摸进屋来，举起大斧朝床上猛劈下去。儿子以为砍死了父亲，马上逃跑了。

十几年以后，这位老人已有80多岁，暮年孤独，苦不堪言，睹物思人，百感交集，虽恨他儿子无天良，但也仍旧希望他回来。一天，老人正在桑园散步，忽有一年逾30的农夫走过来，对他说："请你把这株老桑枝弄弯来。"老人笑嘻嘻回答道："老弟！老桑枝哪里还能弄得弯呢？"农夫说："不错，不错，桑枝要小弯，儿子要小教。"老人听到这话，不觉顿触旧恨，泪珠点点，泣不成声。原来这位农夫就是他那失踪了十几年的儿子。见到儿子，老人也终于醒悟过来，悔恨地说："我的儿呀，你以前要杀我，是我不从小教你的缘故呀！"

古人云："君子之爱也以德，小人之爱也以姑息。"溺爱、姑息和迁就孩子，不仅害孩子，也害父母自己。幸亏您家的赵磊还没有太大的缺点，并且现在才15岁，改还来得及。但如果您继续溺爱迁就他，那就可能使孩子犯大错误。

当然，赵磊的毛病教师也有责任。我只是发现他不爱学习，没发现他进电子游戏厅，不知道他在家玩电子游戏机入了迷。在校内，他不愿和学习好的同学在一起，和"后进学生"交往也较少，我只是以为他性格孤僻，而不知他和过去的"后进同学"来往这么密切。他穿名牌鞋、名牌衬衣、名牌皮夹克我倒是发现了，问他，他说是亲戚送的，不穿就浪费了，我不知道是他主动向家长要的，也就没制止。

怎样改掉这三个毛病呢，我们当老师的要和家长协作，大家一起教育，要慢慢来，不能着急，一着急，对立起来就不好办了。

先要采取商量的方法，先肯定赵磊的一些优点：心肠挺好，乐意帮助别人；头脑聪明，尽管学习不努力，成绩还排在第 22 名，尤其数学成绩突出；身体素质好，篮球打得好。如果这些长处得到进一步发挥，赵磊就能成为很优秀的学生。

怎样发挥他这些长处呢？那就得逐渐少玩电子游戏，多和班级里学习优秀的同学交朋友。至于名牌服装的事，比较好解决，我跟他谈一次，旧的穿完了，新的不再买就是了。

利用他爱学数学、爱打篮球的长处，战胜他打游戏机和与小学时的“后进生”来往密切的短处，并且和赵磊一起制订具体的计划，就容易达到教育的目的。

开始时，可以规定每天减少一点玩游戏机的时间，将这些时间用到发展自己的特长上。过一段还可以试验一两天不玩，如果完成了哪些学习任务，或考试达到了一个理想的分数就奖励自己玩一小时。这样一点点地改，学习兴趣浓了，便会和游戏机逐渐疏远了。

和小学时的朋友也不要一下便断开，那样太伤感情。朋友们来了的时候，家长可以同他们谈心，谈学习，谈未来，引导他们感觉到这是为了他们的明天。这样他们达不到懒和玩的目的，或者不来了，或者来家里和赵磊一起学习了。

家长一定要果断，只有严格管教孩子，才是真爱孩子，赵磊才会成为爱学习的好孩子。

忠言不一定非要逆耳

大伟小学时挺听话，学习只有两科，成绩也还可以。上了中学，学习科目多，他变得毛毛躁躁的，写作业不认真，字迹潦草。说他，起初还听，过了几天又潦草；再说他，他显得委屈的样子。看他不太听，父亲为了让他服，就把他几年来所犯的错误一起抖出来，批评他，他表面不反驳了，可看得出来心里并不服。

父亲批评一顿，起初管个七八天，再过些日子，批评一顿管个两三天。最近批评他，他竟然公开为自己申辩了。为了压住他，父亲批评得愈加严厉，可是没有效果，作业潦草不说，还加上了不完成作业的毛病。

家长说，自己坚信“良药苦口利于病，忠言逆耳利于行”，可对自己的孩子，怎么就没效呢？

这使我想起了我教过的一名学生和他的家长。

张一楠同学头脑聪明，兴趣广泛，贪玩好动，是跳级上中学到我这个班来的。

他的父亲是盘锦市交警队一把手，对自己，对队里的同志要求都非常严格，敏于事而慎于言，威信非常高。他总想像要求自己一样要求刚满12岁的孩子，要他胸怀开阔，要他刻苦学习，要他稳重老成，要他理想远大……

张队长说：“我总觉得孩子不像我们小时候那样懂事，那样肯吃苦。回家我批评他，批评多了，他就不服气，总说你们那是什么年代，不正常，现在都90年代了。看他不服气，我就把他多少年以来犯的错误都提起来，一件一件地数，想堵住他的口，让他服气，但效果也不好。口头上他不反驳了，但心里没接受我的批评。魏老师，你说他，他听，说一次，好长时间他都受鼓舞，你得多批评他。”

“我批评多了，他也不听。”

我对自己的儿子，也有过类似的批评，看到他贪玩，不写日记时便数落，话说得过重，孩子不愿听，表现出不满，我感到自己的尊严受到侵犯，便想维护，于是批评得更厉害。为了使孩子失去防守能力，便找他的弱点，把他过去的错误重提一遍。孩子虽然无话可说了，但是没增强战胜错误的能力，倒是自尊心受到了伤害。

我们在工作中，有时遇到极忙的时候，心情不好，便急躁；看到孩子犯错误，感到意外，感到生气；缺少足够的心理准备时，就容易狠狠地批评一顿。开头还是为了孩子好，恨铁不成钢。可一旦批评过火，孩子不服气，我们便常常转为为了维护自己的虚荣心，数落起孩子过去的缺点来。这样做的结果，双方都很累，谁都不愉快。孩子没想出克服缺点的办法，家长也没提高教育孩子的能力。

一天晚间，张队长又来校，同我谈教育孩子的问题。我说：“设身处地想一想，如果我犯了一点过失，领导批评我时，便将我过去的失误一件件地都抖出来，批评一通，我心里一定不服气，不仅不会下决心改正错误，还可能一气之下，不干教书这一行了呢。我会想，何苦呢，辛辛苦苦，起早贪黑，偶有过失，便不依不饶……我想孩子们没有我们成熟，就更会产生逆反心理。”

“良药苦口利于病，忠言逆耳利于行。”这话是真理。这话告诉人们，要站在理智的角度，站在较高层次思考良药与忠言的价值。事实上，人们达到这一境界不容易，这要求被批评者觉悟非常高，这是站在被批评者一方而言的。

另一方面，就批评者而言，不能让自己的良药越苦口越好，忠言越逆耳越好，而应该想方设法使良药不苦口，甚至甜口，让忠言不逆耳，甚至顺耳。

坏人腐蚀好人喜欢用糖衣裹着的炮弹，这样容易将人打中，容易使人接受。我们在使人变好的过程中，为什么不研究一下“糖衣”，为什么不想办法使人易于接受一些呢？

制药厂早已把一些良药制成了糖衣片，许多过去极苦的、难吃的中药也加上了蜂蜜和香料。人们越来越欢迎甜口的良药，那么我们教育子女，教育学生还停留在忠言逆耳的观念上，就落伍了，就不受欢迎了。

近几年，我要求在批评学生的同时表扬学生，在指出他的一点不足时，指出他的别的长处，指出他和这一点不足相对立的长处。比如批评一个学生没完成作业的同时，表扬他热爱集体，帮助同学，劳动时不怕脏不怕累，跑步时持之以恒。作业也不是全不完成，语文、英语、生物等文科作业都完成得很好。数学作业过去也完成，最近半个月，学相似形，比较难，想完成作业，但有些题不会做，就不愿做了，是不是？这样批评学生，不是怕学生不高兴，不是怕学生不接受批评，而是这样才符合学生的实际。每位学生的心灵都是一个广阔的世界，那里面真善美的天地总是占大部分，偶然犯错误，常常都是出于想不出办法来管住自己。

孩子的错误，从其自觉不自觉的角度来分析，有两类。第一类是不自觉犯的错误，第二类是自觉但又不能自制的错误。

孩子的错误绝大部分属于第一类，不知不觉溜号了，不知不觉迟到了，不知不觉弄坏了公物，不知不觉触犯了某项校规班法……这时他已懊悔、难过，这时孩子急需的是家长能帮他想出不重蹈覆辙的措施和办法。这时，指出他的长处，如曾注意听课、曾遵守时间、曾爱护公物、曾遵守校规班法等，用孩子平时就有的这些长处去战胜偶发的短处，容易取胜。

那些明知不对，但因缺少自制力，没能抗拒住坏人的引诱或不良环境的引诱而犯的错误，就更需要帮他找到心灵中真善美的一面了。归根结底，我们要靠这部分好思想去改变孩子。不肯定和表扬孩子这部分好思想，只是批评一通，不是把孩子往错路上推吗？

话又回到对张一楠同学的教育上来。“我说话或批评他，他都能听，是我在批评他时，总肯定他的成绩，总是说，你如果用已有的七分成绩去战胜去排挤三分缺点，一定能取得更大的进步。”

张队长也说：“孩子每天五点半就起床，为了投奔魏老师，每天来回乘车40多里路，下了车还要走20分钟，可他每天还信心百倍，不怕苦，不怕累，细想起来，这精神确实可嘉。”

我说：“您还得看到，他是跳级生，每天许多时间都浪费在路上，可他在全年级441名学生中，最近八科统考，排到了77名，这显然是极不容易的。那360多名在他后面的学生大部分也非常用功，非常刻苦，可为什么追不上他？当然他头脑聪明是一个原因，另一个原因，他也确实用功了。您批评他的时候，只说他的短处，还把他多年的短处串成一串来说，不肯定这些最基本的长处，他当然容易不服气了。”

我觉得，家长在批评孩子这方面和张队长有相似之处，孩子甄大伟和张一楠也有相似之处，家长是否也从改变自己的批评方法入手，促进大伟更快地进步呢？

建议家长批评孩子时，能想一想糖衣良药，想一想顺耳忠言，想一想在指出他的一点不足之前，能不能先指出他的一两点长处，能不能把想批评他的三条缺点，先只说两条或一条。如果这样做的话，孩子听了批评一定能心悦诚服，并且能找到战胜自己弱点的好办法。

听孩子把话说完

秦娟以前放学回到家就高高兴兴地跟妈妈谈在学校发生的事、见到的人，谈学习的辛苦和甘甜，特别是学习遇到困难，考试不理想，在学校受了委屈等等，都跟妈妈说。

那时妈妈不愿听她说不痛快的事，特别是她受了委屈谈的时候，妈妈总觉得不耐烦，常常不等她说完，就批评她，训斥她。

最近半年来，孩子变了，不爱说了，吃完了饭，便钻到自己的小书房去了。她有时看书，有时只是坐在那里想问题，眼里流露出忧虑不安，但也不对妈妈说。妈妈问她怎么了，她说没什么，仅此而已。

这时妈妈才留恋起过去那无忧无虑的随便交谈的日子，更留恋那互相信赖的毫无保留的母女亲情。

怎样让孩子仍旧像过去那样，和自己不隔心，仍然愿意和家长说心里话。

我想，解铃还须系铃人。

孩子愿意和我们谈心，愿意向我们倾诉委屈，目的是什么？不就是盼望能在我们这里得到一些鼓励、一些安慰吗？不就是希望我们同情她、理解她，在她不知道该怎么办的时候，让我们帮她想想办法吗？

随着年龄的增长，孩子对鼓励、理解、安慰、支持这些心理营养的需要越来越强。另一方面，对批评、训斥、冷漠的感触也越来越深刻。一个三四岁的孩子用哭声表达自己的委屈，您回报他以训斥，他不会认真地思考，下次有了委屈，一般说来，他还照哭不误。可一个十三四岁的孩子向您诉说她自己认为的委屈，而您不等她说完就批评，就训斥，她就要想，想得很多很多，觉得说了也无用，反而挨训，不如缄口不言。很可能，这批评训斥就成了一把锁，锁住了孩子的心灵之门。

怎么打开这把心灵的锁呢？家长可以找孩子谈心，从那几次打断孩子的话谈起。可以给孩子讲一个故事。

一个初三的学生，在学校和同学发生了冲突，受到了老师的批评，她觉得责任不在自己，觉得老师批评得过火，感到委屈，和老师生了气。

回到家里，她向自己的母亲倾诉自己所受的委屈。母亲听着，觉得她说得不对，想批评她，可自己正在病中，嗓子正肿得说不出话来，张了张嘴，没批评成。孩子觉得母亲理解自己，就更痛痛快快地诉说，有的话在母亲听来，是该狠狠训斥一番了，母亲张嘴又想训斥，可还是说不出来。

女儿痛痛快快地诉说完了委屈，母亲终于没能批评、训斥。

第二天放学，女儿对母亲说："妈妈，我太高兴了，昨天您能理解我，宽容我，对您诉说完委屈，心情好多了，静下心来想，自己跟老师生气是不对的，今天我跟教师承认了错误，老师还表扬了我。要是昨天您不等我说完就训我一顿，骂我一顿，我可能越想越委屈，越钻牛角尖越不痛快。妈妈，您真是太好了，太理解我了。"

讲完这个故事，您可以谈自己的感想，和孩子交换看法。

孩子都有情绪偏激的时候，我们大人不也有偏激的时候吗？遇到这时候，一定要让孩子把话说完，痛痛快快地把心里话都倒出来。对与不对，先不忙着下结论，更不忙着打断孩子的话，急不可待地批评、训斥。

您可以和孩子一起回忆以前那些无拘无束、随随便便谈心交流的日子。您当然还可以诚恳地和孩子一起分析交流停止的原因。最好，您能向孩子承认，您打断孩子的话，不等孩子说完就忙着批评她、训斥她是错误的，这样，孩子心灵的大门一定能重新向您敞开。

这次敞开之后，您就别轻易地上锁啦。这倒不是说孩子错了也不批评，也不是要惯着孩子，而是要寻找恰当的时机，用恰当的方式。

我们在向别人倾诉心声的时候，在诉说委屈的时候，不是也不愿意让别人打断自己的话吗？不是更不愿不等我们说完，人家就批评指责吗？"已所不欲，勿施于人”，这话也适用于自己的孩子。

孩子情绪偏激的时候，您更要耐心听完她想说的所有的话。您觉得当时难以说服她，不妨先努力找出她的话中有道理的部分，并给予肯定。对没道理的话，您可以说：“让妈妈再想一想。”等到孩子情绪稳定了，说不定她就会认识到自己错了；没认识到，您再谈自己的看法也不迟。这样做孩子会从心里更爱您。

父母若能打开孩子心灵的锁，那么，孩子最愿为之敞开心灵之门的第一人，肯定仍然是父母。

训子莫在广众下

万岩是个爱唱歌跳舞的孩子，念初二了，学习不用心，跳舞却挺用功。他交了几个爱唱爱跳的朋友，自称什么“小虎队”，双休日和放学后，便相约去舞厅。父亲觉得这是不务正业，便到舞厅去找他，并且当着舞厅里那么多人的面，当着他朋友的面训他，狠狠地批评他。他不服气，前几天又去舞厅，被父亲抓住了，又是在大庭广众之下，又是当着他朋友的面，鼻子不是鼻子脸不是脸地把他暴训一顿。万岩实在忍无可忍，便顶了一句。父亲本来就有气，这样一来，气更大了，当着他朋友的面，打了万岩两个嘴巴，然后硬把他拖回了家。

父亲说15年来，万岩这是第一次跟自己顶嘴，自己也是第一次打万岩。他不明白，自己为了孩子好，孩子过去还听话，现在不仅不听话，倒反敢顶嘴了。

他来信让我帮分析原因，我不太了解情况，但从信中介绍的情况来分析，我觉得问题出在家长的教育方法不当上。

家长为什么要当着万岩朋友的面训斥他呢？设身处地想一想，咱们小时候犯了什么错误，不是也不愿父母在大庭广众之下，当着自己朋友的面训斥咱们吗？

您可能会说：当面教子，背后教妻，许多人都这样说呀！其实这话只对了一半。

背后教妻是正确的，妻子是成人，有独立的人格，需要维护面子，倘有过失，避开众人，私下教之，效果更好，夫妻感情更融洽。

可是孩子就没有独立的人格需要维护吗？四五岁的孩子维护自己独立

人格的意识还不强，十四五岁的孩子心理上处于小大人阶段，维护自己独立人格的意识已经非常强了。

他希望自己的朋友尊重自己的人格，他更希望在自己的朋友面前炫耀自己有一个通情达理的好父亲，有一个宽宏大量的好父亲，有一个善解人意、善于教育孩子的好父亲。

他有了过错，家长若不在人前宣扬，或者虽不希望他进舞厅，但并不急于训斥，而是领他走之前，给他在朋友面前留个面子，说："家里有点事，万岩要回去办，先走一下。"这样家长保留了孩子的面子，他会把名誉看得更重，也会更理解家长的一番苦心。可是家长把他想维护自己面子的心理打碎了，把他想炫耀自己父亲通情达理的心理打碎了，在众人面前，在朋友面前，他没有了什么可维护的，哀莫大于心死，他当然就不顾一切地和家长顶嘴了。家长为了他学习好，这不假，但在那个气氛紧张的场合和时刻，他能想那么远吗？他感觉到的，只是家长不顾他的人格，不顾他的自尊心，不顾他的面子，其他的都顾不上了，他当然也就破罐子破摔了。

家长说这两天万岩虽然没有去舞厅，但也不好好学习，见了父亲明显地冷淡，和父亲的心理距离越来越远了。父亲问有什么补救的办法。

我建议家长与孩子诚恳地谈一次，处于平等的、朋友的地位，和他讨论过去、今天和未来的问题。可以多回忆他的辉煌的过去，多讲他的优点，一起分析这些优点形成的原因和过程。也指出唱歌跳舞好也是优点，并肯定这些优点将来的价值，也承认自己在舞厅里训斥他、打他是错误的，只是在为孩子升学担忧的心态下，自己没能想出更好的办法。也同他分析中国教育的现状，你考试文化分不行，就不能到音乐学院或舞蹈学校去深造，而不能深造长处就很难再发展。家长也可以谈自己的忧虑，一些中学生就是进舞场的次数多而被人拉下了水走上了犯罪道路的。他们到监狱里才后悔，可已经晚了。所以有关部门才明令禁止中小学生进歌厅、舞厅、游戏厅、台球室……

这种平等式、商量式、谈心式的交流过程，一定能缩短父子心与心之间的距离，孩子也能理解父亲的一片苦心。然后再和他商量给他挽回面子的方法，建议他把他的朋友请到家里来，可以以家长的名义请他们到家里来聚一次餐。在席间，父亲可以坦诚地承认自己在大庭广众之下训万岩是错误的，这样做，父亲的形象在万岩和他的朋友心中会高大起来。

然后，可以和孩子们聊天，聊音乐，聊舞蹈，聊学习，聊考试，聊教室，聊舞厅。不要都肯定或全部否定地谈某一事，某一处，而要兼顾到两个方面。教室有助于学生的学习，有助于提高分数，有助于升学，但教室也有阻碍人个性特长发展的一面。舞厅有给人带来快乐，使人宣泄烦闷情绪的好处，有增强孩子们社交能力，提高跳舞技能的好处。但现在中国的大部分舞厅管理不严格，也有使人走下坡路的一面。家长谈家长的看法，孩子们谈孩子们的看法。相信在这融洽的气氛中，在这平等的交谈中，在这辩证的分析中，和孩子们会取得相同的认识，孩子们会在不知不觉中受到教育。尽管家长没有训斥他们，没有摆出教师爷的架子教育他们，没有摆出父辈的架子管教他们，但他们的认识提高了，家长教育的目的达到了，万岩的威信挽回了。家长和孩子们平等交心，家长在孩子们的心中形象反倒更高大了。

然后家长再和孩子们制订学习文化课的计划，制订不去舞厅，但也能提高跳舞技能的措施。

这样家长会快乐，孩子们也会快乐。

莫偏袒自己的孩子

大河上了 7 年学，已经挨过十几次打了，每次打过架之后，他母亲都去找对方训斥一通。最近，大河又同别人吵架，又动了手，回家来说被人打了，母亲又去找那个孩子评理。可听那孩子一说，母亲才知道，被打的不是大河，而是人家的孩子。母亲也看得出来，那个孩子比大河矮得多，又瘦弱，很文静的样子。人家是班上的学习委员，从来不打架，是大河仰仗自己胳膊粗，力气大，才说闲话气人，又动手欺侮人的。

这件事，使母亲深受触动，明明大河欺侮别人，回家来却说被人打了。她问我孩子为什么撒谎，为什么欺侮人，自己该怎么办？

我觉得，这大概跟家长过去爱偏袒孩子有关。大河一打架，家长便很自然地站在他一边，然后去指责训斥别的孩子。家长是怕孩子受欺侮，岂不知，家长一给孩子撑腰，便助长了孩子打架的胆量，以为自己打架没错。

其实大河小时打架的时候，并不像我们大人想的那么复杂。谁怎么仗势，谁怎么欺侮谁，往往难于分清。有的孩子比较好动，比较好强，爱惹事，看谁不顺眼便故意捉弄谁，有时为了显示自己便给某人一点颜色看。有时他们只不过是两相戏耍，像小牛小狗一样，你逗我一下，我碰你一下，没个停。偶尔一言不合，便吵吵闹闹，发展下去，就动了手脚。但他们并不太认真，也不记仇。您没见过这样的情况吗？两个孩子打架了，双方家长都出动，吵得不可开交。家长还没吵完，那两个小孩子又在一起你逗我、我逗你地玩上了。

当家长偏袒自己的孩子，对方孩子家长又善于忍让时，这就助长了孩子爱打架的心理，再大一点，就逐渐养成了仗势欺人的心理。仗什么势？

倚仗自己无论怎么打架，都有一个支持自己的母亲。

有恃则无恐。孩子觉得打架这件事并没有什么不好，发展下去，甚至觉得敢于打架，才显得自己有点与众不同，才威风。这种思想再发展，他便觉得打架有点荣耀。有时为了得到这点荣耀，便无事生非，故意制造一些事端，或者欺侮了弱者，或者被更强的人打了，总之都使得别人不愉快，自己也没占什么便宜。一个喜欢打架的孩子，当然就容易撒谎。同一件事，他向同伴炫耀时，可以说成自己主动打人而且打得如何如何厉害；为了对老师和父母有个交代，他又可以说成自己是被动挨打的。

许多爱偏袒孩子的家长，等到孩子大了，成年了，到处横行霸道了，甚至不把自己的父母放在眼里的时候，才开始后悔，觉得当初真不该袒护孩子，但后悔时想管教，已经来不及了。

孩子们打架，家长该管。管的时候应该责己严，责人宽。孩子即使受了委屈，您不责备别人的孩子，而是回家来告诫自己的孩子，吸取教训，不要把精力用在打架上，要全身心地学习、锻炼。我们要引导孩子从挨打这件事中，得出一个不跟爱打架的孩子来往的经验。一个人是否能干，是否有出息，不是看他打架厉害与否，而是看学习成绩的高低，各方面的特长是否突出。这样做，使孩子胸怀变得开阔了，真是吃了小亏，占了大便宜。

袒护孩子，姑息纵容孩子，当时看起来，似乎占了一点便宜，实际上还是吃了大亏。孩子变得狭隘了，爱关注没用的事情了，变得和别人关系不融洽了，甚至骄横暴戾了，这不是吃了大亏吗？

孩子刚上初一的时候，如果家长的态度很明朗，不支持孩子打架，凡事引导孩子有一种忍让的精神，再跟老师合作，制订把孩子注意力引导到学习上的具体措施，孩子一定能改掉爱打架的毛病。从初一就开始努力学习，完全来得及。

“父亲扮黑脸，母亲扮红脸”不可取

路平妈妈很爱自己的独生儿子路平，什么事都顺着他，依着他，给他吃好穿好。可随着孩子不断长大，妈妈也发现他有一些缺点了，给他吃得越好，穿得越好，他越不满足，越讲吃讲穿。穿着 500 元一双的鞋，近几天还要 1000 元一双的名牌。上了初二，有几次因没完成作业，被老师批评了，他爸爸知道了，狠狠地训斥了他，还罚站。这时，妈妈便又觉得孩子可怜，便护着孩子，批评他爸爸。这样做的结果，孩子反倒越来越不听妈妈的话。家长问我，古人不是说严父慈母吗？教育孩子，爸爸扮黑脸，妈妈扮红脸有什么不对吗？

我觉得古人说严父慈母，并不是说一个黑脸，一个红脸。在教育孩子这一问题上，不是父母意见非要统一，而是要在一致对孩子严格要求的前提下，采取不同的管教方法。父亲严厉要求孩子必须完成作业，母亲则耐心说服孩子品尝完成作业的快乐。绝不是父亲让孩子完成作业，母亲袒护说这次不完成就算了，以后再说吧。

也有的家庭中，夫妇二人商量好，孩子犯了错误时，一个扮黑脸，一个扮红脸，觉得这样会有利于孩子教育。

这种做法有利，也有弊。

好处是，当夫妇双方教育目标一致，即都认识到孩子的错误必须改正，并且必须限期改正时，父亲用严厉的态度，使孩子不敢再朝错误的方向迈步。母亲用温柔的态度，使孩子感到家庭的温暖，以增强改正错误的信心与力量。母亲还容易给孩子指出具体的改正方法。

这样做的弊病也是明显的。

1.这样做容易使孩子在家中只怕一个人，只听一个人的话。若是“黑脸”不在家时，孩子便放松对自己的要求，有的甚至为所欲为。久而久之，孩子就会成为欺软怕硬的人，会用不同的态度去对待不同脸谱的人，养成不良的品质。

2. 父母扮演不同脸谱，会使孩子感到父母对同一件事，各自有不同的看法。长此以往，会使孩子分不清是非，无所适从。

3. 父母扮演不同角色，不利于及时教育孩子。教育孩子宜及时，应结合实际进行教育。如果采用两种脸谱的做法，孩子犯了错误，唱黑脸的不在家，唱红脸的不管或管不了，只好等到唱黑脸的回来再告状进行教育，效果就差一些了。

民国初年广东省省长朱庆澜指出家庭教育中常常出现的两种错误做法：

一是母亲只养不教，父亲只教不养。他说：“做母亲的，不知道也该教管儿子，遇见小孩胡闹，不去禁止他，却是吓他说父亲来了，硬把管儿子的事，归给父亲。小孩子不懂事，以为母亲不能管我，一面看父亲同老鼠见猫一样，一面看母亲不过同个奶娘一样。”

二是母亲和父亲互相拆台。他说：“还有一种不懂事的母亲，不知道儿子已经同父亲疏远了，偏要说父亲怎么厉害，怎么要打你骂你，又帮助儿子隐瞒父亲，想叫儿子亲热自己，哪知道儿子越疏远父亲，越看轻母亲了。那不懂事的父亲，不知道儿子已经看轻母亲，偏要当着儿子，骂他母亲，想叫儿子看重自己，哪知道儿子越看不起母亲，越同父亲疏远了。父母这种教法，活活把个好孩子教成一个极胆大，既不孝父又不孝母的人。”

为了避免出现子女对父母态度亲疏不同，朱庆澜希望家长互相配合，共同教育好子女。做父亲的，一面教儿子，一面也要养儿子；做母亲的，一面养儿子，一面也要教儿子。父亲要让儿子尊重母亲，母亲要教儿子亲热父亲。父母同时去教，孩子知道做了坏事，无处可躲藏，无人可保护，自然不敢做坏事；父母同时去养，小孩知道父母都是我的大恩人，自然不会亲热这面，疏远那面，自然变成一个孝顺的儿子，变成一个好人。

很多母亲对孩子便是只养不教，觉得教育是他爸爸的事，结果反倒更被孩子轻视。

建议家长商量一套共同教育孩子的办法。即使对孩子的某一错误言行，夫妇的看法不一致，也不要当着孩子的面表现出来，而要背后讨论，乃至争论，意见一致后再共同教育孩子。

初二的孩子十三四岁，正是小大人阶段，是最容易接受正确教育的阶段。家长协调一致施教，孩子一定会成为品学兼优的好孩子。

奶奶教育孙子要爱中有严

伟军今年 12 岁，正上小学六年级，住在奶奶家，在沈阳读书。孩子小时候，赶上沈阳落实知识青年政策，伟军的父母是“知识中年”了，便将孩子的户口办回沈阳。当时孩子的爷爷奶奶退休在家很寂寞，希望孩子能到沈阳上小学。这样孩子便到了爷爷奶奶身边。

转眼之间，快 6 年了，孩子要升中学了。有人说是孩子在爷爷奶奶身边会被惯坏，老人没什么文化，只会溺爱，对孩子的成长不利。下半年就要上中学了，得赶快把孩子接回来。家长听了，犹豫不决。接回来吧，怕孩子的爷爷奶奶孤独，精神上受刺激；不接回来吧，又怕影响孩子的学习。

爷爷奶奶教育孩子到底好不好？

我觉得，这要看具体情况。有的爷爷奶奶教育孙子孙女宽严适度，又善于总结过去教育子女的经验，教育出来的孙子孙女，既通情达理，又积极向上，学习勤奋，成绩突出。有的爷爷奶奶，年轻时家庭负担重，工资低，子女多，顾不上爱自己的子女。到了老年，好不容易有个大孙子，便产生了一种补偿心理，把对儿女欠缺的爱，补偿给自己的孙子。于是孙子要怎么样就怎么样，要星星不敢给月亮。有的年轻的父亲百思不得其解，为什么当年对自己动不动就吹胡子瞪眼地训一通吼一通的严厉的老爸，今天竟让自己的孙子，那么一个十来岁的小孩子给指挥得团团转呢？这其实是一种隔代补偿心理在起作用，这种心理强的爷爷奶奶容易溺爱孩子，惯坏孩子。

那么，一般情况下，隔代教育是好还是不好呢？

我觉得有好处，也有坏处，总起来权衡，弊大于利。

隔代教育的好处是照看细致，教育耐心。

爷爷奶奶、外公外婆，有一个特点，一般说来疼爱自己的孙儿女、外孙儿女，胜过疼爱自己的子女。他们宁愿自己吃苦受累，也要亲自抚养孙儿女，并认为自己教育孙儿女要比毛手毛脚的孩子的年轻父母强。爷爷奶奶当年一般都抚养过三四个孩子。在艰难贫困的条件下，把孩子抚养成人，是极其困难的事情，他们当然积累了一定的经验。他们对孙儿女有足够的耐心，孙儿女有缺点时，他们一般耐心说服，而不是简单地斥责。祖父母打骂孙儿女的情况，一百个人里面也难找到一例。孩子在融洽和谐、充满爱心的环境中成长，也容易养成良好的性格。

隔代教育不利因素也是明显的。

1. 容易溺爱、偏袒。老人退休自己无所求了，自己穿衣吃饭都可能随随便便，有的甚至只要能糊弄过得去就行。他们的儿女也不再需要他们关心了，于是他们就把全部的爱倾注在孙儿女身上，尽力让孙儿女吃得好，穿得好。孩子要什么给什么，他们容易不加分析地满足孙儿女那些过分的要求。

祖父母还常常偏袒孙儿女，喜欢想方设法为孙儿女的错误开脱。或者说是孩子还小，不懂事。或者当见到孩子爸爸管教孩子的时候，他们为了使孙儿女不受委屈，常常拿出家长的权威来："你得听我的。"如《红楼梦》中的贾母，见到贾政责罚贾宝玉，她便出面干涉，为了宝玉不受委屈，她常常让贾政下跪，并且还要训斥一番。

2. 会影响孩子性格的健康发展。孩子的姥姥、奶奶多是 50 岁左右的人，而这个年龄的人已进入更年期，更年期心理上的一些不良反应，以及由此而产生的行为方式，必然会对孩子产生影响。此外，有的老人性格内向、孤僻、神经质，如果孩子长期与这样的老人生活在一起，容易形成不良性格。

3. 教育观念比较旧。老年人由于当时社会经历的影响，往往认为"听话的孩子就是好孩子"。这种观念往往忽略对孩子的积极引导，忽略对孩子辨别能力的培养，忽略对孩子个性的培养。

一般说来，老年人接受新事物比较迟钝，对孩子的年龄特点也缺乏了解。比如祖母、外婆给孩子讲故事，常常总是“从前有座山，山上有座庙”，“小白兔和大灰狼”这些老故事。新故事，常常老人自己也不知道，更不会讲。

以上说了这么多，都是指一般情况。

伟军的爷爷奶奶的文化层次较高，伟军的奶奶以前还是中学教师。两位老人性格比较豁达，兴趣也比较广泛，直到现在他们还很爱看书，爱下棋，爱书法。两位老人教育伟军也比较得法，伟军的学习在班上属于前五名，并且担任副班长。

伟军的爷爷奶奶属于教育能力很强的老人，伟军在祖父母的教育下，各方面都得到了发展，学习成绩又很突出，这些显然都是老人的功劳。孩子又适应了爷爷奶奶的教育方式。如果把孩子接回父母身边，不仅老人情感上难以接受，孩子情感上也有失落感，学习成绩很可能还会下降。

至于孩子的奶奶对孩子要求有时不严格、给孩子零花钱太多、领孩子去娱乐场所次数多这些问题，父母可以和孩子以及孩子的奶奶一起商量这样做的利与弊，商定出上中学以后逐渐严起来的措施，以后严起来就是了。

第八章

名人教子面面观

如果问一个满怀爱子之心、满怀责任感的父亲和一个缺少人情味、对孩子一副冰冷面孔的父亲，谁在事业上容易有真正的成就，恐怕 99% 的人都会选择前者。

在曾国藩的指导下，其长子成为清末著名的外交家，次子研究古算学有相当成就。不仅儿子个个成才，孙辈还出了曾广钧那样的诗人，曾孙辈又出了曾宝荪、曾约农那样的教育家和学者。

品学兼济

——曾国藩的家庭教育思想

李伟父亲的单位近半年掀起了一股小小的曾国藩热。关于曾国藩的传记，同事手中有好几种，还有几种专写曾国藩的小说。李伟父亲对这些不感兴趣。但他听说曾国藩是家庭教育的行家，《曾国藩家书》是做父亲必读的书，他十分重视自己独生儿子李伟的教育，又不想看那厚厚的《曾国藩家书》，想让我给您介绍一下曾国藩的家教思想，以便汲取有益的成分。

曾国藩是近代中国赫赫有名的大人物，是从清朝官吏到蒋介石都崇奉的主要偶像之一。青年时代的毛泽东说过："愚于近人，独服曾文正。"可见曾国藩影响之大。

他的家庭教育思想，虽然忠于封建王朝，仇视太平军的思想特别突出，但他也很注重我国传统道德的教育，有不少可取之处。

曾国藩的家庭教育思想，主要体现在他写给儿子纪泽、纪鸿以及诸弟的家书中。

曾国藩的家书，共有 330 多封，是历史上家书保存下来最多的一个。《曾文正公家书》分为治家类、修身类、劝学类、理财类、济急类、交友类、用人类、行军类、旅行类、杂务类等，共 10 大类。

曾氏家族，向来治家极严，也很有章法。曾国藩受家风熏陶，对子弟也要求极严，并谆谆加以教诲。他的家庭教育指导思想中，有许多可取之处。诸如在教导子弟读书、做学问、勤劳、俭朴、自立、有恒、修身、做官等方面，都继承和发扬了中华民族的传统美德。

一、曾国藩的家庭教育指导思想

1. 祖传的治家之法。其祖父曾玉屏善于经营，在实践中总结出了一套治家方法，为“八字，三不信”。

八字的具体内容是：

考，即诚修祭祀祖先。

宝，即善待亲族邻里。

早，即每天早起。

扫，即打扫屋室、院落。

书，即要多读书，刻苦读书做学问。

蔬，即要自己种菜。

鱼，即养鱼。

猪，即养猪。

三不信是：曰僧巫，曰地仙，曰医药，皆不信也。曾国藩在家书中反复向子弟灌输这些内容并身体力行，率先贯彻之。

2. 曾国藩的治家之法。曾国藩在咸丰十一年三月十三日写给纪泽、纪鸿的家书中指出：“吾教子弟不离八本、三致祥。八者曰：读古书以训诂为本，作诗文以声调为本，养亲以得欢心为本，养生以少恼怒为本，立身以不妄语为本，治家以不晏起为本，居官以不要钱为本，行军以不扰民为本。三者曰：孝致祥，勤致祥，恕致祥。”

二、教育子弟读书做学问

1. 读书明理，不求做官发财。他说：“凡人皆望子孙为大官，余不愿为大官，但愿为读书明理之君子。”

2. 要刻苦读书做学问。曾国藩利用自己好学的行为勉励儿子说：“余在军中不废学问，读书写字未甚间断，惜年老眼蒙，无甚长进。尔今未弱冠，一刻千金，切不可浪掷光阴。”

3. 读书做学问要讲究方法。曾国藩咸丰八年七月二十一日给儿子的信中写道：“读书之法，看、读、写、作，四者每日不可缺一。”

4. 读书要有志，有识，有恒。他在给诸弟的家书中说：“盖士人读书，第一要有志，第二要有识，第三要有恒。有志则断不敢为下流，有识则知学问无尽，有恒则断无不成之事。此三者，缺一不可。”

他说：“凡富贵功名，皆有命定，半由人力，半由天事。唯学做圣贤，全由自己做主，不与天命相干涉。”

三、教育子弟勤劳俭朴，不要懒惰奢华

曾国藩咸丰六年九月二十九日夜给儿子写信：“勤俭自持，习劳习苦，可以处乐，可以处约，此君子也。余服官二十年，不敢稍染官宦气习，饮食起居，尚守寒素家风。”

他说：“由俭入奢易，由奢返俭难。勤劳俭约未有不兴，骄奢倦怠未有不败。”

四、教育子弟要谦恭谨慎

曾国藩是赫赫有名的大官，职务比当今王宝森之类飞扬跋扈的人高得多，但他对子弟做人要求极严格。他的家属久居乡间，他要求不要有官家风味。“莫作代代做官之想，须作代代做士民之想。门外挂匾不可写‘侯府’‘相府’字样，天下多难，此等均未必可靠。”“居官不过偶然之事，居家乃是长久之计。望夫人教训儿孙妇女，常常作家中无官之想，时时有谦恭省俭之意，则福泽悠久，余心大慰矣。”

在曾国藩的指导下，其长子成为清末著名的外交家，次子研究古算学有相当成就。不仅儿子个个成才，孙辈还出了曾广钧那样的诗人，曾孙辈又出了曾宝荪、曾约农那样的教育家和学者。

显然，曾国藩对子弟的教导有值得借鉴的地方，他的摆事实，讲道理，以身作则，要求具体的教育方法，也有可取之处。

观念方法要正确

——宋庆龄的家庭教育思想

孙志平的母亲平生最敬佩的人就是宋庆龄，这不仅因为她是中华人民共和国名誉主席，是举世闻名的爱国主义者，更因为她是一位胸怀极其宽广的人，是一位真诚善良的人，是一位身居高位，却一直有一颗平常心，一直以平常心待人的人。她一生都非常关心少年儿童，为下一代的教育做出了巨大的贡献。

宋庆龄的一生确实为培养少年儿童成长竭尽心力。正如她自己所说："我的一生是同少年儿童工作联系在一起的。"1981 年 5 月，她已近 90 高龄，卧床不起，生命垂危，但她仍关怀着少年儿童。她逝世的前 10 天，即 1981 年 5 月 14 日，还给"六一"儿童节报告会写了贺信，信中写道："我关怀热爱少年儿童的心和你们一起跳动。"

宋庆龄十分重视家庭教育，她说："孩子们的性格和才能，归根结底是受家庭、父母，特别是母亲的影响最深。孩子长大成人以后，社会成了锻炼他们的环境。学校对年轻人的发展也起着重要的作用。但是，在一个人的身上留下不可磨灭的印记的却是家庭。""这是因为父母是孩子的第一任教师。"

一、要树立正确的家庭教育观点

宋庆龄说："首先要树立正确的家庭教育观点。"教育观点就是指"用什么思想去教育孩子，把孩子培养成什么样的人"。

1. 树立为国家造就人才的思想。宋庆龄说："有人把孩子看成是父母的私有财产，抱着'养儿防老'的目的，只关心孩子个人前途的发展，希望他报答父母养育之恩；不积极鼓励孩子参加革命斗争，参加生产劳动；把孩子拖在身边‘膝下承欢’，而不让他远走高飞。这正是一种私有观念的表现。”她认为：父母的眼光应该放得远大些，鼓励孩子投身到变革社会、改造大自然的实践中去，这样才称得起是好样的后生。

2. 培养孩子艰苦奋斗的精神。宋庆龄说：“有人说，我们受了一辈子苦，现在应该让孩子享享福了。”“爱孩子，是人之常情，但怎样爱法，怎样才是真正的爱，都有很值得研究的道理。”“对孩子的任何娇惯、溺爱，都是害了孩子。”

怎样才是真正的爱呢？宋庆龄说：“应该是‘苦其心志，劳其筋骨’……应该分配给孩子力所能及的家务劳动，自己的事情尽可能自己做，这样来培养劳动观点。”“从小养成吃苦耐劳的习惯，坚忍不拔的意志，独立解决各种问题的能力。”

3. 要自觉地担当起教育子女的责任。宋庆龄指出：“还有人说，孩子的好坏是天生的。或者说，孩子还小，长大了自然会好的。这两种思想，前者是先天决定论的思想，后者是‘树大自然直’的思想。这都是忽视或否定了教育的作用，都是不正确的教育观点。”

她告诫父母们：“我们承认孩子的禀赋有差异，但是孩子的好坏，主要是教育的结果。孩子从初生之日起，就受着社会环境的影响。他们是‘染于苍则苍，染于黄则黄’。成年人——特别是亲人的生活习惯、兴趣爱好、思想品德强烈地影响着孩子。”

4. 要教育子女树立正确的人生观。宋庆龄说：“还有人往往喜欢问孩子的志愿：‘你长大了要干什么？’有些孩子就回答要当工程师、医生、音乐家、运动员、解放军等等。发问的人听到这些回答以后，不免称赞孩子有志气，鼓励一番。”“立志愿和选职业是两回事，过早地定下当工程师、医生之类的目标，将使孩子学习的目的性不明确，而且随着各方面的发展和祖国的需要，孩子的这些志愿会变得不切实际，甚至造成思想上的负担。真正的志愿不是选择什么职业，而是和树立什么人生观联系在一起的。”“把孩子炼成优质钢，不管把他们制成什么成品，都能永远锋利，坚韧，不生锈。”

二、要掌握正确的教育方法

1. 要以身作则。宋庆龄从孩子好模仿的特点出发，首先告诫家长要注重身教。她说：“成年人的一言一行，都是孩子的榜样，大人骗孩子，孩子也就学会了欺骗；大人打孩子，孩子也就学会了打人。大人大公无私、团结友爱、艰苦朴素、诚实勇敢，才能为孩子树立榜样。”

2. 不要简单粗暴。宋庆龄深刻分析了对孩子简单粗暴的危害。她说：“有些人采取‘打’的办法，认为孩子不听话只有打才能生效，‘棒头出孝子’嘛。打，可以使孩子被迫服从，勉强行事，但是不能使他们心悦诚服地改正错误，反而会损害他们的心理发展。打的办法会使一些孩子因恐惧而屈服顺从，逐渐养成怯懦无能，抑郁自卑的性格；会使另一些孩子起而反抗，逐渐养成粗暴专横的性格；还会使一些孩子表面服从，背后故犯，逐渐养成虚伪欺骗的习性。”

她告诫父母亲们：“教育孩子是个十分细致的工作，不能简单急躁行事，尤其不能因泄愤、出气而打孩子。”

3. 要坚持正面教育。宋庆龄说：“对孩子要坚持正面教育，运用启发、说服、鼓励等方法进行长期的、反复的教育工作。要善于用革命领袖和英雄模范的形象鼓舞孩子，以表扬孩子的好行为。用生动的事实对他们讲清道理，树立榜样，帮助他们分清是非，找到行为的标准。”

4. 要循循善诱。宋庆龄注意到，孩子一般有两个特点，一是好动，二是好问。她认为，这不是缺点，要正确看待，应利用这些特点循循善诱。

她特别提醒家长要正确看待孩子的好玩。她说：“我们往往一看到孩子在玩，就觉得不对头。其实玩是孩子生活的需要，通过玩可以发展孩子的体力和智力，培养集体主义思想和活泼开朗的性格。而且适当地玩有助于提高学习的积极性，正如成年人的文体活动能够促进生产积极性一样。”

5. 要鼓励孩子参加集体活动。宋庆龄说：“相信集体力量能使孩子更自觉地上进……不要认为只要和别的孩子玩，就一定会学坏，因而把他每天关在家里。这样会使孩子的性格变得孤僻，变得自私自利，滋长特殊化的思想。孩子只有在自己的集体中，才能更好地成长。”

宋庆龄的这些话，大部分都是 30 多年前说的。我们今天读起来仍然觉得十分亲切，十分切合实际。愿家长从中领悟更多的教子之道。教育孩子，成为正直、谦虚、有作为、有志气的人。

让孩子独自闯一闯

——刘少奇怎样教育孩子

纪晓君同学的外婆住在沈阳，近两个月有病住院，晓君的妈妈请假护理已一个多月了。外婆想看看晓君，晓君决定双休日去沈阳。晓君爸爸公司尽管不休息，但还是准备请假专门去送一趟晓君。晓君则觉得自己已16岁了，几百里路完全可以自己去，不让爸爸去送。爸爸不放心，让晓君拿来爸爸的信，托我劝说晓君别太任性。

看了晓君爸爸的信，我跟晓君说："你做得对，以前都是爸爸妈妈陪你去外婆家，现在你都16岁了，是该自己走了。"我倒要帮着晓君来劝晓君爸爸。晓君爸爸可以把晓君送上火车，200公里路，3个多小时就到了。听晓君说，她的外婆家离车站不到两公里，下了车连公共汽车都不用坐，十几分钟就走到了，晓君爸爸如果不放心，也可以打电话让她妈妈到车站接。

孩子长大了，能独立做的事就应该让她独立去做，这样才有利于孩子的成长。

原国家主席刘少奇就主张放手让孩子做事。

1964年夏季，刘主席的夫人王光美同志在河北省新城县（今河北省高碑店市）蹲点，刘少奇同志当时正在北京，他写了一封信让15岁的女儿平平送去，并嘱咐秘书，不要给女儿买票，不要送她上火车站，也不要通知王光美同志到车站接她，一切由孩子自理。

秘书感到很为难，心想，平平毕竟是个小孩子，而且从未出过远门。刘少奇同志看出他的心事，就说："对孩子，一是要管，二是要放。什么要管呢？不好好学习，品德不好要管。什么要放呢？吃苦耐劳的事情，经风雨，见世面的事情，都要放手让孩子们去干。这样，可能孩子要跌些跤，但只有这样做，才能使他们受到锻炼，更好地成长起来。”（《父母世界》1996 年第 2 期）

也许晓君爸爸要说，1964 年我国社会治安状况比现在好得多，现在社会秩序太乱。

那时，刘少奇同志连车票都让女儿自己去买，还不许送她上车站，下了车还不让人去接。晓君爸爸如果不放心，可以把晓君送上车，沈阳那边还可以关照人去接。这样，只在火车上三个多小时是独自一个人，总可以了吧！社会秩序也不像人们传说的那样乱，社会上总还是好人多。

刘少奇同志毕竟是国家主席，人家敢于让自己 15 岁的女儿孤身去从来没去过的地方，我们怎么就不敢让自己 16 岁的女儿独自去一趟过去去过多次的外婆家呢？

社会状况越复杂，不就越需要孩子有独立做事的能力吗？

放心吧！让孩子独自去闯一闯，晓君会变得更坚强，更适应现代社会的需要。

让孩子按自己的个性发展

——老舍怎样教育子女

宋晓杰同学的父亲在信中谈到自己现在是作家协会成员，周围的邻居都是文化人，大家除在工作上比成就之外，暗地里还在比子女教育。尽管大家的孩子不一般大，可比性不一样，但还是在默默地比。

大家都在用力地催子女读书，有的不是催而是逼了。争先恐后地让孩子加班加点，让孩子上各种各样的辅导班，给孩子请家庭教师。白天上了一天学，晚上回家还要上课，真使孩子烦心。

这样奋斗努力的结果，宋晓杰的父亲周围的百十户文化人的二百来个孩子，近十年来，先后有100多个到了上大学的年龄，而真正考上大学的还不到一半。

父亲也觉得晓杰生来爱唱爱跳，尤其擅长舞蹈，想让她练舞蹈，可同事们说舞蹈演员太累，不容易出名，不如升大学、考研究生、当作家光彩。她父亲也觉得孩子不喜欢认真地读文学作品，缺少当作家的素质，可是不听同事们的劝告，不逼孩子读书，又怕孩子跳一辈子舞，又苦又累，还被人轻视，自己也觉得不光彩。

晓杰父亲问我该怎么办。我觉得咱们了解一下文学大师老舍的家教观，会得到一些启示。

老舍曾写过一封家书，信中谈到对儿女的教育和企盼。他写道：

唯儿女聪明不齐，不可勉强，以致有损身心。我想，他们能初识几个字，会点加减法，知道一点历史，便已够了。只要身体

> 强壮，将来能学一份手艺，即可谋生，不必非入大学不可。假若看到我的女儿会跳舞，演讲，有做明星的希望；我的男孩子体壮如牛，吃得苦，受得累，我必非常欢喜！我愿自己的儿女能以血汗挣饭吃，一个诚实的车夫或工人一定强于一个贪官污吏……教他们多游戏，不要紧逼他们读书写字；书呆子有机会腾达，有机会做官，则必贪污误国，甚为可怕。

从老舍这封信中，我们可以得到三点启示。

一、不可勉强子女

老舍正视儿女聪明不齐的现实。主张不能违背孩子的天性，勉强孩子做那些他们先天素质决定无法做到的事情。不然的话，不仅达不到目的，还会损害孩子的身心。这些年来，一些家长硬逼孩子读书，一点不顾孩子的素质。结果呢，孩子大学没考上，有的孩子还得了精神病，更多的孩子视力减退，发育不良。如果大家都像老舍那样，“不勉强”，这些悲剧便不会发生。

二、孩子要身体强壮，学一份手艺

孩子要身体强壮。身体确实是革命的本钱。若体质太差，纵然读完了博士研究生，而自己终日被病痛折磨，亲人为他忧虑着急，工作单位还要为他支付医药费，他岂不成了别人和社会的负担？身体强壮了，再学一份手艺，孩子就有了安身立命之本，也有了报效国家与人民之本。老舍非常喜欢他的女儿学跳舞，您也应该为晓杰爱跳舞且擅长跳舞而自豪。谈到升大学，老舍说的是“不必非入大学不可”，显然没有否定入大学好的意思，能升大学的孩子还是要争取升大学。不具备条件的不升大学也可用自己学的手艺谋生。

三、孩子做诚实的工人强于做贪官污吏

老舍显然是把孩子诚实、自立的品质放在第一位。为了有良好的品质，宁肯做工人，也不能以牺牲良好的品质去做官。当然做官不需要牺牲良好品质的时候，官还是要做。好官多了，这个世界才会变得更好。老舍强调的是品德第一，做官第二。

我想，如果晓杰的父亲也像老舍那样，让孩子按自己的个性特长去发展，晓杰一定能成为优秀的舞蹈演员，甚至可能成为舞蹈艺术家。

做有责任感的父母

——马克思怎样教育孩子

白向军同学的父亲的来信我读了几遍。向军已经10岁了，他父亲越来越爱他。为教育向军，他倾注了大量心血，拟订了家教计划，引导他读书，早晚引导他锻炼身体，磨炼毅力。对向军父亲的做法，有的同事不以为然，觉得像他这样35岁年轻的经济理论副教授，应该废寝忘食，不顾家庭，奋力拼搏，才会有更大作为。对孩子倾注这么多的精力，事业上就不会有成就了。向军父亲回忆说，当年读中学时，听我讲课时提过，家庭和事业并不矛盾，许多伟人同时也是称职的父亲。向军父亲问我，当年是不是说过这话？这样重视向军的教育会不会影响事业？

给向军父亲讲课的时候，说没说过这句话，我不记得了。但从1978年当教师到现在，我对每一届学生都一再强调“修身、齐家、治国、平天下”的传统观念，这一点我记得很清楚。

一个人要有作为，必须加强自身修养，自强不息，然后管理好自己的家庭。家和才能万事兴。几乎所有的伟人背后都有一位杰出的长辈给他们以教育、影响，绝大部分伟人同时又是称职的父亲或母亲。

最伟大的革命导师，经济理论学家马克思就是一位称职的父亲。

马克思工作的繁忙是不言而喻的，但他在繁忙之余，却非常重视对孩子的教育。

马克思将星期日留给孩子。

有一次，马克思因工作紧张，伏案工作而忘记了当天是星期日。刚巧，恩格斯来到他家，一经提醒，马克思立即放下工作，与恩格斯一道领着孩子们外出郊游。平日，马克思也经常在繁忙的工作中挤出时间跟孩子们游戏。跟孩子们一起折纸船，将所折纸船放入盛满水的桶中，任其漂浮。

有时马克思还利用工作间隙，跟孩子们玩体力活动的游戏，如一起赛跑、掷石子等，锻炼她们的身体，培养她们的勇敢精神。这样，孩子们玩得高兴，马克思也能消除疲劳，更好地继续工作。

马克思家庭经济条件差，有时生活相当拮据，但不管遇到什么情况，马克思总是以乐观主义精神，教育和熏陶孩子，让孩子尽情享受童年的快乐，养成了女儿们的开朗性格。

马克思与孩子民主平等地相处，他尊重孩子，从不干涉孩子的有益活动，从不摆父亲的架子。如果他想让女儿做某件事时，总是诚恳地提出要求；如果他不允许女儿做某件事，也总是耐心说服。对孩子们提出无理要求或发现孩子们做错了事时，也总是循循善诱，启发孩子认识错误，使他们愉快地接受批评。

马克思平时注意让女儿们独立做事，培养她们从小热爱劳动的良好习惯。马克思要求女儿从事家务劳动，收拾房间，学习简单的烹调技术。他的几个女儿还学会了简单的缝纫、编织、做纸花等手艺。

马克思十分注意培养孩子爱憎分明的感情。他自编故事、童话，运用女儿喜爱的书籍，如《一千零一夜》等，激发孩子们的兴趣，使她们学会思考，懂得什么是好的、正义的；什么是坏的、非正义的。这既让孩子们丰富了知识，启迪了智慧，又让孩子们从小具有鲜明的爱憎情感和懂得人生道理。

马克思精心培育的女儿，长大后都成了杰出的人物。马克思被女儿赞誉为“最理想的朋友，最亲切和最使人愉快的同志”。

马克思并没有因为重视对女儿的教育影响自己的工作，影响理论研究。相反地，他从女儿身上获取了许多思维上的灵感，从对女儿的教育中丰富了自己的思想。女儿的进步，也给了马克思巨大的鼓舞力量。

这样看来，向军父亲的同事所说的对孩子教育倾注精力会影响自己的研究工作，不会有成就的说法是不正确的，至少是片面的。

如果问一个满怀爱子之心，满怀责任感的父亲和一个缺少人情味、对孩子一副冰冷面孔的父亲，谁在事业上容易有真正的成就，恐怕 99% 的人都会选择前者。

不管别人怎么说，满怀亲情，满怀责任感地爱向军，教育向军吧！相信向军会成为出色的孩子，相信他父亲在经济理论研究领域一定会取得更丰硕的成果。

为孩子读书

——布什夫人的家教秘诀

秦薇同学的母亲来信说秦薇很小就爱看电视，那时家长没注意孩子的用眼卫生，孩子看的时间长，离电视机的距离又近，眼睛变得近视了。尽管父母都不是近视眼，可女儿一上中学，就戴了350度的眼镜。这回全家都着急了，开始控制看电视。孩子智力很好，在校学习，七科成绩都领先。放学后作业完成也很快，剩下时间，又不敢看电视。孩子愿看课外书，一看起来，就放不下。秦薇的妈妈怕她累得眼睛更近视，劝她少看一些。她对别的游戏、歌舞等，又不感兴趣，就是愿看书。秦薇的妈妈问我有没有一种让孩子看书又不累眼睛的办法。

我觉得也没有，也有。

说没有，就是只要用眼看，那就得增加眼睛的负担。

说有，就是看书时注意姿势正确，眼与书本保持30厘米左右距离。既然近视了，就要坚持戴眼镜。看30来分钟，就休息一会儿，注意这些用眼卫生了，就能既看书，又减轻眼睛的负担。

还有一种办法，就是不用眼睛看书。不用眼睛用什么？那就是用耳朵去听，也即是用耳朵去“看”。

用耳朵怎么看？这就得请秦薇的妈妈给她读书了。每天抽时间，选秦薇喜欢的书，给她读上半小时，既使孩子眼睛得到休息，又密切了母女关系，还提高秦薇的妈妈的朗读能力，扩大秦薇的妈妈的知识面，应该说，这是一举多得的好事。

美国前总统乔治·布什的夫人巴巴拉·布什，就很愿给孩子读书听。她在一篇文章中写道：

就像我的父母亲对我所做的那样，我一直坚持给孩子们读书。而现在当了祖母的我，经常为12个孙儿孙女读书。事实表明，读书是父母对孩子进行教育的一种良好的方法。

读书并不仅仅是学习朗读技巧，主要在于培养孩子们的参与意识。它能使家庭气氛更加温馨融洽，让孩子们感到爱抚和快乐。

根据自己的切身经历和别人的经验体会，我认为下面几个方面的做法有助于进行这种活动。

一、固定时间，养成习惯。

多年以来，我一直是在睡觉前给孩子们念书的。大家和那些所喜爱的图书一起，度过了一个个快乐的夜晚。什么时间读书无关紧要，然而每天在相同时间进行却是很有益处的，至少每天要有15分钟。

二、全家参与，人人关心。

我小的时候，许多人都给我读过书，有母亲、父亲、祖母，甚至比我年纪稍微大一些的朋友等。

我的丈夫在华盛顿忙于政务，没有很多时间为孙儿孙女们读书，然而在返回缅因州的肯纳邦克波特后，他在这方面却做得很不错。每天早晨6点钟，孩子们便高兴地拥进我们的房间，迫不及待地找到他们喜欢的书。“读这本！”其中的一个说。“不！”另一个反对道，“读我的！”早晨的朗读时间大都安排给我的丈夫。

三、做好准备，有书可读。

大量的事实说明，在装满图书的房子里长大的孩子有可能成为早期读者。为了能更好地为孙儿孙女们读书，我在戴维营、肯纳邦克波特和白宫都准备了一大堆书。其中有《圣经的故事》巴巴拉·库尼的《朗菲尤斯小姐》和马丁·汉德福的《沃尔多在哪里》，另外还有桑顿·伯吉斯的《西风老妈妈和小动物们》等。这些书因为经常翻阅，快要散架了，但我还是像小孩一样将它们珍藏着。

四、精心选择，购买好书。

对于一些脍炙人口的故事，孩子们也是百听不厌的。我曾经多次给孙儿孙女们读过罗伯特·麦克洛斯基写的《让路给小鸭子》，现在这本书已经破成两半了。反复朗读能够增强对词汇的记忆，加深对故事的了解，提高理解能力。

6—9 岁的儿童喜爱反映他们爱好和志趣的图书。

9—12 岁的孩子更偏向于幽默小品、民间传说、较长的诗歌和一些情节更复杂的故事，对侦探方面的图书也颇感兴趣。

五、激发兴趣，生动活泼。

在给儿孙们读书时，我总是设法调动他们的积极性，让他们主动地参与，而不只是被动地听。

一天晚上，当我正在读大象王国里的好心肠国王巴巴的新故事时，一个很小的声音打断了我："奶奶，大象吃什么？"这一下可热闹了，大家你一言我一语地争论起来，充分发挥自己的想象力，以便说服对方。这时候我很高兴，因为孩子们都被吸引了。

六、坚持下去，不要中断。

许多专家建议，应该把给孩子念书这一活动坚持到他们上学至八年级的时候。他们能够从听书中获取更多的知识。

当我给孙子孙女们读小说、讲故事的时候，小听众们都知道，祖母将领着他们进入一个新的天地。我总是想方设法把孩子们与故事联系起来，他们已经习惯于在听的过程中把自己打扮成故事中的角色。

让孩子从小就培养起酷爱图书和喜欢听大人读书的习惯，将能给他们的一生带来无穷的欢乐。

现在有许多人在这样做。一方面是习惯成自然，不读就好像少了什么似的；另一方面是"备课"，以便在孩子面前读得更好。

布什总统的家庭就是这么和谐。而和谐的原因之一，便是无论大人，还是孩子都爱书、爱知识、爱科学。是书，是长辈给晚辈读书的活动，拉近了他们之间心与心的距离。

给秦薇读书，每天读 15 分钟左右，就从今天晚间开始读吧！孩子能在休息眼睛的同时，获得丰富的知识，她妈妈也会觉得自己焕发了青春，生活得更快乐，更充实。

图书在版编目（CIP）数据

好父母 好家教 / 魏书生著 . -- 桂林：漓江出版社，2021. 12（2024. 4 重印）
（魏书生教育文集）
ISBN 978-7-5407-9155-1

Ⅰ . ①好… Ⅱ . ①魏… Ⅲ . ①中学生—家庭教育
Ⅳ . ① G782

中国版本图书馆 CIP 数据核字（2021）第 208702 号

好父母 好家教

作　　者　魏书生

出 版 人　刘迪才
策划编辑　文龙玉
责任编辑　章勤璐
助理编辑　周冬辉
营销编辑　俞方远
封面设计　周泽云
责任监印　黄菲菲

出版发行　漓江出版社有限公司
社　　址　广西桂林市南环路 22 号
邮　　编　541002
发行电话　010-65699511　0773-2583322
传　　真　010-85891290　0773-2582200
邮购热线　0773-2582200
电子信箱　ljcbs@163.com
网　　址　www.lijiangbooks.com
微信公众号　lijiangpress

印　　制　天津嘉恒印务有限公司
开　　本　710 mm × 1000 mm　1/16
印　　张　17.25
字　　数　220 千字
版　　次　2021 年 12 月第 1 版
印　　次　2024 年 4 月第 4 次印刷
书　　号　ISBN 978-7-5407-9155-1
定　　价　50.00 元

漓江版图书：版权所有，侵权必究
漓江版图书：如有印装质量问题，可随时与工厂调换